工商管理理论与实践前沿丛书

积极心理资本的回报

基于个体和区域层面的研究

钱晓烨 / 著

RETURN TO POSITIVE PSYCHOLOGICAL CAPITAL

INDIVIDUAL-LEVEL AND REGIONAL-LEVEL EVIDENCES

经济管理出版社
ECONOMY & MANAGEMENT PUBLISHING HOUSE

图书在版编目（CIP）数据

积极心理资本的回报——基于个体和区域层面的研究/钱晓烨著．—北京：经济管理出版社，2016.12
ISBN 978-7-5096-4722-6

Ⅰ．①积…　Ⅱ．①钱…　Ⅲ．①心理学—研究　Ⅳ．①B84

中国版本图书馆 CIP 数据核字（2016）第 271414 号

组稿编辑：王光艳
责任编辑：王光艳　亢文琴
责任印制：黄章平
责任校对：王纪慧

出版发行：经济管理出版社
（北京市海淀区北蜂窝 8 号中雅大厦 A 座 11 层　100038）
网　　址：www. E-mp. com. cn
电　　话：（010）51915602
印　　刷：唐山昊达印刷有限公司
经　　销：新华书店
开　　本：720mm×1000mm/16
印　　张：20
字　　数：348 千字
版　　次：2020 年 9 月第 1 版　　2020 年 9 月第 1 次印刷
书　　号：ISBN 978-7-5096-4722-6
定　　价：78.00 元

凡购本社图书，如有印装错误，由本社读者服务部负责调换。
联系地址：北京阜外月坛北小街 2 号
电话：（010）68022974　　邮编：100836

前 言

在我国经济快速发展的近二十年间，创新层出不穷，劳动者的知识技能水平得到了快速提高，人们的生活水平得到了极大的改善。但日益紧张的工作生活节奏、激烈的职场竞争、应对环境快速变化所带来的压力让人们越来越多地开始关心如何提高幸福感、保持积极乐观、更好地应对压力和挫折。心理资本正是反映个体所具有的这些积极的心理状态。对这一问题进行研究具有非常重要的价值：个体可以通过开发积极的心理资本，提升职场竞争力、提高生活幸福感；企业可以营造一个积极乐观、充满自信的工作氛围，打造一支更加积极进取、乐于迎接挑战的员工队伍；而对于一个民族和国家而言，坚韧的、乐观的、对光明的未来始终保持信心的人民，是实现中华民族伟大复兴的根本力量。

本书是我多年来研究心理资本问题的一个集成。从博士研究生到科研工作者，从宏观到微观，我的研究视角和研究层次发生了变化，但我始终对人的身上所具有的积极心理资源、积极心理资本保持着极大的研究热情。本书将从个体、团队、区域三个层面，较为全面地展示我近年来对心理资本回报问题研究的成果。

我还想回顾一下这本书的缘起。

2010 年，美国密歇根州安娜堡市的一个大雪纷飞的中午，我的博士导师杨百寅老师打来越洋电话，我们兴奋地聊起将心理资本上升到区域层面进行研究的价值和可行性。那时，已是北京时间的深夜。

在导师的指导下，对在区域层面衡量心理资本这个充满挑战的课题产生了浓厚兴趣的我，一头扎进文献中，溯源概念、冥思苦想测量方法、一个一个地从统计公报里搜寻数据……回想起那些心无旁骛的时光，我感受更多的是幸福。2012 年，我以《区域心理资本对我国区域创新的影响》作为题目，完成了博士论文。这种把个体层面的心理变量上升到区域层面的尝试是大胆的，当然也是不完善的。

成为一名科研工作者以后，我继续保持着对这个问题的关注和思考。我选择从群体动力学领域深入下去，讨论工作团队中集体心理资本的影响和作用产生的微观机制。如果分析清楚在某个群体中集体心理资本是如何形成并对工作结果产生影响的，宏观区域层面的研究就有了更扎实的理论基础。

基于这些思考，我提出了团队心理资本趋同的概念，并将其融入工作团队集体心理资本的研究框架中。感谢国家自然科学基金（71402108）和教育部人文社科基金（14YJC630103）的资助。在这两项基金的资助下，我带领团队进行了实地访谈、文献搜寻、理论构建、问卷调研、实证检验等一系列工作。这些工作的成果一部分体现在了本书中，一部分还在继续进行。

从安娜堡寒冬的讨论到这本书的完成，我有很多的人需要感谢。感谢清华大学杨百寅教授带我上路、给我指导；感谢清华大学迟巍老师手把手地传授、如家人一般的支持；感谢四川大学周浩老师和我进行的那一次次激发思路的讨论；感谢美国华盛顿大学陈晓萍老师提出的宝贵意见；感谢北京外国语大学李倩老师在问卷调研和模型完善方面的大力支持；感谢王炫、李璇、王昱丹、郭乃菁、杨朦晰做出的出色助研工作；感激家人对我的体谅和帮助。还有很多不能一一道谢的师长、朋友、学生，是你们的帮助、支持、鼓励和认可让我能够保持乐观、充满希望、不畏挫折，以较高的心理资本水平一直走在求索真知的路上。

钱晓烨

目　录

第一章
导　论

一、研究背景与问题提出

（一）个体心理资本的回报

在当前快速变革的社会环境和工作环境中，人们接触大量的信息，需要对变化、挑战和新的事物做出应对。在这一过程中产生的紧张、压力、焦虑和不确定性影响着人们的各项工作行为和工作结果。面对同样巨大的竞争压力、紧张的生活工作节奏以及信息爆炸所带来的各种负面信息的冲击，有的人能够直面挑战、沉着应对、取得成绩，有的人却无法承受压力，轻则影响自己的生活和工作，严重时还会出现极端的行为，伤及自身甚至危害社会安全。是什么样的个体差异导致了行为和态度的差异？这些个体差异能够被改变吗？这是当前许多人所关心的问题。

人们很早就注意到，“自信心”、“士气”、“毅力”在体育赛事、登台表演、入学考试、生产工作活动中发挥着关键的作用。“看向光明面”的积极心理特征很早以来就被学者认为是个体具有价值的资本（Filer，1979；Goldsmith et al.，1997）。近年来，对工作场所中积极心理因素的研究使人们对积极心理因素的重要性和价值有了更深切的认识。

学者们开始对那些积极的、能带来工作结果改善的个体心理因素进行研究，研究发现，那些具有积极乐观的心态、能够很快从挫折中回复状态的个体，往往工作表现更好、更容易取得职业成功（Luthans et al.，2005；仲理峰，2007；

柯江林等，2010；田喜洲、谢晋宇，2012）。经历了对概念的探索、形成和检验，心理资本的概念逐渐得到完善（Larson and Luthans，2006 ；Luthans et al.，2007）。心理资本与员工绩效、工作投入、组织公民行为、压力、离职倾向等工作态度行为和工作绩效的研究结果，使人们对心理资本的重要性有了越来越充分的认识。许多企业将心理资本开发的课程纳入培训计划中，试图干预员工的心理资本，提升员工乐观向上、不畏挫折的积极心态，从而提高员工的工作绩效，使员工拥有更积极的态度、做出组织期望的行为。

在组织行为学的研究范畴里，积极心理资本对员工在工作场所中的态度、行为、工作表现影响的研究都取得了长足的进展，现有的研究发现支持积极心理资本能够对个体和企业产生积极的影响。但一个有待回答的、更加根本性的问题是，心理资本真的能够提高个体的收入水平吗？换言之，积极的心理状态真的如人力资本一样，是能够为个体带来收益的一种“资本”吗？这是本书试图回答的第一个问题：个体心理资本是否影响以及如何影响个体的工作表现及收入水平？

（二）区域集体心理资本的创新回报

随着全球化进程的加快，资本、信息、技术和人才等要素在全球范围内的流动与配置更为深入，科技竞争日益成为国家间竞争的焦点，创新能力成为国家竞争力的决定性因素。

创新的动力一直以来都是深受关注的话题，其中 R&D 投入、专利保护、创新的政策支持力度、前沿技术引进等影响创新的要素，均得到了研究者的重视，也得到了政策执行者在实践中的广泛关注。然而，创新的另外一个重要因素——创新个体的重要性却被忽略了。人是新想法的源泉、是创新行为的执行者、是新知识新技术的推广者和需求方。重视创新中人的知识、技能和主观因素的作用，并对其进行深入和系统的研究，有着非常重要的理论意义和现实意义。

与一般生产性活动不同，创造性活动及创造性成果的出现，更多地体现了人们已有知识储备的迸发。Blanchard 和 Fischer（1989）在他们的宏观经济学教材中明确指出，一个地区能否取得创新的成功，与该地区的教育体系有关。在创新过程中，参与创新的个体具有更多的知识、技能和经验使创新成功的可能性大大增加。教育发达的国家往往是创新活动频繁的国家，这是由于国民具备了更丰富的知识储量，掌握了创新必需的前沿技能和知识。

长期以来，我国学者们更为关注的是我国人力资本对国外先进技术的吸收、转化作用（孙建、齐建国，2009；杨继明等，2010；郭玉清、杨栋，2007）。在人力资本之外，还有一些个体的创新特征一直以来被人们所忽略。物理学家、Digital Power Group 创始人——Mills 在与合作者撰写的文章中分析了美国为何拥有长盛不衰的创新能力①。他提到了美国人身上所具有的一些强大的创新特征，即开放的心态、敢于冒险、富有挑战性以及对于产生创意十分重要的挑战权威的思维方式。美国哈佛大学威廉·詹姆斯（W. James）教授对员工的激励问题进行了专门研究，他得出的结论是：如果没有激发主观意愿，一个人的能力发挥只不过20%到30%，如果施以激励，一个人的能力则可发挥到80%至90%②。不难想象，勇气、热情、自信心等主观心理特征，都会激发创新者能力的发挥，从而促进创新成果的实现。探索心理因素是否以及如何影响创新活动，尤其是探索一个国家和地区的人们所拥有的积极心理状态会如何驱动该地区的创新，是一个引人入胜且充满现实意义的议题。这正是本书试图回答的第二个问题：区域层面的集体心理资本能否贡献于区域创新？如果能，这其中的机制是怎样的？

（三）团队心理资本的回报

对管理者而言，团队管理正成为组织管理中日益重要的问题。在针对美国企业的一份调查中，83%的受访者认为，团队是一个组织成功的核心要素（Center for Creative Leadership，2006），学者们的研究也支持这一观点（Orpen，1992）。个体是嵌入在群体、团队和组织的社会关系中的，在工作场所中的个人更是如此。大量工作难以由个体独立完成，个体需要与组织中的其他成员形成工作团队，相互配合完成工作。

团队作为一个整体，其是否具有积极的心理状态对团队的成功也深具意义。作为组织中应对工作任务和环境变化的基本单位，团队所需要面对的任务复杂性、所需承担的责任以及所要面临的挑战困难远大于个体（Orpen，1992），在

① Mark Mills，Julio Otiino. 华尔街日报：科技变革即将引领新的经济繁荣［EB/OL］.［2012-03-15］. https：//www. douban. com/group/topic/28168330/.

② 马作宽. 组织激励［M］. 北京：中国经济出版社，2009.

压力和困难面前分崩离析的团队屡见不鲜。团队能否在工作中积极投入、表现出色，在困难面前能否凝聚力量、迎难而上，积极乐观、坚韧不拔的整体心理状态在其中起着关键的作用。

目前针对团队积极心理的研究显得十分缺乏，绝大多数针对心理资本的现有研究侧重于关注个体，主要讨论心理资本对个体的行为、态度、工作绩效的影响及影响机制。笔者对心理资本文献进行统计和梳理之后发现，关于个体心理资本的研究达到 97 篇，而关于集体心理资本的研究仅有 8 篇，不足前者的 10%。

在团队集体心理资本有关的议题中，组织管理者最关心的问题，是团队集体心理资本对团队绩效是否有积极作用。直观上看，团队集体心理资本作为团队积极的心理因素，会创造乐观向上的团队氛围、增强员工之间的良性互动、鼓舞团队士气、促使“正能量”在团队间传播，这无疑将对团队表现有积极的促进作用。然而，针对团队集体心理资本对团队积极效应的严谨实证证据还十分缺乏。如果团队集体心理资本与团队绩效间的正向关系被证明是存在的，随之而来的问题就是，团队集体心理资本是通过什么样的机制影响团队绩效的？当然，管理者们同时也会关心，团队集体心理资本也会对员工个体绩效产生影响吗？如果会，其机制是什么？基于此，本书关注的第三个研究问题是：集体心理资本对团队绩效和员工个人绩效是否有影响？如果有，影响机制是什么？

企业管理者寻求心理资本培训的行动表明，管理者们认识到了提高员工心理资本的重要性。管理者立足于实践所关心的是：如果心理资本确实是有价值的因素，那么应该如何管理它和开发它呢？除了接受心理资本培训干预这一途径之外，我们还应该向管理者们揭示，心理资本作为一种积极正面的状态，就如同“正能量”一般，可以通过人与人的交往进行感染和扩散。企业管理者们一旦掌握了心理资本在团队中的扩散机制，就可以有目的地对其进行引导和管理，提高团队成员的心理资本，从而获得更好的工作结果。

学者们对心理资本的扩散效应和传播效应的研究才刚起步。目前的研究已经讨论了团队领导积极的心理资本会通过感染员工，或通过员工的主动学习和模仿，向团队成员扩散（Walumbwa et al.，2010；Hodges，2010）。由于团队领导是团队中最重要和最特殊的角色，从他的心理资本切入，对心理资本在团队中的传播进行研究具有合理性和可操作性。然而，心理资本有没有其他的团队扩散机制呢？比如说，当一个新成员进入团队，他是否会在融入这个团队的过程中，受到团队心理资本的影响，而相应地调整和改变自己的心理资本呢？

研究表明，人们常会被与自己观点相同的人吸引，团体的运作方式会促使成员间越来越相像（Ireland et al.，2011）。现实中，我们观察到团队成员的观点、态度、行为模式确实会向团队的其他成员靠拢，最新的一项研究发现，个体的语言模式都会向所处群体中的其他成员趋近（Harkins and Petty，1982）。成员积极或消极的态度也会有向团队靠拢的倾向。比如，加入乐观向上、朝气蓬勃的群体之后，个体也变得更加乐观开朗了；加入曾攻克重大难关、取得辉煌胜利的团队中，个体也变得更加无惧困难，这些都是个体心理资本向团队心理资本趋同的表现。

我国作为一个集体主义国家，这种个体向团队的心理状态趋同的现象，在现实中经常发生。在集体主义文化氛围下，保持个体和集体的态度、观点一致的思维更加深入人心，个体向集体的趋同本身就是一种社会现象，在紧密合作的工作群体中，这种现象更加明显。因此心理资本趋同有望对我国企业中、团队内集体心理资本扩散现象进行有力解释。同时，对集体主义在其中的作用也应当给予重视。这正是本书的第四个研究问题：团队所形成的集体心理资本是如何在团队内扩散的，特别是集体心理资本是如何向新进入团队的员工进行扩散的？

通过对上述四个问题的探讨，本书将较为全面地展示开发积极心理资本对于个体、团队、组织以及一个区域所能够产生的回报。

二、研究意义

（一）主要研究创新

心理资本是近年来积极组织行为学领域的一个研究热点（Donaldson and Ko，2010）。作为多种积极心理因素的核心高阶构念，对集体心理资本进行研究有助于学者们对影响绩效、行为、态度的心理因素进行整体研究。目前已有的文献中，大量的文献对心理资本对个体的行为、态度、工作绩效的影响及影响机制进行了全面、深入的研究。与个体层面丰富的研究相比，对团队、组织等更高层面的集体心理资本的研究还刚刚起步，还有许多空白等待学者们去探索。本书的研究有如下的创新点：

1. 提供集体心理资本影响团队绩效和个体绩效的实证证据，并探索其中的机制

目前的文献对集体心理资本贡献于团队绩效和个体绩效的实证证据还相对缺乏，学者们对集体心理资本与绩效间的关系还没有明确的结论。本书将提供更进一步的实证证据明确集体心理资本与绩效间的关系。

由于对集体心理资本与绩效关系研究的缺乏，集体心理资本对团队绩效和员工个体绩效的影响机制也仍是一个黑箱，尚未打开。本书将分析团队凝聚力、成员对团队的认同对集体心理资本与绩效之间关系的影响，加深学术界对集体心理资本影响机制的理解。

2. 完善区域创新研究体系，突出创新个体在创新中的作用

目前对创新的研究中，R&D 资金投入、前沿技术引进、专利保护、创新的政策支持与创新环境等因素都得到了广泛深入的探讨。比较而言，创新主体中的创新个体在创新中所发挥的作用未得到充分关注。目前的实证研究中，多数对创新个体的讨论，主要将其视作 R&D 投入中的劳动力投入。对于创新个体的知识、技能差异，以及性格、心态的差异的研究相对不足。本书强调创新中的创新个体差异，研究个体的人力资本、心理因素如何影响创新，弥补了相关研究的不足。此外，本书还将探索心理资本影响创新的机制。

3. 引入心理变量，解决变量遗漏偏误，改善经济模型

近年来，尽管学者们越来越重视个体心理、性格因素的作用对经济结果变量的影响，如心理因素影响劳动生产率（Brockner，1988；Hoshino，2011）、工资（Goldsmith et al.，1997；Bowles et al.，2001）、收入差距（Semykina and Linz，2007；Bowles et al.，2001）、失业率（Darity and Goldsmith，1996）以及教育成果（Carneiro et al.，2005）等。Rabin（2002）凭借其成功地将心理行为因素引入经济学的模型进行分析，获得了 Clark 经济学奖。但总体而言，对“不可观测的技能”的研究还是被经济学研究者们所忽略（Darity and Goldsmith，1996）。忽略对心理因素的分析将可能导致现有的研究存在变量遗漏偏误（Filer，1979）。因此，本书在内生增长理论模型中纳入心理因素，可以对模型进行改善，提高实证研究的估计精度。

4. 提出团队成员心理资本趋同的新构念，探索集体心理资本向团队成员扩散的新机制

尽管心理资本如何扩散以及在人与人之间如何传播是一个重要的理论议题和现实议题，但现有的研究还没有对此进行深入的探讨。本书提出，团队通过

吸引团队成员的心理资本向团队集体心理资本趋同，实现积极的集体心理资本向团队成员的扩散。

基于这一机制，本书提出了团队成员心理资本趋同这一新构念，并将通过质性分析，对成员心理资本趋同的表现形式、规律、方式进行探索，并进行测量工具开发。这部分研究首次将个体心理资本向集体心理资本趋同的现象概念化、操作化，以描述心理资本趋同的机理，为未来对其进行测量奠定了基础。

（二）实践意义

快速变革带来的高压社会环境，使人们越来越关注积极心理的作用。相应地，企业管理者们关心个体和团队整体的积极心理状态是否对企业有价值，如果有，应该如何进行管理和开发？本书研究的成果将对这些管理实践中的疑惑提供一定的回答，指导企业的管理实践。具体说来，本书中的研究具有以下的实践意义：

1. 突出个体主观能动性对创新的重要意义

本书重点分析了个体心理特质在创新中扮演的角色，强调了乐观、坚韧、自信等心理特征会对创新者的创新效率产生正向的作用。这为个体在创新中主观能动性作用的发挥提供了证据和支持。本书在最后部分提出了对心理资本进行培育和开发的政策建议，为我国重视创新精神、培育和创造创新心理氛围提供了政策依据。

2. 帮助企业认识新的团队绩效影响因素

组织管理者日益认识到团队协作的重要性，他们关心哪些因素能够加强团队协作、提高团队绩效。本书将提供集体心理资本提高团队绩效的证据，并揭示团队整体积极乐观、坚韧不拔的心理状态是有价值的资本，其能够带来团队绩效的提高，为企业创造财富。基于对集体心理资本的认识，企业可以有目的和有针对性地进行研究，开发集体心理资本，改善团队运作效率。

3. 揭示员工心理资本趋同的现象和机理，指导企业管理和开发员工心理资本的实践

企业已经对员工心理资本的重要性有了更深刻的认识，越来越多的管理者尝试对员工的心理资本进行干预和开发，目前主要采取的方式是让员工参与心理资本干预的培训项目。本书对员工心理资本趋同的研究，将提出另一种开发员工心理资本的方式，即员工加入集体心理资本水平更高的团队，吸引员工心

理资本向集体心理资本趋同，进而实现员工心理资本开发。

与正式的、一次性的心理资本培训项目相比，这种非正式的、渐进的心理资本开发方式，更具有普遍性、日常性。同时，由于中国本身就是一个集体主义文化的国家，员工心理资本向团队心理资本趋同的现象可能更为普遍，本书对这种心理资本趋同的探索研究，对我国企业有更加重要的参考价值和实践价值。

三、本书的核心研究内容

本书研究的内容涉及个体、团队、区域三个层次的心理资本在个体收入、团队绩效、区域创新等多个方面的回报，其中最核心的四项研究内容是：

（一）探索积极心理资本对区域创新是否有积极的贡献

在对创新影响因素的研究中，R&D 资金投入、前沿技术引进、专利保护、创新的政策支持与创新环境等因素都得到了广泛深入的探讨，创新个体的重要性长期以来被人们忽略。这使得在理论上，影响创新的一个重要因素没有得到充分研究；在实证上，创新产出、创新效率模型的估计存在普遍的变量遗漏误差；在实践中，创新人员心理素质的培育开发没有得到重视。

本书将心理因素引入区域创新的研究中，提供了研究区域创新的一个全新视角，并通过完善心理资本、集体心理资本的定义，为心理因素的模型化奠定了基础。本书实证分析的结果表明，心理因素对创新这一经济活动确实存在显著作用。这一发现为将来在区域研究中纳入心理变量提供了支持。

这部分研究创新性地采用全国大规模调查问卷以及区域层面的代理变量衡量了区域层面的心理资本，运用更为精确的空间估计方法验证了人力资本、心理资本对创新的正效应，首次提供了心理资本显著影响我国区域创新的实证证据，为我国重视培育个体心理资本、提高创新效率提供了政策依据。

（二）研究团队集体心理资本对团队绩效和个体员工绩效的影响

目前还没有研究在团队水平上检验集体心理资本对绩效的正向作用，已有针对心理资本的跨层次研究集中于讨论领导者个体心理资本对成员的影响，忽视了团队其他成员的心理资本对个体工作成果的作用。这种作用通过何种机制实现也仍是一个没有打开的黑箱。

本书采用集体心理资本来表征团队领导和团队成员共同作用形成的积极心理状态，尝试对集体心理资本的团队效应及其作用机制构建理论模型。

通过对浙江多个组织实施多期、多来源问卷调查，我们实证分析和验证了集体心理资本对个体绩效和团队绩效的积极影响，并发现了这种积极影响实现的机制是，通过促进团队互动过程中的融合、抑制团队分化实现对团队绩效和个体绩效的积极作用。

（三）从理论上分析集体心理资本扩散的机制

对于集体心理资本是如何在团队内部扩散的，现有的研究显得不足。本书构造了心理资本趋同这一全新的构念，描述了个体心理资本向集体心理资本趋近的现象，并通过质性研究对心理资本趋同的定义、机理及测量进行了全面的分析。

通过对心理资本趋同的探讨，本书还揭示了集体心理资本扩散的一种机制：集体心理资本提高了团队的凝聚力，使团队成员对自己是团队内部人的身份感增强，从而更愿意与团队整体保持态度、观点等各方面的一致，促进个体成员心理资本向团队心理资本更快地趋同。此外，本书还指出，集体心理资本作用于个体心理资本趋同速率的强度，受到了团队层面和个体层面多种因素的影响。

（四）检验心理资本对个体收入和教育水平的影响

目前针对心理资本的研究对于开发个体心理资本能否提高个体收入这一问题的回答尚缺乏有力的实证证据。因此，本书从个体心理资本对个体的教育回报、收入回报这两个议题出发，根据 Nelson 和 Phelps（1966）、Griliches（1979）、Lucas（1988）的经典理论模型，对个体心理资本如何影响个体的教育成果和收入水平进行分析并提出研究假设，而后采用大规模社会调查的数据，对研究假设进行检验。

四、本书的章节安排

本书的章节安排如下：第二章介绍心理资本、集体心理资本的概念。第三章系统地对心理资本的研究历程、主要研究进展进行梳理及述评。第四章从个体层面分析和检验积极心理资本对个体收入水平产生的积极影响。第五章和第六章将分析视角上升到区域层面，构建区域集体心理资本的概念并探讨集体心理资本的测量方法，检验了区域集体心理资本对区域创新的贡献。第七章和第八章是对团队心理资本的探讨，其中第七章分析并检验团队心理资本是如何提高团队绩效和个体绩效的，第八章将探讨一个更为前沿的问题，即集体心理资本的扩散问题。第九章展示心理资本产生回报的另一个机制，即心理资本不是直接提高个体收入、团队绩效、区域创新，而是成为其他管理手段发挥作用的一种传导机制，进而对组织产生积极回报。第十章对本书研究的内容和发现进行总结和讨论。

第二章
心理资本的概念

一、人力资本与心理资本

（一）人力资本的概念

在传统经济学中，资本通常与物质联系在一起。资本被认为是投资物品，能够投入生产，生产出满足人们需要的商品或服务。在经济学说史上，把人力当作资本的学说思想源远流长。英国古典经济学家威廉·配第、亚当·斯密、李斯特、马歇尔都在他们的跨时代著作中或明确或间接地提到了人力资本的思想①。

1766年，亚当·斯密给人力资本下了较为完整的定义。他把一个国家全体居民的所有后天获得的有用能力当作资本的重要组成部分。他指出："在社会的固定资本中，可提供收入或利润的项目，除了物质资本外，还包括社会上一切人学得的有用才能。这种优越的技能，可以和职业上缩减劳动的机器工具作同样的看法，就是社会上的固定资本。"

德国历史学派先驱李斯特进一步发展了这一观点。李斯特在抨击古典学派将体力劳动看作是唯一生产力的观点时，提出"物质资本"与"精神资本"的概念。他认为：由物质财富的积累形成的资本是物质资本，由人类智力成果积累而成的资本是"精神资本"。古典经济学家对人力资本作了一些论述，但并

① 舒尔茨．论人力资本投资［M］．北京：北京经济学院出版社，1990：3.

未对这一问题进行深入的研究。

人力资本明确的概念是由舒尔茨首先提出的。舒尔茨（Schultz，1961）认为：人力资本是相对于物质资本或非人力资本而言的，是指体现在人身上的、可以被用来提供未来收入的一种资本，是指人类自身在经济活动中获得收益并不断增值的能力。它可以表现为个人所具有的才干、知识、技能和资历。

贝克尔（Becker，1962）进一步把人力资本与时间因素联系起来。在他看来，人力资本不仅意味着才干、知识和技能，而且还意味着时间、健康和生命。

我国学者刘文（2010）总结了国内外主要学者关于人力资本的定义，通过提炼总结提出：人力资本是指通过投资而形成的凝结在人体内的，能够物化于商品或服务，增加商品或服务的效用的知识、技术、能力、经验等。

在研究中，应当对劳动力与人力资本的概念进行区分。Becker 指出，人力资本的概念不同于劳动者做手工工作的能力，实质就是在强调劳动力与人力资本的差异。劳动力概念侧重于数量，是一种投入的生产要素，以事先确定的工资作为成本，使劳动者获得补偿性收入；而人力资本则强调劳动者的质量，是科学、技术、知识的结晶，能够创造经济的增长。

（二）人力资本的主要特点

概括国内外学者对于人力资本的定义，我们总结出人力资本的几个主要特点：

1. 人格化

Becker 认为，人力资本首先是一种人格化的资本，表现为人的能力与素质，与人本身不可分离。

2. 资本化

《新帕尔格雷夫经济学大辞典》中，“资本”是指现在和未来产出与收入流的源泉，是一个具有价值的存量。人力资本能够被称为资本，根本原因在于其是一种具有经济价值的生产能力。人力资本存量能够为个人带来收入、能够为社会带来生产率的提高和财富的增加。Schultz 强调了人力资本的特性，“因为它是未来满足或未来收入的源泉或两者的源泉”。

3. 可投资性

Becker 认为，人力资本可以通过后天投资获得。他指出，人力资本投资需付出成本，如接受教育、培训等是需要付出成本的，除了学费的成本，还有“机会成本”。因此，用于物质资本的投资收益分析方法，也同样适用于人力资本。刘文的定义中也强调了人力资本并非与生俱来，而是通过后天投资获得。

4. 产权特性

人力资本与实物资本最大的区别，就是实物资本的所有权可以脱离个体进行完全转让，而人力资本却一定要依附个体而存在。人力资本的这一独特的产权特性最早被科斯所注意（Coase，1937），他提出：购买劳务、劳动的情形显然比购买物品的情形具有更为重要的意义。在购买物品时，主要项目能够预先说明而其中细节以后再决定的意义并不大。购买劳务与购买物品相反的是，“大量的细节”需要事后决定。Rosen（1985）明确提出，人力资本的“所有权限于体现它的人”。周其仁（1996）认为：“一方面，人力资本天然归属个人；另一方面，人力资本的产权权利一旦受损，其资产可以立刻贬值或荡然无存。”这些学者们共同的思想是：人力资本生产率取决于拥有这种资本的人的主观努力程度，适当而有效的刺激可以提高人力资本的使用效率。

（三）从人力资本到心理资本

对人力资本的理解极大地拓展了集中于研究物质资本的传统经济学的视野，使经济学研究朝着人的主体化方向迈进。但同时，学者们也发现，人力资本理论不能完全解释一些经济现象，还存在一些其他影响经济结果的个体特质。Bowles 等（2001）对收入的一项研究提出了一个谜题：那些人口特征以及人力资本十分相似的个体，收入却十分不同。他指出，对美国同样种族和性别群体个人收入的实证研究中，只有 2/3~4/5 的收入方差可以由学历、职业、父母教育水平、工作经验、年龄这些显性的变量解释。于是他提问，为什么现有理论不能解释收入的差异？他认为，个人非技能型特征（non-skill-related traits），包括冒险精神（risk aversion）、内在动机（self-directedness）、自信以及相对宿命论而言的内在性（internality），会提高个体应对劳动力市场非均衡的能力，带来远比我们想象中更大的经济回报。

芝加哥大学的 Heckman 教授和其合作者一直没有忽视“非认知技能”（non-cognitive skill）的重要性。他们将非认知技能定义为在可认知的技能、家庭背景、教育年限等之外影响收入、职业地位和家庭收入的特征，如依赖性（dependability）、毅力（persistence）和自律（self-discipline）等。他们的一系列检验非认知技能的研究中最为著名的是对美国辍学高中生的收入研究（Heckman and Rubinstein，2001；Heckman et al.，2000；Heckman et al.，2006）。这些关于美国 GED 证书考试（针对高中辍学青年认知技能的测试）对劳动市场的影响的研究发现，拥有 GED 证书的年轻人表现出比没有该证书的其他辍学者更高的认知技能，但行为和性格问题，如其违规和违法行为，解释了为什么 GED 证书持有者的收入与没有证书的年轻人几乎一样。然而根据他们的可观测技能和其他因素来预测，他们的收入应至少比当前的收入高出 10%。Heckman 等（2000）认为，这种差异是由于 GED 向雇主们释放了一个信号，即拥有 GED 证书的年轻人完全具备完成高中生应有的能力，但却缺乏应有的动机和态度。

其他一些学者提出了与非认知技能类似的概念，比如：

个体资本（personal capital）：反映出个体心理的、身体的和精神运行的基本个体素质，是内嵌于个体的能力（Tomer，2003）。

心理特性（psychological traits）：除人力资本之外对人们经济成功差异产生影响的个体特征（Groves，2005）。

情感人力资本（affective human capital）：由可认知技能（教育和经验）以及情感技能（个性特征）组成的人力资本（Filer，1979）。

心理资本（psychological capital）：对个体生产率产生作用的个性特征，包括对自我的认知、对工作的态度、价值取向以及对生活的整体展望（Goldsmith et al.，1997）。

软技能（soft skills）：影响个体动机和个体效能感（sense of personal effectiveness）的特征（Duncan and Dunifon，1998）。

总结这些概念，我们可以看到，以上涉及个体特征的概念有一些共同之处，它们多数是从对人力资本的辨析开始的，从根本上与认知性智力（cognitive intelligence）或智力知识（intellectual knowledge）相异，不能以教育或在职培训等正式方式衡量。

但这些概念试图表达的内涵与强调的特征有所差异。从内涵上来看，有的学者更重视个体特征中性格的因素（Heckman et al.，2000；Tomer，2003），有的学者更侧重心理特征（Bowles et al.，2001；Goldsmith et al.，1997；Groves，2005），有的学者更侧重情绪特征（Filer，1979）。

从特征上来看，Tomer（2003）认为的个体特征包含与生俱来的遗传特点。他认为：个体资本存量一部分是个体的遗传特征的产物；一部分是个体面临的、影响终身的事件塑造的结果；还有一部分是个体为成熟和非智力性成长付出努力的成果。然而 Heckman 等（2006）、Heineck 和 Anger（2010）则明确提出，个体的非认知技能可以培育和开发，是通过后天的努力获得的。

此外，在划分人力资本概念的界限时，多数学者都认为个体心理、性格特征与人力资本是相互区分、没有重叠的。但也有学者认为，人力资本的定义有足够的包容性将心理状态纳入其中，如 Darity 和 Goldsmith（1996）认为：舒尔茨定义的人力资本应属于基于技能的人力资本，指个体参与和完成任务的能力，而个体性格、心理上的特征和技能人力资本共同决定人们对自己能力实际实现的部分，属于“有效人力资本”（effective human capital）。

可见，在现有的研究中，关于个体心理、性格特质的概念还相对模糊、不成体系，有待提出一个更为清晰的概念。由上述概念我们知道，心理资本的提法有以下优势：

首先，清晰地表明了这一概念侧重于个体心理的特质，与性格、情绪、情感等因素相区分。

其次，“资本”的概念与人力资本和实物资本的概念类似，能够强调这些个体特质的可投资性及收益性，将个体遗传的因素排除在外。

最后，在组织行为学和积极心理学的研究中，心理资本的概念已经被学者们提出，我们可以借鉴心理学的已有成果，对个体特质的具体特征进行更有理论基础的研究。因此，我们将借鉴经济学、组织行为学中的概念，对心理资本的概念进行更进一步的界定。

二、心理资本的概念

（一）心理资本的定义

在经济学文献中，最早提出心理资本概念的是 Goldsmith 等（1997），他们将心理资本定义为对个体生产率产生作用的个性特征，包括对自我的认知、对工作的态度、价值取向以及对生活的整体展望。这一定义方法与非认知技能、心理特征、软技能等概念一样，是基于结果的定义，即认为所有影响个体生产率及其他经济成果的个体特征都可以被称为心理资本。

在组织行为学研究中，Luthans 教授和他的合作者也对心理资本进行了深入的研究。他们对心理资本的最新定义为：心理资本是具有如下特征的个体积极的心理状态：①有自信承担并投入必要的努力在挑战性的任务中取得成功（自我效能）；②对现在及未来的成功持积极的预期（乐观）；③坚持目标，必要时重新调整途径以成功达成目标（希望）；④当受到问题和困境的困扰时，能坚持、能很快恢复，甚至以更好的状态取得成功（坚韧性）（Luthans and Youssef, 2007）。这种定义方法是基于要素的定义法，将心理资本涉及的要素集合在一起，形成心理资本的概念。

以上两种定义方法，在定义心理资本这一集合概念时，都存在不足之处。基于结果的定义方法，显得较为宽泛，对心理资本涉及的因素限定较少。基于要素的定义方法，将心理资本限制在几个要素上，又有可能将一些重要的要素，特别是一些还没有得到深入研究的要素排除在外。

本书认为，基于标准的定义方法更适用于定义心理特征，既能体现概念的具体特征，又能保证概念的包容性。舒尔茨对于人力资本的定义正是采用了这种方法。组织行为学中对心理资本早期的定义也符合基于标准的特征。Luthans 和 Youssef（2004）将心理资本定义为个体一般积极性的核心心理要素，具体表现为符合积极组织行为标准的心理状态，它超越了人力资本和社会资本，并能够通过有针对性的投入和开发而使个体获得竞争优势。我国组织行为学的研究者们借鉴 Luthans 的定义，但多数认为心理资本可以包括状态类心理资本和特质类心理资本（白丽英等，2010；魏荣、黄志斌，2008）。

此外，我们还可以借鉴 Luthans 明确提出的心理资本的四个标准：第一，基于积极心理范式（如强调积极性和人的优势）；第二，由符合积极组织行为标准（如独特、有理论和研究基础、可以有效测量、表现为状态）的心理状态组成；第三，超越人力资本，关注你是谁（如自信、希望、乐观和坚韧性）；第四，可以通过对它的投资和开发，来改善绩效和提高竞争优势（仲理峰，2007）。我们将心理资本的概念演变总结在图 2-1 中。

综合人力资本基于标准的定义法，以及 Luthans 和 Jensen（2005）提出的心理资本的标准，本书对心理资本做如下定义：

心理资本是相对于物质资本和人力资本而言的，是个人积极主观心理特征的集合，可以通过投资和开发获得并提升，影响生产效率、带来未来收益。符合这些标准的心理要素，如控制点、乐观、自尊、坚韧性等都可以被认为属于心理资本的范畴。

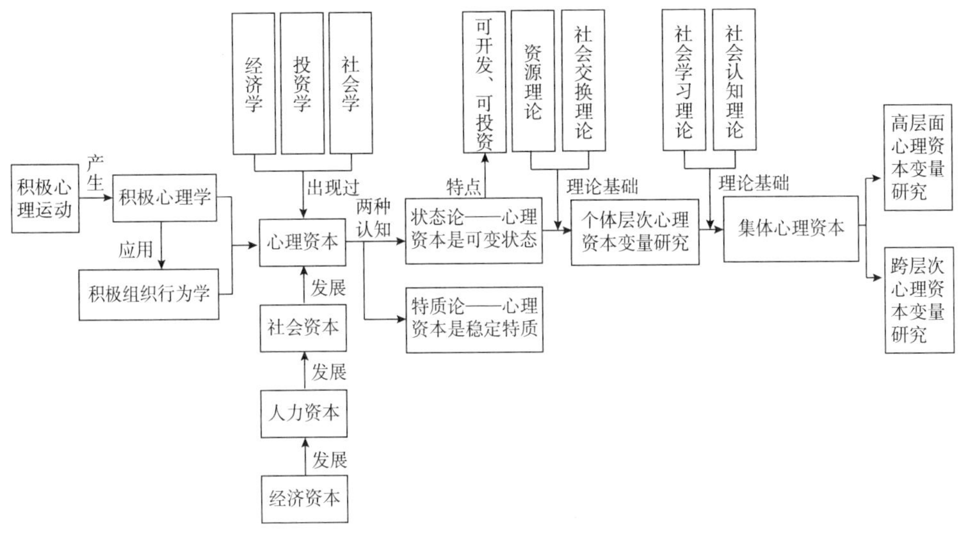

图 2-1　心理资本概念的演变

（二）心理资本的特征

从心理资本的定义出发，我们认为心理资本应当具备以下几个特征：

1. 侧重心理因素

心理资本首先是个体的心理因素，与性格（Personality）、情绪（emotions）、情感（affect）等概念有所区分，也有部分重合。性格是指个体反应及与他人互动的所有方式。五大人格理论，就是通过外向程度、合群程度、责任感、情绪稳定性、尝试精神来描绘个体不同性格的理论。性格通常是稳定的，遗传对其影响很大。情绪是针对某人或某事产生的深程度的感觉（intense feelings）。情感是概括多种感觉的统称，包括情绪和心情。然而心理资本更多地强调一种长期形成的稳定心理状态。它比情绪更为稳定，比性格更容易改变。

2. 积极性

心理因素可以分为积极和消极的心理因素，在心理学研究中这两者往往成对出现，如：乐观—悲观，坚韧—脆弱，果断—犹豫等。大量的心理学研究表明，积极、正面的心理因素对个体行为和结果都有着正向作用。我们强调心理因素作为一种对个体而言具有价值的资本，蕴含了心理因素对个体行为和结果的积极的促进作用。因此心理资本所包含的心理要素，是那些积极、正面的心理因素。负面和消极的心理因素，并不一定不能促进更好的结果，比如悲观的性格可能使个人更少去主动承担风险，从而降低可能的巨大损失。但目前研究中对这一问题的讨论还有待深入和完善，本书中心理资本仅包括积极、正面的心理因素。

3. 可以开发和投资

发展心理学（Development Psychology）一派的观点认为，心理特征部分受先天遗传的因素影响，但更大一部分的形成原因来自于个体幼年时期在人际交往中所获取的信息以及接受到的外界反馈，这些信息和反馈沉淀积累的结果就是个体不同的心理特征（Shaffer et al.，2002；Harris，2000）。心理资本是具有特征性（trait-like）的心理要素（Luthans and Youssef，2007），在一定时期内相对稳定。Kulas（1988）的研究发现，年轻人的内控性在一个学年内表现出很小的变化。

由于心理资本反映一个人在特定时刻的心理状态，是由过去的经历、个性特征与以前的心理状态结合的产物，因而也可以受到新的经历影响和改变。Gergen（1978）指出，自尊会随着生活中的重大变化或变革性的事件而改变。成年人尤其是父母可以影响孩子内控点的形成，父母持续地使用奖励和惩罚机制，以及采用鼓励自主性的机制都更有可能开发出孩子的内控性倾向。这表明，通过采用科学的方法，人们可以对心理资本进行开发和投资，提高心理资本水平并提高其收益。已经有一些学者讨论了如何投资和开发心理资本（非认知技能）（Carneiro，2005；Luthans et al.，2006；Seligman，2002）。我国学者魏荣和黄志斌（2008）讨论了企业科技创新团队的心理资本的开发路径。

4. 可以产生收益

心理资本是积极心理因素的集合。心理学大量的实验研究表明，积极的心理因素能够对个体的行为和结果产生正面的作用（Lefcourt，1982；Scheier and Carver，1985），从而为个人、组织和一个地区带来收益。已有研究发现，心理因素能够带来个人收入的提高和职业生涯的成功（Heckman and Rubinstein，2001；Jackson，2006；Rosenbloom et al.，2008；Snyder，2002），对整体劳动市场而言，心理因素能够促进人力资本投资（Coleman and DeLeire，2003）、提高劳动生产率（Hoshino，2011），从而提高经济的整体效率。目前已经有学者建立了心理资本的效用公式，将心理资本的收益性进行初步模型化（Luthans et al.，2008）。

（三）心理资本的要素

在本书的定义中，心理资本是一个集合概念，符合四项主要特征：侧重心理因素、积极性、可以开发和投资、可以产生收益。符合定义的心理要素中，有几种要素在心理学领域具有坚实的理论基础和实证证据。因此，本书引入心理学中的这些概念，以反映心理资本的主要内涵。心理资本的这些要素各有特点且彼此互补，因此可以较好地代表心理资本。在现有的文献中，也有学者采用其中一个或两个要素代表心理因素的集合（Darity and Goldsmith，1996；Letcher，2003）。

1. 自我效能（self-efficacy）

Bandura（1986）定义自我效能是个体对其发挥动机、成功完成任务所需的资源和行动具有的信念和信心，即个体相信自己具备实现预期目标的组织能力和执行能力。自我效能是在特定的任务或特定的情景下的关于信念（belief）的定义，而不是对积极结果的普遍预期。此外，自我效能是对个体使用自己的能力的过程和结果的积极信念和认知，而不是对结果的正面预期。这种对个人能力（competence）的信念会从多种途径影响行为。

2. 控制点（locus of control）

控制点是由社会学习理论家罗特（1966）提出，亦称心理控制源，是指个体在周围环境（包括心理环境）作用的过程中，认识到控制自己生活的力量，也就是每个人对自己的行为方式和行为结果及责任的认知和定向。它可以分为内控型和外控型两种，前者指把责任归于个体的一些内在原因（如能力、努力程度等），后者则是指把责任或原因归于个体自身以外的因素（如环境因素、运气等）。

由控制点的定义衍生出了内控人和外控人的概念。那些相信自己能够掌握命运，并认为发生在自己身上的事情更多的是受到自己行为控制的人被称为内控人（internalizer）。外控人（externalizer）则认为自己的生活被外界力量控制，并且认为发生在其身上的事情是受到超出自己能力之外的因素所影响的。

3. 乐观（optimism）

Scheier 和 Carver（1985）将乐观定义为一种解读社会或事物的心态和态度。Seligman 和 Csikszentmihalyi（2000）对乐观的定义包含在归因理论的框架内，他们认为，乐观者对正面的事情进行内在的、稳定和普遍性的归因，而对负面的事情则进行外部的、不稳定且特定性（具体）的归因。Brissette 等（2002）

从预期的角度定义乐观，他们认为，乐观的人认为只要增加努力，希望的结果就会发生。换言之，乐观的人是那些总是预期好的事情发生在他们身上的人。

4. 坚韧性（resilience）

坚韧性是指处在一系列风险以及逆境中时，个体积极的行为模式，这些模式可以使个体快速地从不利的事件中恢复（Masten and Reed，2002）。最早期对坚韧性的研究可以追溯到自然选择（natural selection）理论和精神分析的自我心理学。其后在对高危环境中儿童成长的研究中，出现了如“坚强”（invulnerable）、“抗压性”（stress-resistant）、“坚韧的”（reselient）等术语，都是用于描述坚韧性的个人特征。坚韧性不仅出现在逆境、不确定性、冲突以及失败的环境，还表现在从积极的变化中尽快适应的特征，比如从事件的进展、环境的改善、责任的增加中回复初始的心态（Masten et al.，1999）。

5. 自尊（self-esteem）

自尊是一个多维度的概念（Rosenberg，1965），它是指个体对自我能力和自我价值的一种评价性情感体验，包括价值、优势、健康、外表和社会竞争力。自尊被认为植根于四个概念：对个人的接受度、对自我的评价、与外界他人的对比以及自我效能的判断（Hewitt et al.，2002）。

Rosenberg（1986）指出，当具有如下特征时个体具有更高的自尊：自我尊重，认为自己是一个有价值的个体；即使认识到自己的不足，也依然欣赏自己的特征。自尊较低的个体则对自己缺乏尊重，认为自己没有价值、能力不足或作为一个人有严重的缺点。

学者们相信，自尊在儿童的早期开始形成，当他得到比其他孩子更多的喜爱、接收到身边的人对他的正面评价时开始形成。之后，正面的评价会进一步加强个人的自尊（Owens，1994；Rosenberg，1986）。自尊更多被看作是一种特质的人格（trait-like），而非一种稳定不变的个体特性（property）。因为自尊可以随着个体的经历、与他人的对比或者他们的评价而改变（Gergen，1978）。

其他学者提到过的、符合心理资本定义的要素，如希望（hope）、坚持（persistent）、真诚、感恩之心等，这里就不再一一讨论。

（四）心理资本的现有测量

在管理学领域，主要采用量表对心理资本进行测量，这样做一方面能够反映变量的深层次内涵与所含维度，另一方面将变量量化、可测量化，可以为以后的研究提供基础。心理资本的概念比较新，发展迅速，同时心理资本可以涵盖多个符合标准的要素，因此学术界对概念的确定和要素的划分尚未达成共识，从而出现了比较多的测量量表（见表 2-1）。

表 2-1　现有心理资本量表

分类	研究者	年份	量表名称	结构要素	适用范围
国外	Goldsmith	1997	心理资本量表	自尊	经济学
	Judge	2001	核心自我评价结构量表	自尊、自我效能、控制点、情绪稳定	—
	Cole	2006			
	Jensen	2003	心理资本评价量表	希望、乐观、自我效能感、回复力	—
	Letcher	2004	大五人格（心理资本）评价量表	大五人格五维度	—
	Page	2004	积极心理资本评价量表	希望、乐观、自信、回复力、诚信	—
	Larson	2004	心理资本量表	自我效能感、乐观、回复力	—
	Luthans	2005	心理资本问卷（PCQ-24）	希望、乐观、回复力、自我效能	—
	Avey	2006	心理资本状态量表	希望、乐观、回复力、自我效能	—
	Luthans	2006	积极心理状态量表	希望、乐观、回复力	—
	Jensen	2006	心理资本状态量表	希望状态、乐观状态、回复力状态	—
	Walumbwa	2011	集体心理资本量表	团队成员集体效能感、乐观、期盼、达观	群体与组织
	Dollwet	2014	跨文化心理资本量表	跨文化希望、自我效能、乐观、韧性	跨文化
国内	柯江林	2007	中国本土化心理资本量表	事务型心理资本、人际型心理资本	中国本土
	田喜洲	2008	心理资本量表	自信、希望、乐观、坚韧性、积极能力	—
	惠青山	2009	中国特殊文化心理资本量表	冷静、希望、乐观、自信	中国本土
	张阔	2010	PPQ	希望、乐观、回复力、自我效能	—
	侯二秀	2011	企业知识员工心理资本维度	任务型心理资本、关系型心理资本、学习型心理资本、创新型心理资本	知识型员工
	宋洪峰	2012	大学生心理资本修订量表（PCQ-16）	希望、乐观、回复力、自我效能	大学生群体

前期研究中大部分量表仅单独测量心理资本某一维度，测量高阶心理资本的量表的信度和效度并没有得到验证。现有量表中，只有一部分量表的效度和信度得到了验证。对于个体心理资本的测量，使用 Luthans 等（2005）开发的《心理资本问卷（PCQ-24）》较多，并且不少研究证明，该量表使用在我国本土相关研究中信度和效度良好；我国本土的一些实证研究，也使用柯江林开发的本土心理资本量表，不仅包括西方的“自信”“乐观”“希望”“韧性”等事务型心理资本要素，还新添了“奋进”“勇敢”等人际型心理资本要素；Walumbwa 等（2011）提出的《集体心理资本量表》适用于群体和组织层面的相关研究，包含了集体效能、乐观、期盼和达观四个维度；Dollwet（2014）开发了跨文化心理资本量表，由 4 个维度、20 个项目组成。

目前心理资本的测量方法主要有三种：自我报告法、观察法和专家评定法，测量中容易出现共同方法偏差和社会认同性弱的现象。数据收集往往以横向数据为主，不足以支撑因果关系确定，但不妨碍相关性研究；现有研究也开始收集纵向数据，用于分析心理资本和其他变量间的因果关系，从而为心理资本开发提供方法和途径。

（五）心理资本作为一个整体构念

心理资本是一个整体概念，最早由 Goldsmith 等（1997）提出，他们将心理资本定义为对个体生产率产生作用的个性特征。Luthans 和 Youssef（2004）将心理资本定义为个体一般积极性的核心心理要素。本书中所介绍的心理因素各自有着不同的侧重点，但它们又具有共同特性，并且相互关联，因而心理资本是作为一个整体概念而存在的（Carver and Scheier，2002）。心理学研究中还有大量的文献证明了这些要素间的紧密关联。

Lefcourt（1982）认为，内控型人对自我价值有更高的评价，而外控型人的宿命论倾向使其更容易质疑自我效能。Bandura（1986）讨论了自我效能与坚韧性间的关系。他认为，自我效能作为对个人能力的信念，会影响人们在遇到困难时的表现，包括会坚持多久以克服困难，在逆境中会表现出怎样的坚韧性。Bandura（2002）指出，当缺乏很强的自我效能时，个体几乎没有动力去坚持面对困难。Lied 和 Pritchard（1976）论述了控制点和自尊间的关系。内控人由于相信自己对事物的控制能力，对自己的能力通常也更有信心，从而表现出更强的自尊。Carver 和 Scheier（2002）的名为《充满希望的乐观者》一文专门讨论了乐观与希望两个概念的共同之处。Luthans 等（2010）研究表明，心理资本的各维度对结果变量的整体效果大于各要素的效果之和。Larson 和 Luthans（2006）的一项研究证明，与四个变量单独预测相比，集体心理资本作为一个整体，对员工态度的预测效果更强。这支持了心理资本作为一个高层核心构念的合理性。我国学者张阔等（2010）在研究心理资本与个体心理健康的关系时，也发现了支持心理资本作为一个高阶因子的合理性的证据。

正是由于这些要素间的共同点和关联性，一些学者构建了不同的核心指标，以提炼心理资本所涉及要素的共同特征。比如 Bono 和 Judge（2003）提出的核心自我评价（core self-evaluation），包括自我效能、控制点、自尊和情绪稳定性（neuroticism），其共同的核心特征是对自我的评价。Stajkovic（2006）提出命名为核心信心（core confidence）的动机模型，他认为希望、乐观、自我效能、坚韧性的共同的核心是自信。Luthans 和 Youssef（2004）定义的心理资本，本质上也是一种核心指标。

（六）心理资本概念的本土化

为了体现中国文化背景下，我国组织员工实际的积极心态，我国学者对心理资本的概念进行了进一步的拓展。柯江林等（2009）根据扎根理论，开发了我国本土的心理资本量表，包括事务型心理资本和人际型心理资本，其中人际型心理资本包括了谦虚诚恳、包容宽恕、尊敬礼让与感恩奉献的维度，这些维度反映了我国本土文化，体现出了东西方的差异。Han 等（2012）的扎根研究有类似的发现，他们认为，西方组织中的心理资本包括乐观、创造力、坚韧性、自信心、宽恕感激以及勇气和希望，而中国独有的心理资本维度包括谦恭有礼、冷静自控和真实诚恳。

总体来看，心理资本的概念已经发展得较为成熟。特别是对心理资本作为一个集合概念的实证研究，证实了心理资本作为一个高层核心构念的合理性。这为心理资本后续的实证研究，以及本书所关心的集体心理资本的定义、测量都打下了坚实的基础。同时，对心理资本概念本土化的研究，在使我们进一步理解心理资本的外延和内涵的同时，也提醒我们，研究发生在中国文化背景下的心理资本的相关议题时，应当考虑中西方不同的文化背景，因此，本书将引入代表东方文化特征的集体主义倾向这一变量，以对中国特色情境下的心理资本进行研究。

三、集体心理资本的概念

（一）集体心理资本的概念

在现实中，处于组织中的个体的行动都嵌套在组织中、组织的单位中，而非独立隔绝的。因此，不同群体中的成员会形成一种群体共享的心理特征。基于这一认识，Bandura（1998）在自我效能的基础上，提出了集体效能这一概念，即一个团队内部的成员共同的、对团队具备能够实现一定的目标的能力所具有的信念。类似的团队、组织层面的集体心理概念还有集体自尊（collective self-esteem）（Luhtanen and Crocker，1992）。

采用同样的思路，集体心理资本的概念由 Walumbwa 等（2011）正式提出。他将集体心理资本定义为一个群体所共享的心理状态。这些心理状态具有个体心理资本所具有的四个要素。其后，在研究过程中，学者们还定义了团队集体心理资本（Martin et al.，2011）、团队层面的乐观（West et al.，2009）、组织集体心理资本（McKenny et al.，2013）以及区域集体心理资本（钱晓烨等，2014）。

（二）集体心理资本的测量

关于集体心理资本的测量，Walumbwa 等（2011）认为可以采用对个体问卷中的问题进行参照点转换（referent-shift approach）的方法（Chan，1998）进行处理。他们采用“我相信我的团队能够完成任务”为例的问卷，收集个体对团队集体心理资本的评分，然后取平均值，形成集体心理资本，取值越高，集体心理资本越高。

McKenny 等（2013）采用计算机辅助文本分析技术，将心理资本的概念从个体层面提升至组织层面。他们从企业文件等资料中，抽取衡量积极心理资本的词汇，通过统计汇总，衡量组织心理资本。经过分析检验，他们的研究发现，组织希望、组织乐观、组织坚韧性和组织自信四个维度的区分度较好且具有内部一致性。

第三章
心理资本的相关研究

在世纪之交，积极心理运动兴起，心理学家和管理学学者们不再仅仅关注外在的条件因素，而开始考虑心理因素对个体行为和经济结果的影响。心理资本这一概念也应运而生。从 1979 年至今，心理资本理论经历了探索、形成和完善、进一步发展的重要阶段，概念得到不断拓展，其研究也不断深入。

本章将追溯心理资本的衍生及发展，通过梳理心理资本的研究历程评述心理资本的最新趋势；同时，总结和阐述现有研究的维度，从而提出本书的研究主题。

一、心理资本的研究历程

（一）心理资本理论的发展阶段

通过对心理资本相关研究的多年追踪和系统梳理，本书将心理资本的研究大致划分为三个阶段：

1. 对心理资本概念的探索阶段（1979~2004 年）

在这一阶段，学者们注意到了心理因素对个体行为和经济结果的影响，尝试提出一个概念对这些心理因素进行表征、表达与概括。学者们从两条不同的思路出发构建这一概念：第一条思路是从为个体创造价值的资本的视角出发归纳概念，包括诺贝尔奖得主 Heckman 提出的"非认知技能"（non－cognitive skill），以及情感人力资本（affective human capital）（Filer，1979）、心理特性（psychological traits）（Groves，2005）、心理资本（psychological capital）（Goldsmith et al.，1997）等。第二条思路是对个体不同的心理特征进行共性提取、合并归纳，形成核心概念，包括 Bono 和 Judge（2003）提出的核心自我评价（core self-evaluation）、Stajkovic（2006）提出的核心信心（core confidence）、Luthans 和 Youssef（2004）在积极组织行为（POB）的基础上提出的心理资本。

2. 心理资本概念的形成和完善阶段（2004~2009 年）

在这一阶段，学术界对表征心理特征的概念基本达成了共识。Luthans 和 Youssef（2007）定义的心理资本得到了学者们的广泛认可（West et al.，2009；Avey，2007；Avolio and Gardner，2005；Cole，2006；Gooty et al.，2009；仲理峰，2007），他们认为，心理资本是具有如下特征的个体积极的心理状态：①有自信承担并投入必要的努力在挑战性的任务中取得成功（自我效能）；②对现在及未来的成功持积极的预期（乐观）；③坚持目标，必要时重新调整途径以成功达成目标（希望）；④当受到问题和困境的困扰时，能坚持、能很快恢复，甚至以更好的状态取得成功（坚韧性）。在这一阶段，以 Luthans 为首的学者们对心理资本的测量、心理资本作为一个核心概念的有效性、状态性（state-like）、可测量性、可开发性进行了进一步的研究和完善（Luthans et al.，2008；Avey et al.，2008；Larson and Luthans，2006；Luthans et al.，2007）。

3. 对心理资本的广泛研究阶段（2009 年至今）

在心理资本概念开发的早期，Luthans 就对心理资本与员工的绩效和工作满意度的关系进行了实证研究（Luthans et al.，2007；Luthans et al.，2005），并验证了心理资本在组织氛围和员工绩效间的中介作用（Luthans et al.，2008）。此后，心理资本对员工绩效的积极作用得到了更多的证据支持（Luthans et al.，2010）。同时，学者们开始关注心理资本对其他工作行为和工作结果的影响，如压力和离职倾向（Avey et al.，2010）、组织公民行为（Walumbwa et al.，2011）、工作投入（Hodges，2010）、学术表现（Luthans，2012）等。学者们还研究了心理资本和真实领导（Wang et al.，2012），以及变革型领导（Gooty et al.，2009；Avolio and Gardner，2005）之间的关系。集体心理资本的概念也在这一阶段被学者们提出（Walumbwa et al.，2011）。

在这一时期，国内外的学者也开始关注和研究我国的心理资本。Han 等（2012）对中国员工的心理资本概念进行了扎根探索。国内学者也对心理资本的本土量表开发（柯江林等，2009），以及心理资本与我国员工的组织承诺、组织公民行为、绩效和离职倾向、工作满意度、职业幸福感的关系进行了深入的研究（高中华等，2012；韩翼、杨百寅，2012；柯江林等，2010；隋杨等，2012；田喜洲、谢晋宇，2010；吴伟炯等，2012；仲理峰，2007；周浩，2011）。

（二）对心理资本的最新研究趋势的评述

最近两年，对心理资本的研究出现了两个新的方向：

一个方向是研究积极的心理资本是如何相互影响、如何感染他人和进行扩散的。心理资本的作用得到了充分验证，学术界和企业界都开始关心如何开发和提高心理资本。对心理资本进行积极干预是其中的一种方式（Luthans et al.，2008），另一种方式则基于心理资本作为一种积极态度、其自身所具有的天然扩散能力为思路进行开发。因此，学者们把研究注意力放在心理资本在团队成员中是如何互相影响的上面，也就不足为奇。

目前这方面的研究还主要是从团队领导的心理资本影响团队成员的心理资本入手来探讨这一机制（任皓等，2013；Walumbwa et al.，2010）。这一方面是由于，团队领导作为团队中最重要的角色，其行为、态度产生的影响力远大于团队中的其他成员；另一方面是由于以团队领导为切入点，心理资本的传播机制相对清晰，研究操作相对简单。

另一个研究的方向是将心理资本的研究从个体层面上升到更高的层面。Walumbwa 等（2011）提出了集体心理资本的概念，使得在团队和组织层面对心理资本进行研究变得可行（Memili et al.，2013；West et al.，2009）。在文献综述的后面部分，我们将对这两个研究热点方向进行更详细的介绍。

二、心理资本的回报问题

目前已有一些文献关注心理资本（及这个概念所反映的内涵）对个体、企业、区域发展的影响，其中实证研究居多。按心理资本作用的结果变量分，主要有以下几类研究：

（一）心理资本与生产率、企业绩效和经济增长

生命开发周期理论（life span development theory）的奠基人 Erikson（1959）指出，心理健康的个体具有更高的生产率。Brockner（1988）讨论了自尊从两个方面影响员工的生产率：一方面，经理人发现更有自尊的员工能够更有效地

利用时间，他们需要更少的监督，“低谷期”（down time）更少。另一方面，高自尊的员工也能节省团队时间，因为他们更积极地提出解决问题的方案，更愿意做决定，从而带来更高的团队绩效。Hoshino（2011）的综述研究讨论了不可观测技能和个人特征在日本管理情境下是如何提高生产率的。

Tomer（2001，2002，2003）在理论上探索了个人资本与组织绩效、经济增长的关系。他指出，更高的心理资本会提高员工和企业的生产率，从而带来更快的经济增长。

（二）心理资本与收入水平

Murphy 和 Topel（1990）在研究中提到，新古典经济的工资理论暗示了工人获得与边际产出相等的工资时，其中包括了对不可观测的能力（unobserved ability）的回报。Groves（2005）将个性特征纳入工资决定方程，验证了在家庭背景、教育及可测的能力之外，一系列的非认知变量对收入的正向作用。

Goldsmith 等（1997）采用 NLSY（National Longitudinal Survey of Youth）中员工自我报告的数据，研究了心理资本对工资的影响。不同于人力资本变量通过影响生产率进而影响员工工资，心理资本影响员工对工作的动机以及对工作的态度，从而影响个体产出的数量和质量，并最终影响收入。他们捕捉到了心理资本作用于员工工资的两种机制：一是自尊（self-esteem）直接影响员工工资；二是控制点（locus of control）影响自尊，从而作用于员工工资。他们的实证研究发现，相比人力资本的变量，实际工资对以自尊衡量的心理资本的变化更为敏感。

Bowles 等（2001）研究了不可观测的个人特征对收入的影响。他们构建了经济学理论模型，证明由于经济局部非均衡的存在（常见的是空间上的非均衡），具有更高的不可观测特征的人，如自我驱动（self-directedness）和内部控制点的人，可以通过充分发挥个人具有的能力在局部未出清的劳动力市场上获得“非均衡租”，从而获得更高的收入。Semykina 和 Linz（2007）的实证研究还发现，性格特征解释了性别工资差异。

（三）心理资本与教育结果

Carneiro（2005）发现，心理资本（非认知技能）显著地影响教育结果，如学生是否完成12年的教育或大学教育。Bowles和Gintis（1976）发现，恒心（perseverance）、可靠性（dependability）以及一贯性（consistency）是预测学生在校成绩的最重要的因素。Heckman等（2006）讨论了非认知技能对人力资本积累（如教育决定）的作用，并进一步讨论了其对个体的社会经济成功以及美国的收入不平等的影响。

（四）心理资本与就业和失业

Darity和Goldsmith（1996）认为，失业会影响员工的心理状态，希望和自我效能降低会阻碍员工重新就业，从而恶化失业问题。他们还专门讨论了心理因素对失业持续性的影响。Cole等（2009）讨论了失业会通过影响个体的心理资本而影响其再就业的能力，并采用澳大利亚的住房、收入和动态劳动力的调查数据，验证了心理资本对提高员工生产力和降低失业率的作用。我国学者汪和建（1994）也对心理承受能力和失业的关系进行了分析。但他的视角集中于失业对劳动者的心理会产生什么样的影响。

（五）心理资本与企业家精神

Evans和Leighton（1989）在《美国经济评论》上发布一项实证研究，研究人们开创自己事业的影响因素。他们采用大样本7年间的综列数据分析发现，那些相信自己的表现与自己的能力和行为有关的人更容易开始经营自己的企业。Rauch和Frese（2000）的研究证实了内控性和企业家精神之间高度相关，企业家的内控性比总体人口的平均水平要略高。Hansemark（2003）的实证研究发现，内控性可以预测企业家行为，但这种预测只对男性企业家有效。许多针对内控型人和企业家行为的研究都得出了一致的结论（Segal et al.，2005；Littunen，2000；Mueller and Thomas，2001）。

Zhao等（2005）对五所大学的MBA学生的实证研究发现，自我效能与创业倾向之间有显著的正向关系。Chen等（1998）发现，自我效能能够很好地预测个体成为企业家的可能。他们认为，对自己在企业家不同的角色和任务（其中创新是重要的一项）中会有成功表现更具信心的人，更有可能成为企业家。Babalola（2009）采用尼日利亚405位女性企业家的数据，验证了女企业家精神与创新行为间的关系。他认为，具有更高的自我效能、内控性、自信心是企业家精神的一部分，而企业家精神是创新的动力。他的实证分析发现，具有更高心理资本的女性企业家创新行为表现更频繁。

三、工作场所的积极心理资本

（一）心理资本对员工绩效、态度、行为的作用

国内外的研究发现，心理资本直接作用于员工的绩效（田喜洲、谢晋宇，2012；Luthans et al.，2007；Luthans et al.，2005；柯江林等，2010；仲理峰，2007）。Peterson 等（2011）采用纵向数据，验证了心理资本与员工绩效的因果关系。对 51 份涉及心理资本的文献荟萃分析（meta-analysis）发现，心理资本对个体绩效有显著的正向作用，不论绩效是由员工自评，还是由领导评价或采用客观指标衡量，心理资本对绩效的解释效力没有显著的差异（Avey et al.，2011）。侯二秀等（2012）发现了心理资本与员工创新绩效间的关系。

大量研究关注心理资本对组织所期待的态度的作用。研究发现，心理资本对工作满意度、组织承诺（Luthans et al.，2008；Larson and Luthans，2006；仲理峰，2007）、职业幸福感（吴伟炯等，2012）有显著正向的作用，对组织期待的行为，如组织公民行为（Avey et al.，2010；仲理峰，2007）、科技人员创新行为（赵斌等，2012）有正向影响，对不希望行为，如旷工（Avey et al.，2006）、偏离行为（Avey et al.，2008）有负向作用，对组织不期望员工出现的态度，如压力（Abbas and Raja，2011；Avey et al.，2009）、离职倾向（高中华等，2012；Avey et al.，2010），心理资本的作用是负向的。

Avey 等（2010）的研究证明了，在对个体行为、态度变量有解释力的人口因素、自我评价、个性特征、个体—组织匹配、个体—工作匹配之外，心理资本还能解释额外的结果变量的变异。田喜洲和谢晋宇（2012）比较了人力资本、社会资本和心理资本对员工工作绩效和工作态度的影响，发现心理资本和社会资本对工作绩效、工作态度都有显著作用，而人力资本对工作态度则没有显著影响。他们的研究还发现，心理资本对工作态度的预测作用更大，对员工绩效的影响更小。此外，Avey 等（2010）采用跨时期的方法，验证了心理资本对个体心理健康的正向作用。我国学者张阔等（2010）也有同样的发现。此

外，Luthans 等（2012）检验了心理资本对大学学习表现的作用。

本书对以上综述的心理资本对个体绩效、态度、行为的作用的研究进行了总结，具体如图 3-1 所示：

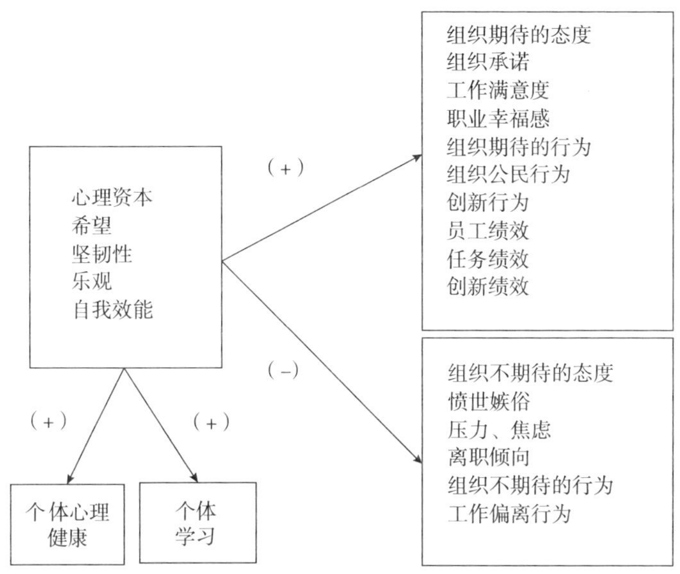

图 3-1 心理资本与员工态度、行为以及工作绩效间的关系

（二）员工心理资本与创新和创业

Gough（1979）发现，富有创造力的个体比普通人更加自信、进取、自我肯定。Luthans 等（2011）提出了心理资本正向作用于问题解决以及创新行为的假设，并通过来自 1526 个个体样本的实验数据发现，心理资本对个体的创新活动有显著的影响。同时，他们还验证了心理资本通过能力追求型①（mastery-orientation）来影响创新活动的中介机制。Hou 和 Chen（2010）对个人创新活动的研究，采用中国内蒙古和山东企业内的知识员工（knowledge worker）的个体数据检验心理资本对知识员工绩效表现的影响。他们将知识员工定义为有一定的知识储备，参与到知识创新、知识应用和知识传播中的员工，因此其工作绩

① 能力追求型（mastery-orientation）（Dweck，1986）是指以寻求挑战、在困难面前坚持不懈为特征的学习目的和行为模式，与表现追求型（performance-orientation）相区分。

效中包括创新绩效，并以量表的形式衡量。回归的结果发现，希望和坚韧性对创新绩效的影响都显著为正。Li 和 Wu（2011）对中国台湾大学生进行问卷调查，开发了适用于中国文化的乐观量表，采用 Scott 和 Bruce（1994）的创新行为量表，验证了创造性自我效能和乐观对创新行为的正向影响。

国内的学者也对员工的心理因素、心理资本与创新行为的关系进行了一定的实证研究。吴庆松（2011）定性地讨论了人力资本和社会资本在解释技术创新中存在一定的局限性，以富士康事件为例，他指出，企业的发展创新已经不能以单纯的知识、技能传授为主要内容，员工优秀的心理素质、良好的精神状态、积极的工作态度将成为企业技术创新动力的又一动力源。吴庆松和游达明（2011）对湖南 6 家机械制造类企业的调查问卷研究显示，员工的心理资本对组织的技术创新绩效产生积极的影响。杨燕和高山行（2010）构建了心理资本影响创新的理论模型，从组织学习的视角出发，认为心理资本可以从三个角度影响企业创新：一是心理资本动态促进员工学习及潜能发挥；二是心理资本通过感知、情感和动机影响员工行为与绩效；三是心理资本有利于员工创造力的发挥。郑林科等（2011）研究了青年科技人才的绩效产出，发现心理资本在奉献投入和绩效之间起到了积极的中介作用，提供了心理资本促进创新的证据。顾远东和彭纪生（2010）论述了“缺乏自我创新信念”本质就是创新自我效能感低下的表现，并采用问卷调查的方法，检验了创新自我效能感对创新构想的产生和执行的正向影响。

（三）心理资本产生作用的机制

现有文献对心理资本产生作用的机制也进行了广泛的探索。其中，比较有代表性的几项研究包括：Avey 等（2008）在研究心理资本如何促进企业变革的研究时发现，心理资本是通过促进积极情绪，进而影响员工针对企业变革的态度和行为的。在心理资本影响结果变量的这种机制中，专注力（mindfulness）发挥着调节作用，个体的专注力越高，心理资本越能促进积极的情绪，进而影响态度和行为。Norman 等（2010）提出的心理资本影响员工组织公民行为和工作偏离行为的机制是：心理资本通过提高员工的组织认同，进而影响员工的行为。Avey 等（2011）的元分析发现，文化差异和行业差异会对心理资本与绩效表现间的关系产生调节作用。在美国文化背景下，在服务行业中，心理资本对员工工作结果的影响最为显著。

（四）心理资本的中介作用和调节作用

除了研究分析心理资本对员工的绩效、行为和态度的直接作用以外，近年来，学者们还研究心理资本在领导风格与员工行为间的中介效应。Luthans 等（2008）实证检验了组织支持的氛围会通过心理资本的中介作用对员工绩效产生影响。韩翼和杨百寅（2011）的研究发现，心理资本中介了真实型领导对员工创新行为的作用。Gooty 等（2009）、隋杨等（2012）的研究都发现，心理资本在变革型领导与员工绩效及员工工作满意度间起到中介作用。赵西萍和杨晓萍（2009）发现，当工作环境越复杂，心理资本提高员工满意度的效果越弱。

（五）跨层次的心理资本研究

在深入研究个体层面的心理资本对员工态度、行为的影响的同时，学者们将研究目光转向了领导心理资本对个体态度和行为的影响的跨层次研究。这是由于，工作场所的行为在很多情况下都不是独立的，而是在一个嵌套于组织的工作团队中发生的，团队成员以工作任务为导向，进行着频繁的社会互动。其中，领导的行为和态度对员工的影响程度更深、范围更大。Walumbwa 等（2010）采用 HLM 模型，验证了领导的心理资本会影响成员的工作表现。任皓等（2013）的最新研究提出，领导的心理资本会提升团队成员的组织公民行为。Hodges（2010）的研究发现领导心理资本对员工绩效、工作卷入具有跨层次作用。

通过对个体层面心理资本的影响、机制、所起到的中介作用和调节作用的研究进行综述，可以看出，对心理资本个体层面的研究十分丰富，心理资本与个体的态度、行为、绩效等主要变量间的关系的研究已经较为系统和全面。其中，心理资本—绩效关系的研究主要集中于研究个体自身的心理资本对绩效的影响。针对他人心理资本对个体绩效的研究，还集中于讨论领导个人心理资本对成员绩效的影响，忽视了团队其他成员的心理资本对个体员工的作用。同时，对心理资本影响个体变量的作用机制的探讨也相对较少。本书将用集体心理资本这个概念反映领导和团队成员作为一个整体所共享的心理资本水平，对个体绩效如何产生影响，从而对心理资本—绩效关系的文献进行补充。

（六）集体心理资本的研究现状

在团队层面，West 等（2009）对团队层面的积极心理资本与团队绩效之间的关系进行了研究。他们的研究发现，团队乐观对新成立团队的整合、团队合作、团队满意度有显著的预测能力，而团队坚韧性和团队效能则对经过了几个时期交互和融合的团队的结果变量更有解释力。Walumbwa 等（2011）的研究证明了团队集体心理资本在真实型领导与组织绩效、组织公民行为之间起到中介作用。

在组织层面，McKenny 等（2013）采用 10 年的样本数据对组织心理资本跨时期和跨组织的分析发现，组织心理资本的水平随时间显著变化。他们的研究检验了组织心理资本与工作满意度高度相关，对企业滞后一年的资本回报率有显著的正向影响。Memili 等（2013）所提出的一份研究计划针对组织心理资本提出，组织心理资本会对家族企业的绩效产生正向作用，而目标设定在其中起到中介作用。

在区域层面，钱晓烨等（2014）的研究发现，以内控性和自尊的区域聚合值衡量的区域心理资本，对区域创新活动有显著的正向影响，并且这种影响的一种作用机制是：心理资本通过提高一个地区的人力资本积累水平，进而贡献于创新。

总体来看，对集体心理资本的研究还处在起步阶段。目前的研究还只讨论了集体心理资本对团队满意度的影响，而关于对团队而言最重要的变量——团队绩效的作用，则还没有实证证据。此外，对集体心理资本与团队中成员个体的行为、态度和绩效的关系也还缺乏研究，文献相对较少，这也导致集体心理资本测量的信度和效度无法得到检验。本书将深化对集体心理资本的研究，对集体心理资本与团队绩效和团队成员绩效间的关系进行研究，从而深入揭示心理资本的作用机理。

（七）心理资本的扩散和感染

对心理资本的扩散效应和感染效应的研究才刚刚起步，主要的研究分成两支，一支探讨领导心理资本与团队成员心理资本间的关系，另一支探讨心理资本的感染效应（contagion effect）。

Walumbwa 等（2010）在研究领导心理资本和成员绩效时，探讨了领导的心理资本对员工的心理资本的正向作用，其中，服务氛围（service climate）在其中起到了中介作用。任皓等（2013）检验了领导心理资本对团队成员心理资本提升的促进作用，并通过理论论证了这种正向促进作用的理论基础是心理资本的感染效应和社会认同效应。

Hodges（2010）的博士论文对心理资本的感染效应进行了第一次正式检验。他的研究采用实验的方法，将团队领导分为实验组和对照组，对实验组的领导进行为期四周的心理资本干预培训，然后观察培训前后领导者心理资本的差异，以及领导心理资本对员工心理资本、工作绩效以及工作卷入的影响，从而检验心理资本从领导向员工传递的传染效应。这份研究初步揭示了心理资本在组织内部的传播机制。

四、对现有研究的评述

在对国内外心理资本的研究进行全面综述的基础上，我们对这一领域的研究现状和未来的研究趋势进行以下总结：

首先，关于个体层面的心理资本的研究十分丰富，对集体心理资本的研究相对不足。对心理资本的研究从个体开始。从个体层次切入，学者们进行了概念的定义、测量方法的构建，并在最近五年对心理资本对个体的行为、态度、工作绩效的影响及影响机制进行了全面、深入的研究。

相比个体心理资本的清晰概念，集体心理资本的概念还较为模糊，集体心理资本的特征、集体心理资本与个体心理资本的异同等问题还有待进一步研究。

与个体层面丰富的研究相比，对团队、组织等更高层面上心理资本的研究还处于刚刚起步阶段，还有许多空白等待学者们去探索。其中，集体心理资本对团队绩效是否产生影响这一基本的研究问题还没有得到明确答案，集体心理资本影响绩效的机制更有待进一步分析研究。

此外，对心理资本的测量，学者们主要采用参照点转换的方式，利用个体心理资本量表进行测量。Guiso 等（2004）采用代理变量（献血率和选举参与率）衡量社会资本的研究获得了学术界的广泛认可，开拓了在区域层面对社会资本的研究。借鉴其研究，在区域层面采用合适的代理变量衡量集体心理资本是具有潜力的研究思路。

其次，在心理资本的个体层面研究中，对个体教育结果、收入等结果变量的研究仍有待进一步完善。针对心理资本对个体教育结果的作用机制的研究依然存在空白。虽然收入水平作为结果变量一直受到学者们的广泛关注，但过去的研究大多将心理资本中个别要素（如自尊、控制点等）作为因变量，而未将心理资本作为集合概念看待。

再次，从团队、组织等更高层面来看，关于集体心理资本对区域创新的影响的研究还比较缺乏。现有的研究发现，个体、团队和组织的行为，均受到群体氛围（如集体自信心）等社会层面因素的影响。对个体组织单个层面的研究不仅不利于发现国家和区域层面创新的凝聚效应，而且不利于从更宏观的视角上对创新效率的提高提出解决方案。

最后，对心理资本扩散效应和感染效应的研究还刚刚起步。现有的研究已经指明了对这一问题的研究所具有的重要意义，但目前对心理资本的感染机制或者说扩散机制的研究，还集中于讨论领导者心理资本对下属心理资本的影响，团队中其他成员以及团队整体心理资本影响个体心理资本的研究视角还没有受到应有的重视，更没有考虑中国文化特色的集体主义倾向对这一过程的加速作用。本书将从团队整体心理资本对团队成员心理资本扩散的视角切入，探讨心理资本的扩散效应和感染效应。

第四章
个体心理资本对教育和收入水平的影响

人力资本作为能带来回报的与人相关的特征，被证明会对个人的收入水平产生影响（Harmon and Walker，1995；诸建芳、王伯庆，1995；李实、丁赛，2003；张车伟、薛欣欣，2008；李雪等，2012）。对心理资本能否提高个体收入这一问题的研究，有助于我们理解积极心理因素是否具有投资和开发的价值，即积极心理因素能否成为“资本”。

以往针对心理资本与个体工作结果的研究多集中于考察工作场所中员工的心理资本高低与领导或自我评价的员工绩效表现、创新表现、组织公民行为的关系（Luthans et al.，2005；Luthans et al.，2007；仲理峰，2007；柯江林等，2010；Er-Xiu and Shu-wen，2010；Luthans ct al.，2011；田喜洲、谢晋宇，2012；Avey et al.，2010）。这些研究多采用特定的一个或几个企业的员工作为研究样本，采用自我报告或领导报告的方式获得数据衡量员工的工作结果（吴庆松、游达明，2011；Hou and Chen，2010；田喜洲、谢晋宇，2012）。

本章将对心理资本对个体带来的价值进行更为直接的检验，与以上研究相比具有以下不同点：首先，我们采用了个体收入水平来衡量心理资本对工作结果的影响。采用收入水平衡量工作结果，与员工/领导主观报告绩效水平相比，更为客观，并且能够在一定程度上量化心理资本的投资回报率。其次，本章实证研究的样本来自以全国城市居民为调查对象的大样本入户调查研究，因而分析结果的估计精度更高，并且具有更高的外部效度，研究结论将不局限于特定行业或特定研究对象。

在本章我们将通过实证分析，研究以下两个问题：①心理资本是否能带来个体收入水平的提高？②心理资本提高个体收入水平的机制是什么？

本章的结构如下：首先，我们介绍相关的研究，并用学习理论和人力资本投资回报理论分析心理资本影响收入的机制。其次，介绍本章研究所采用的数据和实证变量。最后，报告实证研究的结果，并进行讨论和小结。

一、相关研究与理论

（一）心理资本对收入的间接效应

心理资本作为一种积极的心理特质，已有的研究发现其与员工的积极工作行为、绩效表现、团队合作等一系列能够提高员工工作产出效率的因素相关（Luthans et al.，2005；仲理峰，2007；Luthans et al.，2007；West et al.，2009；柯江林等，2010；Avey et al.，2010），但很少有研究直接检验个体更高的心理资本是否与更高的收入水平相关联。一方面是因为，检验收入效应需要符合随机抽样要求的大样本数据支持，而针对这样的样本进行严格的心理资本问卷测量十分困难。另一方面是因为，个体收入水平存在诸多影响因素，包括个体人口特征（卿石松、郑加梅，2013；高艳云、王文一，2013）、家庭环境（李任玉等，2014）、职业类型（张义博，2012）、地区环境（林毅夫、刘培林，2003；张建红等，2006）等。个体心理资本作为不容易观测的个体深层次心理因素，其影响很可能是通过改变上述某些因素，从而作用于收入。这也将导致直接观察心理资本的收入效应变得更加困难。

因此，我们的研究思路着眼于心理资本影响收入的间接效应，即积极的心理因素会促进影响收入水平的重要因素提高，进而带来个体收入的提高。这一研究思路以积极心理学（Seligman and Csikszentmihalyi，2000；Sheldon and King，2001）作为基础，传统的消极取向的心理学关注是什么导致了个体的失败，而积极心理学的产生就是要把研究视角集中于那些有助于个体良好发展的因素。也就是说，积极的心理资本是能够改善个体态度、行为、工作表现以及职业发展等多结果的积极心理状态。在均衡的劳动力市场上，个体良好的态度、行为、工作表现和职业发展，都将体现在个体收入水平的提高上。

在诸多受到心理资本影响又与收入密切相关的因素中，我们选择了人力资本作为我们研究的对象。这是因为：一方面，人力资本和心理资本同样都依附于个体，在有些文献中，他们共同被称为个体资本（Tomer，2003；Luthans et al.，2004；张红芳、吴威，2009；柯江林等，2010；周文霞等，2015），因此，两者间的相互关联更加密切。另一方面，积极的心理状态有助于提高个体的学习能力、做出人力资本投资决策的观点已得到相关理论和研究的支持。具体来说，相关的理论包括学习理论和人力资本投资回报理论。

（二）学习理论

基于学习理论，心理学家们的研究讨论了为何心理资本更高的个体具有更好的收集和利用信息、解决问题的能力。一方面，积极的预期对问题解决的过程产生心理影响，提高解决问题的能力（Seligman，1998）。另一方面，积极的心理可以加强个体对成功的渴望，并促使个体采用相应的计划成功地解决问题。具有更积极心态的个体能以更宽广的视角看待问题，从而能够更有创新性地提出更多、更好的问题解决方案（Bandura，1998）。

心理学的研究提供了实证证据，支持心理资本与学生的学习成绩和学习能力显著相关。Lent 等（1984）、Lent 等（1986）研究了大学理科和工科专业的学生，发现更高的自我效能会影响他们在学习过程中的持续性，从而影响他们的学习成绩。Collins（1984）在一项研究中对幼儿的能力、自我效能进行分组，然后要求他们解决问题。这项研究发现，当不考虑能力时，具有更高自我效能的孩子能够正确地解决更多的问题。Berry（1987）的研究还发现，自我效能通过加强学生的持续性，带来了在记忆问题上更好的表现。我国学者讨论了个体心理特征（如内控型人格、积极情感等）对员工技能获得的正面作用。张阔等（2011）采用大学生的数据，发现大学生的心理资本对学生的学业成绩有着显著的预测作用。张红芳和吴威（2009）讨论了个体心理资本与人力资本的协同作用，认为心理资本高的个体具有更积极的情感，能够持续地学习、积累经验，促进人力资本的形成。

关于心理资本与学习的理论研究，说明心理资本会影响个体学习能力的发挥，丰富的实证证据也证明了这一点。学习是获得人力资本积累的手段和途径，心理因素提高学习能力，从而提高在学习和受教育过程中积累人力资本的效率，促进人力资本的积累。

（三）人力资本投资理论

经济学学者研究心理因素影响人力资本的视角，是考察心理因素对个体人力资本投资决策的影响。学者们在经典的人力资本投资决策模型中，纳入了心理因素的影响，讨论了内控性在个体选择是否接受高等教育时发挥的作用。

Coleman 和 DeLeire（2003）、Piatek 和 Pinger（2011）建立了内控性影响人力资本投资决策的模型。其基本思路是，个体在决策是否进行人力资本投资时，需要比较两种方案的收益和成本：接受高等教育和直接就业。这两种方案的收益都是一个期望函数，比如大学毕业后，有 P 的概率月收入 5000 元，$(1-P)$ 的概率收入 3000 元，而高中毕业直接工作可能以 q 的概率月收入 4000 元，$(1-q)$ 的概率收入 2500 元。将估计的未来收入进行当期折现后减去成本，就可以比较两种方案的收益。在这一模型中，对未来收入高低的概率是一个主观的估计。在这两项研究的理论模型中，内控性更高的个体，对获得高收入的信念更强，因此更容易做出接受更高教育的投资决策。

这一理论可以很容易地扩展到心理资本。更为积极的心理特征，比如对自己能力具有更高的信心，更为乐观和积极的心态，影响个体对获得高收入的信念，从而影响教育投入的决策。

这一理论已经得到了实证证据的支持。Coleman 和 DeLeire（2003）在其理论基础上，采用 15000 个学生的纵列数据检验了内控性对高中学生选择是否继续升学的正向显著作用。Piatek 和 Pinger（2011）针对美国学生进行实证研究，也发现内控型的心理特征对升学率以及未来的收入有显著影响。然而内控性对收入的影响在引入教育水平后不再显著，说明内控性作用于更高教育水平的选择，从而带来个体收入的提高。

基于以上分析，我们提出，心理资本对个体收入水平具有正向的影响。这种影响是一种间接的作用机制，即心理资本通过促进个体人力资本的提高进而提高个体的收入水平。

二、数据与模型

（一）数据来源

本节中的数据都来自于《中国综合社会调查》（China General Social Survey，CGSS）。调查问卷内容包含个体层面的丰富信息，涵盖了城镇居民就业、教育、迁移、社会关系、生活方式和生活环境等方面的状况。

《中国综合社会调查》是中国第一个全国性、综合性、连续性的大型社会调查项目。第一期为 2003 年至 2008 年，在此期间，CGSS 共进行了五次调查，分别为 2003 年、2004 年、2005 年、2006 年、2008 年。第二期计划从 2010 年开始到 2019 年为止，每两年进行一次调查。由于 2003 年、2004 年、2005 年数据缺乏心理资本相关的调查信息，而 2008 年以后的数据尚未接受申请，我们的实证分析主要基于 2006 年度的数据。

2006 年的调查在随机抽样的基础上，访问了全国 28 个省市[①] 125 个县（区），500 个街道（乡、镇），1000 个居（村）委会、10000 户家庭中的个人，收回有效数据 10151 条。我们根据个人所在城市的编码将个人数据平均汇总至地（市）一级，得到 125 个城市的居民平均受教育年限。

（二）个体心理资本的衡量

心理资本作为一种心理特征，具有一定的度量难度。心理资本尤其是区域层面的集体心理资本衡量困难，是制约学者们对心理因素进行广泛研究的一个重要原因。寻找能够反映心理资本的指标是对心理资本进行研究的最大难点，也是本书的主要研究工作之一。在本章，我们采用问卷测量法来对心理资本进行度量。

衡量个体心理因素的主要方法是问卷调查。学者们开发一份有针对性的问卷，设计反映个体主观态度、看法以及个体行为的调查问题，要求受访者对相关问题进行回答、评分。然后，在对评分的信度、效度进行检验，确保测量的一致性和有效性后，以评分的高低衡量受访者的心理状态。

1. 测量控制点的问卷

控制点指个体在周围环境（包括心理环境）作用的过程中，认识到控制自己生活的力量，也就是每个人对自己的行为方式和行为结果的责任的认识和定向，具体分为内控型和外控型两种，前者指把责任归于个体的一些内在原因（如能力、努力程度等），后者则是指把责任或原因归于个体自身以外的因素（如环境因素、运气等）。

Rotter（1966）开发的量表要求被访者在以下两两成对的内控倾向和外控倾

① 28 个省、直辖市中未包括宁夏、青海及台湾地区。

向的问题中选择更为同意的一个，然后再根据与自己的观点接近程度对其进行1~4分的打分。对这些打分取平均值就形成了控制点的指标，分数越高，说明该个体有更高的内控性。四组问题分别是：

第一组：①发生在我身上的事都是我自己的行为；②有时我感觉对人生的方向没有足够的控制能力。

第二组：①当我制定计划时，我几乎肯定我能成功执行；②提前制定计划并不总是明智的，因为许多时候是运气在起作用。

第三组：①就我而言，能否得到自己想要的和运气几乎没有或者完全没有关系；②许多时候，我们还不如扔硬币做决定。

第四组：①许多时候，我感觉我对发生在自己身上的事情只有很小的影响力；②我不能相信我的生活中机会和运气扮演着重要角色。

这一量表的一部分被美国国家青年综列调查（NLSY）用于调查青年人的内控—外控性。Goldsmith 等（1997）、Cebi（2007）采用这一调查问卷的数据分别研究了心理资本对失业和教育决策的影响。

美国国家教育综列研究（NELS）中包含的内控—外控量表，也是从 Rotter（1966）开发的量表演化而来的。受访者被要求对如下问题进行1~4分的评分，分值分别代表从“非常不同意”到“非常同意”的态度。这一问卷如下：

您对如下陈述的感觉如何？①我对人生的方向没有足够的控制能力；②在我的人生中，运气比努力对成功更为重要；③每次我试图向前，总有人或事阻止我；④我的计划总是很难实现，所以制定计划只能让我不愉快；⑤当我制定计划时，我几乎肯定我能成功执行；⑥机会和运气对于生活中发生的事情十分重要。

Coleman 和 DeLeire（2003）研究内控性对人力资本投资的作用时，采用的就是这一种量表。

此外，Furnham（1986）开发了40个条目的经济控制点量表。与之前两个量表相比，这一量表更侧重考察个体对工作和财富控制力的信念。其中具有代表性的问题如：①人们贫穷是源于自己的无所事事；②我是否变得更富有，大部分取决于我的能力；③变得富有和运气无关；④如果我得到了我想得到的东西，那通常是因为我为此付出了努力；⑤我的生活是由我个人的行动决定的。

世界范围内的一项调查（Alesina et al.，2001）显示，美国只有29%的人认为贫穷是天生的，30%的人认为是运气决定了收入，而不是个体的努力程度或者所受的教育。这一数字在欧洲几乎翻了一倍，60%和54%的欧洲人认为出身决定了贫穷、运气决定了收入。然而60%的美国人认为贫穷是因为懒惰和缺乏意志力，59%的美国人认为长期来看，努力会带来更好的生活。欧洲持有相同观点的人只占36%和34%。

我国目前类似美国青年综列调查（NLSY）和美国教育综列研究（NELS）的全国范围的个体调查是《中国综合社会调查》（CGSS）。这份建立在随机抽样基础上的调查，涉及了全国28个省市125个县（区），500个街道（乡、镇），1000个居（村）委会，10000户家庭中的个人情况。问卷内容涵盖了城镇居民就业、教育、迁移、社会关系、生活方式和生活环境等方面的状况。在CGSS2006年问卷中，“态度/意识/认同与行为评价部分”的问题特别丰富。其中涉及了个人对事业成功的内控—外控态度的问题。该问题为：

“在您看来，以下各因素对一个人获得事业成功的重要性如何？”

表4-1 内控—外控性问卷题项（CGSS）

影响事业成功的因素	具有决定作用	非常重要	比较重要	不太重要	一点都不重要	说不清楚
1. 家境富裕	1	2	3	4	5	6
2. 父母教育程度高	1	2	3	4	5	6
3. 自己受过良好的教育	1	2	3	4	5	6
4. 年龄	1	2	3	4	5	6
5. 天资与容貌	1	2	3	4	5	6
6. 性别	1	2	3	4	5	6
7. 出生在好地方	1	2	3	4	5	6
8. 个人的聪明才智	1	2	3	4	5	6
9. 有进取心/事业心	1	2	3	4	5	6
10. 努力工作	1	2	3	4	5	6
11. 社会关系多	1	2	3	4	5	6
12. 认识有权的人	1	2	3	4	5	6
13. 政治表现	1	2	3	4	5	6
14. 命运	1	2	3	4	5	6

可以看出，在表4-1所列出的、影响事业成功重要性的14个因素中，“有进取心/事业心”、“个人的聪明才智”、“努力工作”、“自己受过良好的教育”，以及“社会关系多”等是个体的内部因素，而“命运”、“家境富裕”、“出生

在好地方”、“认识有权的人”、“父母教育程度高”等更多的是外部的、不可控制的因素。我们对这两类因素进行合并，将成功主要归因于内部的选项合并成“内控型”，将成功主要归因于外部的选项合并为“外控型”，对其进行平均后衡量个体的内控性和外控性。由于对这一问题是反向陈述，我们对评分取值进行反向处理，衡量指标的得分越高，则内控性越强，因而心理资本也越强。

2. 测量自尊的问卷

自尊（self-esteem）是指个体对自我能力和自我价值的一种评价性情感体验。其中个体对自己的评价是一个重要的组成部分。常在问卷中测量自尊的问题是“有时我觉得自己一无所成”或者“总体来说，我对自己很满意”。在已有的研究中，Rosenberg（1986）开发的自尊量表最常被使用。这一量表有10个问题，受访者被要求对其进行从“很同意”到“很不同意”的1~4分打分。其中有代表性的问题如：①有时我会觉得自己一无是处；②我觉得自己有不少优点；③我能够做到与大部分人一样好；④我觉得自己是个有价值的人，至少与其他人一样有价值；⑤从各方面看来，我倾向于觉得自己是一个失败者。

可以看出，在这一问卷中，许多问题涉及与他人的比较。这是由于自我评价时，个人常需要通过与周围人群的价值、能力、经济社会地位进行比较从而做出判断。

根据自尊的这一特点，学者让受访者对自己在群体中所处的相对位置进行选择，以此来反映个体对自己价值的相对判断。Guthrie 等（2000）对美国 168 位地方法官询问同样的问题：“美国的地方法官的判决很少被重新上诉，但这种情况有时候还是会发生。如果请您对房间内的法官在其职业生涯中被不服判决的情况做一个排序，您认为自己处在哪一等级?”选项包括：最高级（高于 75 分位），第二级（高于 50 分位），第三级（高于 23 分位），以及最低一级。类似地，Ola Svenson（1981）让瑞典司机对自己相对于其他人的驾驶技术进行评判，以衡量他们对自己的驾驶能力的信心。

在我国社会综合调查问卷中，关于受访者对自己所处的经济社会地位的评价能在一定程度上反映出个人对自己价值的主观感知。尤其当控制了个人实际的收入水平之后，个人对自己经济社会地位所处的等级的评判，反映了个人对自我价值的看法。问卷中的问题如表 4-2、表 4-3 所示：

“在您看来，您本人的社会经济地位属于上层、中上层、中层、中下层，还是下层?”

表 4-2　反映自尊的问卷题项（CGSS）

	上层	中上层	中层	中下层	下层	不作选择
您本人的社会经济地位	1	2	3	4	5	6

“如果一定要让您选择的话，您会认为您个人的社会经济地位属于上层、中上层、中层、中下层，还是下层？”

表 4-3　反映自尊的问卷题项（CGSS）（续）

	上层	中上层	中层	中下层	下层	仍不作选择
您本人的社会经济地位	1	2	3	4	5	6

问卷要求受访者选择自己的社会经济地位，我们也对这一反向陈述的评分进行了处理，若分值越低，则代表对自己的社会经济地位判断越低。

3. 心理资本

衡量心理资本这一整体的问卷目前也已被开发出来。Luthans 等（2005）、Luthans 等（2007）开发了针对工作场所的 24 个问题的心理资本问卷。这 24 个问题分别衡量了 Luthans 所定义的心理资本的四个要素，即希望、乐观、自我效能、坚韧性。例如，“任何问题都有解决的方法”是衡量希望的条目，“我相信自己能分析长远的问题，并找到解决方案”衡量了自我效能，与坚韧性有关的问题如“在工作中，我无论如何都会去解决遇到的问题”，反映乐观的问题如“对自己的工作，我总是看到事情光明的一面”，“在工作中，当遇到不确定的事情时，我通常期盼最好的结果”。

我国学者柯江林等（2009）开发和运用了中国本土的心理资本量表，在其中加入了谦虚、沉稳等反映中国人际特征的心理变量。他们将心理资本分为事务型心理资本和人际型心理资本两类。在问卷中描述事务型心理资本的典型条目如“我会尽自己最大的努力将事情做到最好”、“我是一个不到最后关头决不放弃的人”、“我感觉自己很乐观，几乎没有沮丧的时候”、“我对自己的工作能力充满自信”。

衡量心理资本的问卷目前主要被应用于组织内部的调查研究。国内外的大规模社会调查研究中还没有包含心理资本的问卷。因此，本书的后面部分，将采用《中国综合社会调查》问卷中涉及的控制点和自尊两个因素的问题衡量心理资本。

（三）本书的变量

1. 心理资本

组织行为学者们通常采用的专门的心理资本问卷（Luthans et al.，2007；Luthans et al.，2010）目前还没有被纳入国内外的社会调查研究中。但衡量心理资本的要素之一——控制点，其测量问卷则被纳入美国两项大规模综列调查（NLSY 和 NLSE），以及我国的《中国综合社会调查》中。因此，本章采用对控制点和自尊的评分两个指标衡量心理资本。

控制点（locus of control）是指：个体在周围环境（包括心理环境）作用的过程中，认识到控制自己生活的力量，也就是每个人对自己的行为方式和行为结果的责任的认识和定向。内控型人是相信自己能够掌握命运，并为发生在自己身上的事情负责的人，而外控型人是认为自己的生活被外界力量控制，并且对发生在自己身上的事情负有较少责任的人。

Rotter（1966）的内控—外控经典量表，考察了个体对自我、经济社会现象的责任的归因。Furnham（1986）在此基础上开发的 40 个条目的经济控制点量表更侧重考察个体对工作和财富控制力的信念。其中最具有代表性的问题是“我是否变得更富有大部分取决于我的能力”、“如果我得到了我想得到的东西，那通常是因为我为此付出了努力”。

CGSS2006 中“态度/意识/认同与行为评价部分”模块询问受访人对个体成功发挥重要作用的因素，这与 Furnham 所考察的内容一致。该问题是：“在您看来，以下各因素对一个人获得事业成功的重要性如何?”，受访者对给出的 14 个因素进行从 1 分至 5 分、从“非常重要”至“非常不重要”的打分。这些要素包括“个人的聪明才智”、“努力工作”、“家境富裕”、“出生在好地方”、“命运”等。

我们将 14 个选项中“有进取心/事业心”、“个人的聪明才智”、“努力工作”、“自己受过良好的教育”，以及“社会关系多”等这些与个人内在努力相关的因素作为内部归因的要素，将“认识有权的人”、“父母教育程度高”、“家境富裕”、“出生在好地方”、“命运”等因素作为不可控的外部因素。对打分进行反向处理后，我们将对这两类因素的打分分别取均值构建出“对成功的内部归因”指标和“对成功的外部归因”指标。对内部归因的打分越高，则内控性越高。对外部归因的打分越高，则外控性越高。由于外控性不属于心理资本定义范畴内的积极心理因素，因此，外部归因对创新活动的影响也不在本书的讨论范围内。

2. 人力资本

人力资本的衡量是实证研究中一个重要的问题（Hanushek，1996）。Wößmann（2003）讨论了实证研究中人力资本存量的代理变量（proxy variable）的选择问题。De la Fuente 和 Doménech（2006）的研究指出，提高变量选择和数据精度，能够获得人力资本对经济增长更精确的估计。在国外文献中，对人力资本的常见衡量指标有：①招生率和识字率；②从业人员教育水平和受教育年限；③人力资本存量的货币价值。综合考虑数据的可获得性以及对人力资本反映的准确性，从业人员的教育水平和受教育年限是更为常见的衡量指标（钱晓烨等，2004）。

受教育程度是本书衡量人力资本的指标之一。在 CGSS 中与受教育程度有关的两个问题是："您目前最高教育程度"、"您从小学开始算起一共接受过多少年的学校教育"。由于受教育年限是一个连续变量，并且与受访者的最高教育程度基本吻合，本书采用受教育年限衡量一般性人力资本。

除了受教育程度，我们还采用"是否中途辍学"来考察学业的完成情况。受教育年限无法完全体现出个体是否完整地完成了一段学历教育。采用这一指标，我们得以更全面地衡量个体人力资本的积累情况。

3. 收入水平

类似 CGSS 的社会调查问卷通常会详细地询问受访者的收入情况。在 CGSS2006 中，受访者报告了月收入和年总收入，考虑到月收入中往往没有包含年终奖、年终绩效等以年度为单位的收入，我们采用了年总收入衡量个体的收入水平。同时，考虑到当年的心理资本和收入之间可能受到一个共同的外生变量影响而表现出相关性，除了采用当年的年收入衡量个体收入水平外，我们还采用了受访者报告的前一年的年收入水平来反映个体收入。由于心理资本是个体稳定不容易变动的心理因素（Luthans，2007），所以，个体心理资本对前一年和当年的收入水平应当表现出类似的效应。

除了收入水平、人力资本和心理资本这三个主要变量之外，不同的实证模型还涉及了一系列控制变量，包括年龄、性别、所在单位类型、行业、父亲的单位类型、父亲是否是管理者，这些数据也都来自于 CGSS2006。

（四）实证模型

我们基于明瑟模型建立了如下的实证模型：

1. 使用 OLS 估计心理资本与人力资本间的关系

模型如下：

$$\ln Income = \beta_1 + \beta_2 PsyCap + \beta_3 exp + \beta_4 exp^2 + \beta_5 X + v \quad (4-1)$$

其中，*PsyCap* 表示衡量个体心理资本。我们采用了“对成功的内部归因”和“个体对家庭经济地位的评价”两个变量来衡量心理资本中的乐观和自尊两个维度。ln*Income* 表示衡量个体的收入水平。我们采用受访者当年的年收入水平和前一年的年收入水平来反映个体收入。*exp* 和 exp^2 表示工作经验及工作经验的平方。*X* 表示影响人力资本积累的个体、家庭及区域控制变量，包括年龄、性别、户口、父亲所在单位类型、父亲是否是管理者、所在地区。

2. 心理资本作用于个体收入的二阶段工具变量模型

本节使用二阶段工具变量法（two-stage instrument variable method）模型估计心理资本与个体收入间的间接关系，这一间接作用是通过提高个体的人力资本积累传导的。心理资本作为人力资本的工具变量进入这一模型。

$$\ln Income = \beta_0 + \beta_1 HC + \beta_2 exp + \beta_3 exp^2 + \beta_4 X + \varepsilon \quad (4-2)$$

其中，*HC* 表示衡量人力资本的变量。我们采用了“平均受教育年限”和“是否中途辍学”这两个变量来衡量人力资本。

其中，采用人力资本作为技术创新的工具变量，技术创新的诱导型方程如式（4-3）所示：

$$HC = \beta_1 + \beta_2 PsyCap + \beta_3 exp + \beta_4 exp^2 + \beta_5 X + v \quad (4-3)$$

如果心理资本是通过人力资本间接提高个体收入的，则采用心理资本作为人力资本的工具变量，人力资本对个体收入的影响应当下降或不再显著。

三、实证结果

（一）变量统计描述

1. 总样本描述

CGSS2006 收集了有效样本 10151 个，受访者最高学历的分布如表 4-4 所示。样本采用了严格的随机抽样方法，样本的最高学历分布可以较好地反映问卷涉及的 28 个省、125 个城市的人力资本分布情况。从表 4-4 中可以看到，

22.25%和33.19%的样本学历分别为小学和初中，初中以上的受访者占总样本的32.28%。

表4-4　受访对象最高学历分布

	人数（个）	百分比（%）	累计百分比（%）
没有受过任何教育	892	8.79	8.79
扫盲班	115	1.13	9.92
小学	2259	22.25	32.17
初中	3369	33.19	65.36
职业高中	239	2.35	67.72
普通高中	1369	13.49	81.2
中专	571	5.63	86.83
技校	109	1.07	87.9
大学专科（成人高等教育）	379	3.73	91.64
大学专科（正规高等教育）	386	3.8	95.44
大学本科（成人高等教育）	117	1.15	96.59
大学本科（正规高等教育）	313	3.08	99.67
研究生及以上	25	0.25	99.92
其他	8	0.08	100
合计	10151	100	100

2. 回归分析样本描述

由于CGSS对心理资本的题项仅针对城镇人口，因此，本研究仅保留了城镇样本5568个。由于需要研究心理资本对教育和收入情况的影响，本书将样本集中于18~65岁的工作人口，删除没有报告收入的缺失值，最后得到总的研究样本3110个。

表4-5报告了实证样本主要变量的均值和标准差。从表4-5中可以看出，样本中受访者的平均年龄约为40岁，受访前一年（2005年）平均总收入约为14000元，采用受访当月月收入乘以12计算出的当年总收入比前一年总收入有些微增加，标准差减小。受访者目前工作的平均工作年限达到14.4年，说明多数受访者的工作变换不频繁。

表 4-5 实证分析主要变量统计描述

变量	样本	均值	标准差
年龄	3110	40.08	11.39
前一年总收入	3110	13720.59	12770.59
当年总收入	3110	14073.76	11372.31
当前工作的工作年限	3110	14.35	11.89
平均受教育年限	3054	10.77	3.11
内控性（内部归因）	3110	3.99	0.55
经济社会地位的自我评价	3077	2.00	0.88
变量	类别	样本	占比（%）
性别	男性	3110	43.6
婚否	已婚	3110	79.4
户口	城镇户口	3110	81.7
民族	汉族	3110	95.2
教育完成情况	中途辍学	3110	7.3
教育水平	初等教育水平	3110	41.7
	中等教育水平	3110	36.1
	高等教育水平	3110	22.2
企业性质	国有企业	3110	46.0
	集体企业	3110	13.8
	民营企业	3110	38.1
	外资企业	3110	2.0
行业	农林牧渔	3110	1.1
	采掘业	3110	4.4
	加工制造业	3110	33.1
	电力、煤气及水的生产和供应业	3110	1.7
	建筑业	3110	4.2
	地质勘查业、水利管理业	3110	0.2
	交通运输、仓储及邮电通信业	3110	7.2
	批发和零售、贸易、餐饮业	3110	13.2
	金融、保险、房地产业	3110	2.5
	社会服务业	3110	11.3
	科教文卫	3110	12.5
	国家机关、政党机关、社会团体	3110	5.7
	其他	3110	3.0

续表

变量	类别	样本	占比（%）
地区	东部地区	3110	46.2
	中部地区	3110	35.8
	西部地区	3110	17.9
地区类型	城市	3110	90.8
	集镇市区	3110	7.7
	郊区	3110	0.9
	农村	3110	0.2
	其他	3110	0.3

研究样本中，男性比例接近44%，不到一半；有近80%的受访对象为已婚人士；约有4.8%的受访对象为少数民族。

首先，研究样本的平均受教育年限为10.77年，受教育年限偏低。其中，初等教育水平的受访者占总样本的41.7%，中等教育水平的受访者占总样本的36.1%，高等教育水平的受访者占总样本的22.2%。最后，从学业完成情况来看，有7.3%的受访者报告他们曾中途辍学。

尽管问卷调查的都是城市受访者，但没有城市户口的受访者所占比重在18%左右，我们由此推测，其中很大部分是从农村流向城市的务工人员。受访者在不同所有制企业中工作的分布情况如下：在国有企业工作的受访者占46%，在民营企业工作的受访者占38.1%，约2%的受访者在外资企业工作，其余受访者在集体所有制企业工作。

受访对象从事的行业中，排在前三位的是加工制造业（33.1%），批发和零售、贸易、餐饮业（13.2%），科教文卫（12.5%）。研究样本的区域分布不均衡，西部地区的样本占17.9%，东部地区的样本占46.2%。

3. 心理资本与教育和个体收入水平的关系

那些倾向于将成功归因为自身内部原因的人被认为是更加乐观和积极的人。我们根据受访者将成功归因于自身的努力、付出的评分等级进行了分类，评分等级越高，表明个体的内部归因倾向越强，即个体更加乐观。本节采用这一指标衡量心理资本，表4-6报告了对成功的内部归因打分不同的受访对象的受教育情况和收入水平。

表 4-6　心理资本与教育和年收入

对成功的内部归因	样本量（个）	平均受教育年限（年）	辍学率（%）	年收入（按月总收入统计，单位为“元”）	年收入（按年收入统计，单位为“元”）
0~2 分	5	7.8	20	8920	12000
2~3 分	102	9.99	12.50	12539.2	13202.4
3~4 分	1133	10.75	8.20	13145.5	13524.9
4~5 分	1720	10.83	6.53	14149.8	14326.5
5 分	94	11.02	5.21	14377.3	17147.5

首先，可以看出，受访者对成功内部归因的评分相对集中，3~4 分和 4~5 分两个分段集中了 90%以上的样本，这是主观评分中经常出现的趋中效应，以此为变量，变量变异程度较小，可能会在一定程度上降低回归分析的统计显著性。此外，这一结果也与表 4-5 中内部归因的平均分为 3.99 相吻合。

其次，更倾向于将成功归为内部原因的受访对象有更长的受教育年限，评分最高（5 分）的人群比评分最低（0~2 分）的人群的平均受教育年限高出 3.22 年。同时，评分更低的受访群体报告了更高的辍学率。那些心理资本最低（评分在 2 分以下、最不乐观）的群体，有高达 20%的人经历了辍学；而随着内部归因的评分逐渐增加，有辍学经历的受访者比例大幅下降，最为乐观的群体当中只有 5.21%的人有辍学经历。值得说明的是，这里反映出的辍学和内部归因的负相关关系不能反映出这两者的因果关系。考虑到除了个体主动辍学的情况之外，被动辍学也是常见的情况，因此，在后边的实证分析中，对辍学与心理资本关系的理解，必须考虑其是否与平均受教育年限—心理资本的关系具有一致性。

此外，表 4-6 还报告了内部归因不同评分的人群的平均收入水平。随着心理资本水平的提高，收入水平提高的趋势也十分清晰。2006 年，内部归因评分最高的一组的年平均收入达到 17147.5 元，比内部归因评分最低的一组的年平均收入高出 5000 多元。这似乎反映出，心理资本和个体收入水平具有某种关联性。

（二）回归分析结果

1. 心理资本对个体收入的直接效应

根据实证模型（4-1），我们首先检验心理资本对收入的直接影响（见表4-7），即具有更积极的心理状态的个体，是否收入更高。换言之，积极乐观的心理状态，是否是具有价值的资本，是否能为个体带来回报。

表 4-7　心理资本对收入水平的直接影响

因变量	前一年收入的对数			当年收入的对数		
模型	(1)	(2)	(3)	(4)	(5)	(6)
对成功的内部归因	0.076*** (0.027)	0.080* (0.046)	0.033 (0.036)	0.074*** (0.022)	0.077** (0.036)	0.040 (0.027)
工作经验	—	-0.005 (0.005)	-0.001 (0.004)	—	-0.007 (0.005)	0.0035 (0.003)
工作经验的平方	—	-0.085 (0.130)	0.085 (0.087)	—	-0.109 (0.115)	-0.047 (0.082)
年龄	—	—	-0.014*** (0.002)	—	—	-0.014*** (0.002)
性别	—	—	-0.360*** (0.033)	—	—	-0.287*** (0.030)
民族	—	—	0.156 (0.097)	—	—	0.148** (0.073)
户口	—	—	0.149** (0.063)	—	—	0.034 (0.040)
国有企业	—	—	0.010 (0.034)	—	—	-0.013 (0.027)
集体企业	—	—	-0.065 (0.051)	—	—	-0.110*** (0.042)
外资企业	—	—	0.506*** (0.134)	—	—	0.421*** (0.078)

续表

因变量 模型	前一年收入的对数			当年收入的对数		
	(1)	(2)	(3)	(4)	(5)	(6)
东部地区	—	—	0.435*** (0.104)	—	—	0.397*** (0.082)
中部地区	—	—	-0.032 (0.081)	—	—	-0.007 (0.066)
行业控制变量	无	无	有	无	无	有
常数项	8.981*** (0.108)	9.066*** (0.187)	9.408*** (0.305)	9.016*** (0.0906)	9.132*** (0.138)	9.578*** (0.181)
调节 R^2	0.002	0.016	0.23	0.003	0.04	0.26
观测值	2940	2940	2940	3110	3110	3110

注：***、**、*分别代表显著性水平1%、5%、10%；其中，性别基准组为“男性”；民族的基准组为“少数民族”；户口基准组为“非城镇户口”；企业类型基准组为“民营企业”；地区的基准组为“西部地区”。

资料来源：CGSS2006。

在表4-7中，模型（1）~（3）的因变量是问卷调查前一年受访者的年收入情况，模型（4）~（6）采用受访者受访当年的年收入对数作为模型的因变量。按照明瑟模型，在模型（2）和模型（5）（第（2）列和第（5）列，下同）中我们控制了工作经验和工作经验的平方，在模型（3）和模型（6）中我们加入了其他影响个体收入的控制变量，包括人口变量、所在单位的类型、所在行业和所在区域。

从表4-7中的模型（1）~（3）可以看出，仅考察心理资本和收入的关系，两者具有显著的正向关系。在加入了工作年限和控制变量以后，心理资本对前一年的收入和当年的收入的回归系数虽然为正，但都没有统计上显著的影响。这表明，在加入影响收入的多种控制因素以后，心理资本对收入水平没有直接的影响。我们也尝试了在模型中加入教育水平作为控制变量，估计结果并没有改变内部归因的显著性，但使工作经验对收入水平的估计系数的方向符合明瑟模型。

前文的理论模型和统计描述的结果都表明，心理资本对个体收入具有正向效应，而表4-7的结果没有发现心理资本对收入的直接效应。因此，我们进一步检验心理资本对收入的间接效应。这种间接效应实现的机制是，心理资本通过提高人力资本，进而提高个体的收入水平。如果这种间接效应存在，则我们应当观察到，心理资本对人力资本有显著的正向影响，人力资本对个体收入水平有显著的正向影响。当采用心理资本作为人力资本的工具变量时，人力资本对收入的影响减弱了，即人力资本内生地受到了心理资本的影响，其对收入的效应中包含了心理资本的收入效应。

2. 心理资本对人力资本的作用

为检验心理资本对收入的间接效应，我们首先检验心理资本更高的个体，受教育水平是否更高。在表 4-8 中，我们对心理资本对人力资本的影响进行了回归分析，模型（1）~（3）的因变量是平均受教育年限，模型（4）~（6）的因变量是“是否中途辍学”，用虚拟0-1 变量衡量，因此我们采用 Probit 模型进行回归。模型（2）和（5）中控制了年龄和性别因素。这是因为我国年龄更大的个体受教育程度普遍更低、男性受教育的可能性普遍高于女性。在模型（3）和（6）中我们引入了两类控制变量，即地域性的控制变量和家庭控制变量。已有文献证明，父母的背景对子女的教育水平有着显著的影响（李宏彬，2012）。因此，我们控制了父亲工作的企业类型、父亲是否是管理者，以控制家庭的情况对子女教育资源的影响。我们也控制了母亲工作的企业类型、母亲是否是管理者，结果并没有很大差异。此外，考虑到城镇户口居民、东部地区的居民可得的教育资源更加丰富，我们对户口和个体所在区域进行了控制。

表 4-8　心理资本对人力资本的作用

因变量	平均受教育年限			是否中途辍学		
模型	（1）	（2）	（3）	（4）	（5）	（6）
对成功的内部归因	0.258** （0.102）	0.313*** （0.096）	0.212** （0.095）	-0.172*** （0.060）	-0.229*** （0.064）	-0.188*** （0.069）
年龄	—	-0.093*** （0.005）	-0.108*** （0.0048）	—	0.019*** （0.003）	0.027*** （0.004）
性别	—	-0.229** （0.107）	-0.207** （0.104）	—	0.214*** （0.076）	0.179** （0.080）
民族	—	—	0.564** （0.244）	—	—	-0.268* （0.163）
户口	—	—	1.445*** （0.145）	—	—	-0.426*** （0.093）

续表

因变量 模型	平均受教育年限			是否中途辍学		
	（1）	（2）	（3）	（4）	（5）	（6）
父亲工作的企业类型						
国有企业	—	—	0.828 *** （0.121）	—	—	-0.675 *** （0.092）
集体企业	—	—	0.556 *** （0.187）	—	—	-0.220 * （0.127）
外资企业	—	—	3.468 *** （1.232）	—	—	—
父亲是否是管理者	—	—	0.747 *** （0.140）	—	—	-0.325 ** （0.142）
东部地区	—	—	0.413 *** （0.146）	—	—	0.102 （0.111）
中部地区	—	—	-0.253 * （0.148）	—	—	0.254 ** （0.109）
常数项	9.742 *** （0.410）	13.577 *** （0.443）	12.07 *** （0.495）	-0.771 *** （0.237）	-1.023 *** （0.313）	-1.456 *** （0.346）
调节 R^2	0.02	0.12	0.26	—	—	—
Pseudo R^2	—	—	—	0.01	0.09	0.14
观测值	3054	3054	2876	3110	3074	2880

注：***、**、*分别代表显著性水平1%、5%、10%；其中，性别基准组为“男性”；民族的基准组为“少数民族”；户口基准组为“非城镇户口”；父亲企业类型基准组为“民营企业”；地区的基准组为“西部地区”。

资料来源：CGSS2006。

分析表4-8的结果，可以看出，更倾向于将成功归因于自身内部原因的受访者，平均受教育年限显著更高。对内部归因的评分每增加0.1分，平均受教育年限约增加2.6年。在加入了一系列控制变量以后，内部归因的估计系数仍达到0.212，即内部归因评分每增加0.1分，个体的平均受教育年限增加2.1年。

采用平均受教育年限衡量人力资本会存在这样一个问题：我们难以获得受访者受教育阶段的心理资本测量评分，只能获得当前的心理资本评分。尽管控制年龄和工作经验有助于缓解这一问题，但我们仍难以通过这一数据证明是心理资本影响了人力资本，而不是人力资本影响了心理资本。因此，我们采用了另一个指标，即是否在最高教育阶段中途辍学，作为衡量人力资本的指标。决定人们是否中途辍学的因素，除了家庭经济情况的约束之外（采用地区、户口、行业等变量对此进行控制），还受到个体的性格、态度、心理的作用（Heckman，2003）。因此，采用是否中途辍学作为因变量，能够更好地检验心理资本对人力资本的作用。

从表 4-8 中的（4）~（6）列可以看出，对成功内部归因的回归系数显著为负，即倾向于将成功归为自身内部原因，更加乐观的人，更能坚持完成学业，更不容易中途辍学。当控制了地区经济发达程度、城市户口的差异，以及父亲户口和企业性质的差异等导致辍学的客观因素后，我们发现，心理资本这一主观个人因素，对中途辍学的负向影响更加显著了。

表 4-8 中两个因变量的回归结果，都支持了心理资本对人力资本的积累有显著的正向作用的假设。特别地，我们验证了，乐观积极的态度，会减少个体中途放弃学业的几率，从而促进人力资本积累的这一机制。

但总体来看，模型（1）和（3）的调节 R^2 和 Pseudo R^2 的值很小，心理资本能够解释的个体教育水平的变异仍非常有限。R^2 偏小可能的解释有三：①心理资本对人力资本积累的影响虽然显著，但影响有限；②仅采用内部归因（乐观）来衡量心理资本，低估了心理资本对教育积累的影响；③采用主观评分的测量方式，由于趋中效应的存在，心理资本的变异太小，降低了估计精度，低估了心理资本对教育积累的影响。

对于上述第二个原因值得进一步进行说明。在个体层面的回归分析中，我们仅采用了乐观的衡量指标（对成功的内部归因）来考察心理资本和人力资本与个人收入的关系，没有采用区域层面分析所采用的自尊（对自己经济社会地位的评价）的指标进行分析。这是由于，CGSS 中问及个人对自己的经济地位的评价这一提问方法，除了反映个人对自己价值的相对判断，也不可避免地会受到实际收入水平的影响，而在个人层面，由于收入水平是我们考察的因变量，因此，采用对自己的经济社会地位的评价（自尊）来衡量心理资本将导致有偏的估计结果。

最后，控制变量的估计系数总体符合我们的预期。年龄越大的受访者，平均受教育年限越低，更可能中断学业；女性比男性的受教育年限更低，更可能中断学业；少数民族、非城镇户口、中部地区的人力资本水平都更低。家庭背景对子女的受教育水平的影响也十分显著：父亲在私营企业工作的子女受教育水平更低、辍学的可能性更大；父亲如果是管理者，则子女受教育水平普遍更高，子女更不容易辍学。

3. 人力资本对个体收入水平的影响

下面我们对人力资本和收入水平的关系进行总结。首先，表 4-9 报告了人力资本与收入水平的回归结果。根据（1）~（2）列的回归结果，可以看出，平均受教育年限更长的人，其收入水平显著地高于收入水平较低的个人。加入控制变量的（2）列中，回归系数为 0.078，表明平均受教育年限每增加 1 年，收入的平均水平提高 7.8%。（3）~（4）列中，中途辍学对收入的回归系数显著为负，即中途辍学的人收入水平显著低于没有中途辍学的人，加入控制变量的模型（4）的回归系数表明，有辍学经历的人收入会比没有这样经历的相似受访者低 30%左右。

表 4-9　人力资本与收入水平的回归结果

因变量	前一年收入对数				当年收入对数			
模型	（1）	（2）	（3）	（4）	（5）	（6）	（7）	（8）
平均受教育年限	0.102*** （0.006）	0.078*** （0.006）	—	—	0.090*** （0.006）	0.072*** （0.006）	—	—
是否中途辍学	—	—	-0.536*** （0.077）	-0.296*** （0.059）	—	—	-0.421*** （0.063）	-0.226*** （0.048）
工作经验	-0.004 （0.005）	-0.001 （0.004）	-0.006 （0.005）	-0.002 （0.004）	-0.003 （0.004）	0.003 （0.003）	-0.008 （0.005）	0.003 （0.003）
工作经验的平方	0.051 （0.119）	0.093 （0.091）	-0.029 （0.126）	0.101 （0.085）	-0.035 （0.106）	-0.061 （0.082）	-0.065 （0.112）	-0.035 （0.080）
年龄	—	-0.004** （0.002）	—	-0.012*** （0.002）	-0.005*** （0.002）	—	—	-0.012*** （0.002）
性别	—	-0.318*** （0.029）	—	-0.351*** （0.033）	-0.287*** （0.027）	—	—	-0.317*** （0.030）
民族	—	0.124 （0.085）	—	0.146 （0.100）	—	0.114* （0.066）	—	0.143* （0.075）
户口	—	0.029 （0.059）	—	0.131** （0.062）		-0.065 （0.039）	—	0.019 （0.040）

续表

因变量	前一年收入对数				当年收入对数			
模型	(1)	(2)	(3)	(4)	(5)	(6)	(7)	(8)
父亲工作的企业类型								
国有企业	—	-0.052* (0.031)	—	-0.000 (0.034)	—	-0.070*** (0.026)	—	-0.021 (0.026)
集体企业	—	-0.085* (0.048)	—	-0.065 (0.050)	—	-0.118*** (0.038)	—	-0.110*** (0.040)
外资企业	—	0.390*** (0.121)	—	0.504*** (0.135)	—	0.327*** (0.066)	—	0.419*** (0.079)
东部地区	—	0.398*** (0.093)	—	0.438*** (0.101)	—	0.360*** (0.074)	—	0.403*** (0.080)
中部地区	—	-0.024 (0.073)	—	-0.023 (0.080)	—	0.004 (0.059)	—	0.002 (0.065)
行业控制变量	无	有	无	有	无	有	无	有
常数项	8.230*** (0.084)	8.596*** (0.222)	9.425*** (0.084)	9.565*** (0.222)	8.412*** (0.062)	8.790*** (0.147)	9.473*** (0.074)	9.750*** (0.145)
调节 R^2	0.17	0.29	0.04	0.24	0.19	0.33	0.06	0.27
观测值	2887	2887	2940	2940	3054	3054	3110	3110

注：***、**、*分别代表显著性水平1%、5%、10%；其中，性别基准组为“男性”；民族的基准组为“少数民族”；户口基准组为“非城镇户口”；企业类型基准组为“民营企业”；地区的基准组为“西部地区”。

资料来源：CGSS2006。

表4-9中模型（5）~（8）采用计算出的受访者受访当年的年收入作为因变量估计的结果和前四列十分一致。教育年限对收入的影响显著为正，最高学历没有完成、中途辍学的行为会导致收入显著下降。但回归系数都比前一年收入的回归系数略微下降，这似乎表明，受访者的教育水平和辍学行为对收入的影响随着时间的推移逐渐变小。

4. 心理资本影响个体收入的间接效应

表4-7的结果表明，心理资本对收入的影响较小且并不显著，表4-8的结果则表明，心理资本对人力资本的积累有着显著的促进作用，由此可知：心理资本和人力资本之间有直接的关联，而心理资本对收入则没有直接的作用。这

些结果与我们的理论推演相符，心理资本对收入的影响可能是一种间接效应，而人力资本则内生地传导了这种间接机制。

如果人力资本是内生的，那么，在人力资本对收入影响的回归模型中，没有控制内生性可能导致回归的结论有偏。也就是说，人力资本对收入的影响可能会被高估。为调整内生性问题，可以采用工具变量的方法。

有效的工具变量应满足两个条件：首先，它应当是外生的，与残差项不相关；其次，它应当与内生变量高度相关，但和因变量不直接相关。在本书中，工具变量应当与人力资本高度相关，但与收入水平不相关。要找到一个完全有效的工具变量常常是有难度的。在人力资本与收入的关系中，心理资本可以被认为是外生的，这是由于乐观积极的态度和看法的形成，往往来自于幼年的经历和感受（Seligman，2007），还有学者认为这种态度和观点与生俱来（Allen and Potkay，1981）。

我们估计了两阶段最小二乘法模型，将心理资本作为工具变量，考察其对收入的影响。在第一阶段，我们用心理资本对人力资本进行回归，第二阶段模型中的自变量包括第一阶段估计的人力资本和其他外生变量。2SLS 估计和 OLS 估计的结果对比报告在表 4-10 中。2SLS 的第一阶段的回归结果如表 4-8 所示。

表 4-10　心理资本对收入的间接影响：2SLS 和 OLS 结果

因变量 模型	前一年收入对数				当年收入对数			
	OLS （1）	2SLS （2）	OLS （3）	2SLS （4）	OLS （5）	2SLS （6）	OLS （7）	2SLS （8）
平均受教育年限	0.078*** （0.006）	0.096 （0.116）	—	—	0.072*** （0.006）	0.127 （0.097）	—	—
是否中途辍学	—	—	-0.296*** （0.059）	-1.234 （1.363）	—	—	-0.226*** （0.048）	-1.571 （1.099）
工作经验	-0.001 （0.004）	-0.002 （0.004）	-0.002 （0.004）	-0.006 （0.006）	0.003 （0.003）	0.004 （0.004）	0.003 （0.003）	-0.003 （0.005）
工作经验平方	0.093 （0.091）	0.099 （0.096）	0.101 （0.085）	0.148 （0.105）	-0.061 （0.082）	-0.054 （0.087）	-0.035 （0.080）	0.039 （0.107）
年龄	-0.004** （0.002）	-0.003 （0.012）	-0.012*** （0.002）	-0.008 （0.007）	-0.005*** （0.002）	0.001 （0.009）	-0.012*** （0.002）	-0.006 （0.005）

续表

因变量 模型	前一年收入对数				当年收入对数			
	OLS （1）	2SLS （2）	OLS （3）	2SLS （4）	OLS （5）	2SLS （6）	OLS （7）	2SLS （8）
性别	-0.318*** （0.029）	-0.311*** （0.050）	-0.351*** （0.033）	-0.325*** （0.050）	-0.287*** （0.027）	-0.268*** （0.041）	-0.317*** （0.030）	-0.279*** （0.043）
民族	0.124 （0.085）	0.113 （0.092）	0.146 （0.100）	0.117 （0.105）	0.114* （0.066）	0.084 （0.077）	0.143* （0.075）	0.108 （0.090）
户口	0.029 （0.059）	0.003 （0.173）	0.131** （0.062）	0.072 （0.107）	-0.065 （0.039）	-0.146 （0.144）	0.019 （0.040）	-0.070 （0.082）
父亲工作的企业类型								
国有企业	-0.052* （0.031）	-0.065 （0.088）	-0.000 （0.034）	-0.031 （0.053）	-0.070*** （0.026）	-0.111 （0.079）	-0.021 （0.026）	-0.068 （0.045）
集体企业	-0.085* （0.048）	-0.088* （0.048）	-0.065 （0.050）	-0.064 （0.053）	-0.118*** （0.038）	-0.127*** （0.041）	-0.110*** （0.040）	-0.109** （0.044）
外资企业	0.390*** （0.121）	0.364* （0.214）	0.504*** （0.135）	0.481*** （0.150）	0.327*** （0.066）	0.252* （0.140）	0.419*** （0.079）	0.377*** （0.089）
东部地区	0.398*** （0.093）	0.387*** （0.121）	0.438*** （0.101）	0.424*** （0.099）	0.360*** （0.074）	0.325*** （0.090）	0.403*** （0.080）	0.391*** （0.074）
中部地区	-0.024 （0.073）	-0.021 （0.072）	-0.023 （0.080）	-0.004 （0.082）	0.004 （0.059）	0.011 （0.058）	0.002 （0.065）	0.035 （0.067）
行业控制变量	有	有	有	有	有	有	有	有
常数项	8.596*** （0.222）	8.379*** （1.478）	9.565*** （0.222）	9.675*** （0.230）	8.790*** （0.147）	8.114*** （1.173）	9.750*** （0.145）	9.893*** （0.220）
R^2	0.29	—	0.24	—	0.33	—	0.27	—
调节 R^2	—	0.29	—	0.16	—	0.29	—	0.04
观测值	2887	2887	2940	2940	3054	3054	3110	3110

注：2SLS 模型中的工具变量是对将成功归为内部原因的评分，用于衡量心理资本。***、**、*分别代表显著性水平 1%、5%、10%；其中，性别基准组为“男性”；民族的基准组为“少数民族”；户口基准组为“非城镇户口”；企业类型基准组为“民营企业”；地区的基准组为“西部地区”。

资料来源：CGSS2006。

首先，在表 4-10 中的模型（1）~（4），我们采用了调查前一年的个人收入水平作为因变量。分别采用了平均受教育年限和是否中途辍学作为自变量，分别进行了 OLS 回归和以心理资本为工具变量的 2SLS 回归。对比 OLS 和 2SLS 的回归分析结果可以看到，采用心理资本作为平均受教育年限和辍学率的工具变量后，这两个衡量人力资本的变量对收入的回归系数都不再显著。我们进行了 Hausman 检验，结果表明，人力资本是内生变量。

其次，为进一步确保回归结果的稳健性，我们采用受访者当年的收入为因变量，同样以平均受教育年限和是否中途辍学作为自变量，进行了 OLS 回归和 2SLS 回归。表 4-10 中的模型（5）~（8）的结果展示了同样的规律，采用工具变量的 2SLS 模型，平均受教育年限和是否中途辍学对收入的回归系数不再显著。

以上发现表明，人力资本对个体收入的积极作用是内生的，当采用心理资本作为人力资本的工具变量进行回归后，人力资本的效应不再显著了。这一结果支持了心理资本对个体收入的效应是通过间接地影响人力资本，从而影响收入水平的理论假设。

四、本章小结

本章试图回答的问题是：心理资本是否确实是一种“资本”，即能够为个体带来回报。这一研究对我们理解心理资本的价值深具意义。然而，由于采用严谨的心理资本测量问卷需要采集大样本的个体心理资本数据，而这个过程十分困难，因此个体心理资本和收入间关系的研究仍为空白。

在本章中，我们基于人力资本投资回报模型，构建了心理资本的投资回报模型。采用 CGSS 的大规模社会调查问卷，我们利用个体对成功归因的自陈式量表构建了反映个体乐观程度的变量。回归分析结果没有发现心理资本对收入的直接效应，但发现了心理资本通过提高人力资本积累从而提高个体收入水平的间接效应的支持证据。

本章对个体心理资本和收入水平关系的实证探索仍存在一些不足：首先，个体的人力资本（特别是个体是否中途辍学）和其心理资本水平很有可能是互为因果的。具体来说，辍学经历可能导致个体感觉到命运不能由自己控制，从而倾向于外控，也就是更加悲观。从这个意义上来说，可能是辍学的经历降低了个体的心理资本，而不是心理资本低的个体更容易放弃学业。对这两者的因果关系，有待未来进一步检验。我们的研究结论虽然由受教育水平所衡量的人力资本的分析结果进行佐证，但仍需审慎地解读。其次，本章的研究只考虑了心理资本的一个维度（乐观），这也可能导致我们低估心理资本对个体收入的积极效应。最后，未来的研究如果可能，仍需要进一步改进对心理资本的测量，我们发现了自陈式量表测量存在较为明显的趋中效应，这将会对模型估计的精度产生影响。

第五章
心理资本对区域创新的影响

一、问题的提出

随着全球化进程的加快，资本、信息、技术和人才等要素在全球范围内的流动与配置更为深入，科技竞争日益成为国家间竞争的焦点，创新能力成为国家竞争力的决定性因素。Solow 早在 1957 年就证明了美国 1909 年至 1949 年四十年间的经济增长中，有 87.5%归功于技术进步。技术创新带来产业结构升级，为一个地区经济增长注入持续发展的活力。持续的经济增长成为国家保持国际竞争力的基础。以美国为例，正是由于美国政府一直以来，都将保持科学技术的国际前沿地位放在国家战略的高度，并通过实施信息高速公路计划、国家纳米技术计划等，才以科技创新为动力，不断为美国的经济增长注入活力，从而保持了其国际领先的经济社会地位。有鉴于此，日本、韩国政府都将科技创新提到战略高度，日本政府提出科技创新立国和知识产权立国，韩国政府提出以科技为基础的政策探索国家发展新道路。

我国目前的经济增长模式还以粗放型为主，主要的驱动力量还是资源、资本和劳动力等要素。总体而言，技术进步对经济增长的贡献率还较低。已经有越来越多的学者提出，继续以粗放型、低技术的传统方式发展，我国持续了近 20 年经济增长的奇迹终将难以为继。我国的政策决策者认识到了创新对国家发展的重要意义，已经将创新纳入我国的发展战略。党的十七大提出，我国发展战略的核心是“提高自主创新能力，建设创新型国家”。此外，还提出了“建设创新型国家”“加快建设国家创新体系”“加快建立以企业为主体、市场为导向、产学研相结合的技术创新体系”等一系列战略规划。十七大还提出我国的发展方式要实现从“要素驱动型”向“创新驱动型”的转变。因此，如何提高我国的创新能力，推动经济结构调整和产业升级，实现经济增长方式的转变，增强我国产业的国际竞争力，具有重大的研究意义。

目前我国的创新能力并不乐观。学者估算我国 20 世纪 60 年代中期至 90 年代技术进步对经济的贡献率为 20.8%，低于日本的 39%和非亚洲工业化国家的 59%，他们认为自主创新不足和研发低效率是技术进步贡献不足的两个主要原因（邓珩等，2000）。根据国家中长期科技规划办公室的专家的研究判断，目前我国科技发展取得了令人瞩目的进步，但尚未成为对世界有重要影响的科技大国。“2008—2009 全球创新指数”（Global Innovation Index 2008—2009）我国排名仅第 37 名[①]，与我国 GDP 居世界第二位的经济地位相比，差距很大。更重要的是，与发达国家相比，我国产业的关键技术自给率低，对外技术依存度在 50%以上[②]。多数制造企业缺乏具有自主知识产权的核心技术，在国际竞争中往往受制于人[③]。因此，如何加快科技进步尤其是提高我国的自主创新水平，成为提高我国创新能力的关键。

此外，另一个制约我国创新发展的因素是创新人员效率较低。对比瑞士洛桑国际管理发展学院（IMD）2009 年发布的《全球竞争力年度报告》中，中国和美国创新能力主要指标的世界排名，可以看到，在我国，R&D 的投入、引进先进技术和创新的制度环境（包括创新政策扶持力度）的排名都处在 20 名到 30 名之间，与美国的差距较小，但涉及创新人员的两项指标，科学研究机构的质量，以及科学家和工程师的可获得性的指标在全球 120 多个国家中排名第 56 位和第 78 位，远远落后于创新领先的美国（见图 5-1）。这说明，创新过程中，创新者的创新能力及创新效率不足成为制约我国成为创新大国的主要原因。

创新的动力一直以来都是深受关注的话题，其中 R&D 投入、专利保护、创新的政策支持力度、前沿技术引进等影响创新的要素，均受到了研究者的重视，也得到了政策执行者在实践中的广泛关注。然而，创新的另一个重要因素——创新个体的重要性却被忽略了。人是新想法的源泉、是创新行为的执行者、是

① 全球国家和地区创新指数排名：中国列第 37 位［EB/OL］.［2009-01-07］. https：//bbs.csdn.net/topics/300009829.

② 中国新闻周刊．章玉贵：中国日益面临“产业空洞化”的隐忧［EB/OL］.［2012-02-03］. http：//opinion.news.cntv.cn/20120203/109188.shtml.

③ 李洪波，阎卡林，齐向东．提高自主创新能力，推进经济结构调整［EB/OL］.［2007-01-28］. http：//news.xinhuanet.com/zgjx/2007-01/28/content_5664699.htm.

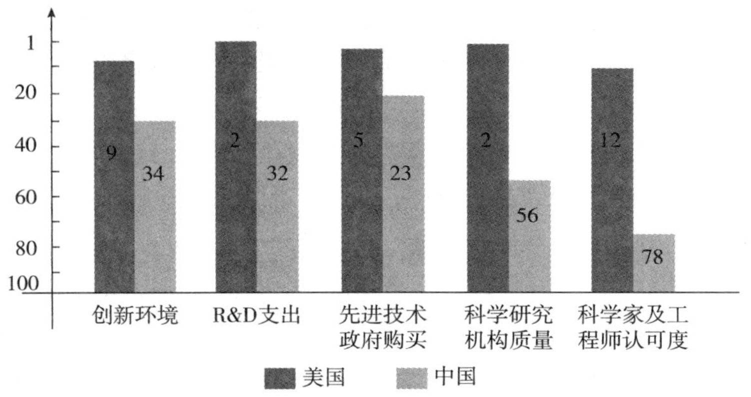

图 5-1 中美创新能力世界排名对比

新知识新技术的推广者和需求方。重视创新中人的知识、技能和主观因素的作用，并对其进行深入和系统的研究，有着重要的理论意义和现实意义。

与一般生产性活动不同，创造性活动及创造性成果的出现，更多地体现了人们已有知识储备的迸发。Blanchard 和 Fischer（1989）在他们的宏观经济学教材中明确指出，一个地区能否取得创新的成功，与该地区的教育体系有关。在创新过程中，参与创新的个体具有更高的知识、技能和经验使创新成功的可能性大大增加。教育发达的国家往往是创新活动频繁的国家，这是由于国民具备了更丰富的知识储量，掌握了创新必需的前沿技能和知识。

人力资本是知识、技术、经验在人身上的凝结。因此，技术创新离不开人力资本的积累，人力资本是技术创新和技术进步的源泉。同时，人力资本是一个国家和地区吸收和转化先进技术的必要条件。特别是在专业化分工日益深化、知识呈现爆炸式增长的今天，创新活动中，高质量的创新人员的创造性意义和决定性作用更加突出。

二、相关概念与相关研究

（一）创新的概念

1. 创新与技术创新

由于创新这一概念被许多学科共同使用，对它下一个清晰的定义对明确研究对象十分必要。熊彼特虽然早在 1912 年就提出了“创新”这一概念，用以指代一种生产体系中的“新的组合”，包括新的产品、新的技术、新市场、新原材料供应方以及新的工业组织（Schumpeter and Backhaus，2003），但他并没有直接对技术创新下严格的定义。

首次直接明确地给技术创新下定义的是伊诺斯，他在 1962 年的著作中指出：“技术创新是几种行为综合的结果。这些行为包括发明的选择、资本投入的保证、组织建立、制订计划、招用工人和开辟市场等。”目前广泛采用的创新定义是“新想法的成功利用”，这一定义包含了两方面的内容，即新想法的产生，以及这些想法的商业化应用。廖尔塞对几十年来技术创新概念的多种表述进行了整理，将技术创新定义为：“技术创新是以其构思新颖性和成功实现为特征的有意义的非连续性事件。”这一定义突出了技术创新在两方面的特殊含义：一是活动的非常规性，包括新颖性和非连续性；二是活动必须获得最终的成功实现。

弗里曼在《创新经济学》中把技术创新定义为“第一次引入一种产品（或工艺）所包括的技术、设计、生产、财政、管理和市场”的过程。他认为，技术创新是一个把科技成果转化为能在市场上销售的商品或工艺的全过程，包括研究过程（形成新的思想和发明），以及新产品开发、试制和生产过程（商业化）。

吴贵生（2006）认为，技术创新是指由技术的新构想，经过研究开发或技术组合，到获得实际应用，并产生经济、社会效益的商业化全过程的活动。傅家骥（2010）认为，技术创新是企业家抓住市场潜在盈利机会，以获取商业利润为目标，重新组合生产条件、要素和组织，建立起效能更强、效率更高和费用更低的生产经营系统，从而推动新的产品、新的生产（工艺）方法，开辟新的市场，获得新的原材料、半成品供给来源或建立企业间新的组织，它是包括科技、组织、商业和金融等一系列活动在内的综合过程。

在本书的研究中，我们采用弗里曼的技术创新定义，弗里曼认为，技术创新是从研究过程到最终的商业化的一个完整的创新链条。技术创新既是一个狭义的范畴，即它是各种生产要素的重新组合，又是一个广义的范畴，即它应包括某一领域甚至整个时代的技术革命；技术创新不仅是研究与开发的结合，更是研究开发与应用的结合。本书的研究都基于这一技术创新的定义。后文中所提到的创新，都是这一技术创新概念的简写。

人们在理解创新的概念时，很容易将其与创造力的概念相混淆，从实际上来说，创造力更多的是指持续地发现、解决问题并实施新的解决方案的过程。

Koestler（1964）从能力的视角定义创造力。他认为，创造力是一种以独特的视角看待事物、辨析新信息及运用信息解决问题的能力。也有不少学者从过程的视角定义创造力，其中，Amabile（1983）的创造力过程模型得到了广泛的认可。他提出，创造性的思考包括五个阶段：任务陈述、准备、产生创意、验证创意及结果评估。其他从过程视角对创造力所下的定义虽然细节各不相同，但都涵盖了对某个问题的辨别、收集信息、产生创意和评估创新的过程（Einhorn and Hogarth，1981；Parnes et al.，1977）。还有一个视角是从结果的角度定义创造力。此时，创造力又被称为创造性成果。Rogers（1954）将创造力定义为在独特的个人特点和情境下产生出的新颖的相关产出。

可见，创造力与创新的定义有一定程度的重合。从创造力的定义可以看出，创造力涉及了创造的能力、过程和最终的结果。创新过程的定义更多地强调一个创意从产生到完善的过程，结果视角的创造力定义与其有一定程度的重合。考虑到创新既包括创意的产生，也包括创意的实施，因此强调创意产生的创造力可以被看作是创新的一个部分。

2. 创新的分类

对不同种类的创新进行区分，可以帮助我们加深对创新含义的理解。同时，对创新进行分类还有助于明确不同类别的创新所具有的不同特征，有助于进一步定位本书中的研究对象。国外不少学者对创新做出了不同的分类，其中，Utterback和 Abernathy（1975）将创新分为产品创新和过程创新，Dosi 等（1988）将创新分为渐进性和突破性创新，诺贝尔经济学奖得主 Hicks 将创新分为技术节约型创新和劳动节约型创新。我国的学者根据创新的自主性将创新分为模仿创新和自主创新。除此以外，常见的创新分类还包括按创新主体不同分类、按创新的产出和应用分类，还有些学者将创新分为技术开发型创新和市场开发型创新，本书就不再一一介绍。

（1）产品创新和过程创新。

熊彼特首次区分了产品创新（innovation in products）和过程创新（innovation in process）。熊彼特定义产品创新为“消费者不熟悉的新产品或产品特性的引进”，定义过程创新为“那些还未被生产者采用过的生产新方法的引进，或未被商品贸易者操作过的贸易新方式”（Schumpeter and Backhaus，2003），Utterback 和 Abernathy（1975）完善了这一分类。有许多学者的研究论证了这两种创新在企业竞争力提升和经济增长方面的不同作用（Nelson and Winter，1982）。对创新的这种分类，被用来解释经济周期、产品周期、就业、劳动生产率、企业管理等许多命题。

（2）渐进性创新与突破性创新。

Dosi 等（1988）在 20 世纪 80 年代的著作中提出，创新可以基于性质、规模和程度分为渐进性创新和突破性创新。渐进性创新（incremental innovation）（或称可持续性创新、演化性创新）对现有产品的改变相对较小，可以是产品的变形，或是生产工艺的改进。这种创新能充分发挥已有技术的潜能，所需的资源不多，却常能带来效率的较大提高。同时，渐进性创新也是从数量上来讲最多的一种创新。随着时间的积累，渐进性创新逐渐产生出巨大的积累性经济效果。

与此相反，突破性创新（radieal innovation）建立在一整套不同的科学技术原理之上，也被称为破坏性创新、革命性创新。它常常能开启新的市场和潜在的应用，迫使企业不断利用新的技术成果和商业策略以寻求解决问题的新途径；它常常是新企业成功进入市场的基础，并有可能导致整个产业格局发生改变。突破性创新常是不连续的，数量较少，所需资源较多，对经济的影响较大。

（3）资本节约型创新和劳动节约型创新。

Hicks（1966）对技术进步（即本书中所指的技术创新）提出了一种基于生产要素节约的分类方法，即资本节约型技术进步（capital-saving technical process）、劳动节约型技术进步（labor-saving technical process）和中性技术进步（neural technical process）。

资本节约型技术进步是指相对于劳动的边际产出而言，能够提高资本的边际产出的技术创新。资本节约型技术进步会带来生产过程中要素比重的改变，即资本劳动比降低。

劳动节约型技术进步是指相对于资本的边际产出而言，能够提高劳动的边际产出的技术创新。劳动节约型技术进步会带来生产过程中要素比重的改变，即资本劳动比提高。

中性技术进步，则会带来资本和劳动的边际产出同比例增加，因而不会改变资本劳动比。

（4）模仿创新和自主创新。

朱高峰（2005）把创新分为原始创新和模仿创新。前者是指自主创造发明的市场化，以取得经济效益；后者是指学习和借鉴已有的发明成果，进行改进以获取经济效益。

自主创新的概念和原始创新十分类似。陈佳洱（2006）在《基础研究：自主创新的源头》中指出：自主创新应该强调原始性创新，即努力获得新的科学发现、新的理论、新的方法和更多的技术发明。冯俊认为，自主创新是创新者独立完成的原创性和革新性的科技活动。吴贵生（2006）指出，自主创新中自主是针对我国过分依赖引进技术、缺乏自主知识产权而言的。他将自主创新定义为在创新主体控制下，获得自主知识产权的创新，并进一步定义为在创新主体控制下，掌握核心技术的创新。雷家骕（2007）指出，自主创新具有三个特点：形成了自由知识产权、摆脱了对他人的技术路径依赖、知识创新。其中，知识创新尤为重要，“自主创新就是知识创新基础上的技术创新”。

（二）相关研究

1. 区域创新的影响因素

为发挥创新在我国经济持续健康发展中的核心作用，很多学者对驱动我国区域技术创新的要素、制约我国目前创新效率的原因进行了深入、广泛的研究。总体来看，这些影响因素可以被分为三类：一是物质投入，包括研发的资金投入和先进技术的引进；二是环境与政策支持，常见的有税收政策、金融政策和产—学—研环境等；三是人力投入，主要关注创新过程中参与者的主体作用。其中，对创新过程中人力投入的研究又可以归纳出三条思路：一是关注人力投入的“数”，如投入创新的研发人员数及工作量；二是越来越多的学者开始关注人力投入的“量”，主要研究创新中个体的知识、技能对创新效率和创新产出的影响；三是关注影响创新的创新主体的特征和素质。本书将对这些研究进行简单总结，其中创新中个体的知识、技能因素和个性、心理特征是我们关注的重点。值得一提的是，由于物质投入、创新环境和人力投入三个部分的有机结合、合理配置是区域技术创新快速、高效发展的重要因素，因此许多研究讨论两种及以上因素的协同作用。

（1）研发资金投入。

研发资金投入通常是指科研机构、高校、企业等单位实际用于基础研究、应用研究和试验发展的经费支出。研发资金投入是表征创新物质投入的主要指标，反映了一个地区创新物质投入的规模和潜力。

在研究区域创新效率时，R&D 支出的作用是学者们首先考虑的基本影响因素，多数研究都发现，研发资金投入对一个地区的创新效率有着显著的正向作用（官建成、何颖，2005；李习保，2007；李婧等，2009；刘和东，2011）。史修松等（2009）对省际创新效率差异的分析发现，区域创新经费投入对创新效率的推动作用最大，大于人力资本的推动作用。白俊红等（2009）强调了采用一个地区的 R&D 资本存量而非当期研发资金投入量衡量区域创新物质投入规模的合理性。除了讨论研发资金投入对创新效率的影响，学者们还关心研发资金投入对创新产出的影响，但实证结论并不十分一致。吴玉鸣（2006）采用空间分析方法，发现企业研发经费投入对创新的活动有显著的影响，而科研机构和大学的研发支出对创新的作用不明显。李平等（2007）讨论了研发资本、人力资本通过 FDI、进口贸易和国外专利申请三大路径对我国自主创新产生的影响。鲁志国（2005）分析了研发投入对技术创新的多种影响机制，包括种子效应、生产效应、引致效应和自我增强效应。张海洋（2005）也发现，R&D 对我国生产率的作用为负。李平和王春晖（2011）发现，我国东部地区公共研发机构的研发经费投入会挤出私人研发经费投入。

（2）国外先进技术。

技术外溢理论和技术吸收理论描述了一个地区对先进的技术知识进行吸收转换，从而促进本地创新的机制。我国作为发展中国家，对国外先进技术的吸收和引进是实现创新快速发展的重要途径。学者们对先进技术引进对我国创新的影响进行了深入的分析。常见的研究思路是采用 FDI 或外企企业的 R&D 投入作为国外先进技术引进的衡量指标，考察其作用于我国区域创新的机制和效果。张宇（2008）的研究分析了 FDI 在我国不同地区间的技术外溢效应，并检验了多种对国外先进技术吸收的影响因素，包括经济发展水平、对外开放程度、基础设施及人力资本等。吴晓波等（2009）发现，西方跨国公司的 FDI 投入对内资企业的创新绩效有正向作用。在关于内生增长模型的研究中，技术外溢通过影响创新作用于经济增长的研究也十分丰富（彭水军等，2005；张宇，2008；杨俊等，2009）。

关于先进技术的引进对我国自主创新的作用则存在一定争议。范承泽等（2008）首先构建理论模型分析 FDI 对发展中国家自主研发投入的作用，并采用世界银行对中国企业的调查数据，实证研究发现 FDI 对国内研发投入有负效应。王红领等（2006）的研究解决了关于 FDI 对我国自主创新的“抑制论”和“促进论”的争议。他们采用行业层面的数据，发现 FDI 对我国民族企业自主创新能力有着正向影响，对自主创新的促进作用大于抑制作用。陈劲等（2007）采用地区数据发现，FDI 流入对国内企业吸收新技术有一定作用，但对企业自主创新能力没有显著影响。

（3）创新政策与创新环境。

李习保（2007）发现，我国的区域创新能力表现出十分明显的地区集聚效应，80%以上的专利授权集中在创新力排名前十的地区。但与此同时，研究开发的物质投入和人力投入并没有这么强的地区聚集。他的研究发现，政府对创新的支持以及各地创新环境的差异是解释我国区域创新差异的重要因素。他研究的创新政策和环境主要包括产—学—研的联系紧密程度、政府部门和金融机构对创新活动的支持程度等。

白俊红等（2009）的研究发现，地方政府对创新的扶持力度和金融机构为创新活动提供的融资便利对地区创新效率有显著作用，企业、高校及科研机构等创新主体在创新活动中的直接参与强度以及它们之间的联结关系对创新活动也有影响。马勇等（2009）比较了深圳、厦门、宁波等五个城市的地方创新环境，包括硬件环境、介质环境、机构环境和调控环境，并对其进行了比较分析。李柏洲和朱晓霞（2007）通过对创新驱动力模型的估计，发现政府对创新直接投入显著正向作用于创新绩效。于明超和申俊喜（2010）对各地区大中型工业企业的面板数据研究分析发现，制度环境差异、政府的支持都会显著地促进创新。除了政府的政策扶持之外，企业与科研机构间的合作联系也受到学者们的广泛关注。张玉明和刘德胜（2009）将产业内企业间、科研机构和企业间的合作总结为创新网络环境，发现其对区域创新能力有显著影响。陆立军和郑小碧（2007）的问卷调查研究也发现，浙江省不同类型的经济区中，创新网络的连接度差异是造成创新绩效差异的重要原因。

（4）人力资本和劳动者素质。

现有的研究多数将创新主体分为企业主体与个人主体，其中个人主体包括企业家、科技人员。个人主体是持续创新的灵魂，企业家对创新的重要作用也得到了充分的论述（鲁传一、李子奈，2003）。研发人员的投入和研发资金的投入在传统上一直被认为是创新投入的两大要素。但研发人员的投入强调的是劳动力投入的数量，而创新活动作为对知识、技能具有更高要求的产出活动，参与创新的人力质量往往作用更为关键。因此，近年来，学者们广泛地重视人力资本或劳动者素质对区域创新的影响。

杨继明等（2010）讨论了人力资源的区域特征、吸收能力以及人力资源与区域创新间的联系。白俊红等（2009）在研究中，采用了每百万人在校大学生数来表示地区劳动者素质，发现其与区域创新效率显著正相关。马勇等（2009）认为，创新环境的组成部分应当包括人口素质指标，他们将受大学教育的人口数作为人口素质的指标。张玉明和刘德胜（2009）发现，创新人才在当地企业间的流动对创新产品收益有显著影响。池仁勇等（2004）发现，劳动者素质可以解释区域间创新效率的差异。鲁传一和李子奈（2003）讨论了劳动力质量在技术进步模型中的作用，并实证检验了其对经济增长的贡献。

邓珩等（2000）分析了人力资本投资是企业技术进步的源泉。他们指出，我国学者估算的20世纪60年代中期至90年代我国技术进步对经济的贡献率为20.8%，低于日本的39%和非亚洲工业化国家的59%。他们认为，自主创新不足和研发低效率是我国技术进步贡献偏低的两个主要原因。郭国峰等（2007）采用科学家和工程师全时当量代表人力资本，同时考察研发投入与制度因素对创新的影响，用六省市的面板数据发现了人力资本与创新的显著正向关系。

（5）企业家精神。

创新经济学开创者熊彼特认为，企业家精神是一种重要的生产要素，企业家的功能即创新。他认为，经济发展是一个“创造性破坏”的过程，而企业家正是这一过程的推动者。庄子银（2005）将企业家精神纳入模型，他分析指出，追求卓越和成功、坚定的意志力以及不畏困难和挑战的企业家精神会推动储蓄的技术创新，从而成为经济长期增长的动力和源泉。何涌（1994）以企业家为研究重点，论证了这一创新中重要的生产要素的心理特征、人力资本特征和社会性。陈云娟（2010）论述了企业家精神是民营企业的创新动力。她的研究指出，创新精神包括对创新的接纳、认可程度，敢于冒险的热情与勇气等。迟宝旭（2004）认为，企业家精神是中国企业技术创新成功的创新环境的一部分。戴勇等（2010）在企业层面的研究发现，企业的自主研发投入以及人力资本存量对产—学合作的绩效有正向作用，而企业家精神在其中起到了调节作用。段晓红和田志龙（2011）将企业家看作是一种稀缺的生产要素，认为其有别于一般的人力资源投入，是提高民营企业自主创新能力的动力。在段云龙和刘春林（2011）构建的持续技术创新实现模型中，企业家精神的影响力作为内部动力要素的一部分构成企业持续进行技术创新的动力。葛卫芬（2008）讨论了企业家的个人心智模式与自主创新的关系。李长根和张凤合（2008）提出，企业家创新品质是那些对创新进程、创新结果具有实质性推动的个人禀赋及价值曲线。

通过对区域创新影响因素的研究进行总结发现，创新的物质投入（研发资金投入和国外先进技术的引进）、创新的政策与环境、创新的人力投入是影响区域创新的三大关键因素。在创新的人力投入部分，最新的研究越来越关注创新个体的质量而非简单的投入数量。除了知识、技能等人力资本因素之外，在劳动者素质这一学者们提及的广义概念中，既包含了创新个体的知识、技能素质，也包括了个性、心理素质。正因为如此，企业家精神作为创新个体的性格、心理素质的代表被学者们提炼出来。另外，学者们还研究了企业家精神对区域创新的影响。由此可见，蕴含于个体的个性、心理特征值得进一步研究和讨论。但在目前的研究中，学者们在区域层面中，较少讨论除了企业家之外的创新人员的个性、心理因素对区域创新的作用。这一方面是由于对创新人员个性心理特征的外延、内涵还缺乏清晰的界定，另一方面是由于对个性心理特征的衡量存在一定的难度。

2. 人力资本与区域创新的相关研究

在现有的文献中，人力资本与创新关系的检验经常与创新和增长的研究联系在一起。这是因为这两类问题的研究都基于同一个理论，即内生增长理论。根据内生增长模型，人力资本作用于经济增长的另一个主要机制是通过直接影响创新或提高对新技术的吸收转化能力，贡献于经济增长。Chi（2008）研究了人力资本作用于经济增长的一种间接机制，即通过对固定资本投资的利用，促进经济增长。

Benhabib 和 Spiegel（1994）建立了技术进步与教育水平关系的实证模型。他们采用低收入国家的子样本数据发现了人力资本通过技术模仿促进经济增长的间接作用，采用高收入国家的数据验证了人力资本对技术创新的直接作用。这项实证研究发现，教育提高了创新能力，首先表现为原创性的创新，其次作用于新技术的采纳，并进一步实现技术在经济中的扩散。Teixeira 和 Fortuna（2004）检验了人力资本—创新—增长的经济增长模式。他们采用葡萄牙 1960~2001 年的时间序列数据发现了人力资本通过直接作用于创新影响经济增长的机制。Romer（1990）同时考虑了人力资本影响一个国家技术创新率的直接效应，以及人力资本影响一国技术相关知识（technological-related knowledge）的吸收效应。

Audretsch 和 Feldman（1996）采用美国州一级的创新数据，检验了知识外溢效应对创新的作用。Borensztein 等（1998）采用 69 个国家 1970~1989 年的数据，证明了一国人力资本存量对外国技术外溢的吸收作用。FDI 流入在研究中是衡量技术引进的主要指标。Xu（2000）侧重研究人力资本吸收技术外溢的阈值（minimum threshold）。De la Fuente 和 Doménech（2006）的研究也发现，人力资本是由于孕育了技术的革新和技术的扩散贡献于经济的增长。Audretsch 和 Feldman（2004）的综述文章总结了更多知识外溢效应影响创新的研究。

在英文文献中，研究中国人力资本对技术创新直接影响的文献相对较少。目前已有的相关研究是几位学者关于人力资本促进吸收外商直接投资（FDI）带来的先进技术进而影响本国技术创新活动的实证分析。Cheung 和 Lin（2004）发现了 FDI 对我国国内专利申请量的正效果，这一发现支持了 Grossman 和 Helpman 提出的理论，即国际贸易作为知识外溢的渠道推动了内生经济增长，本国人力资本会影响吸收外国知识和技术的能力。Lai 等（2006）、Kuo 和 Yang（2008）使用中国的省际数据进行回归分析，在模型中引入人力资本与 FDI 的交互项来模拟人力资本对外国知识技术的吸收，并检验交互项如何影响经济增长。这两项研究都发现，国外技术和知识是否让中国获益取决于我国国内的人力资本水平。受过高等教育的从业人员是一个尤其重要的因素，他们可以更好地吸收 FDI 带来的国外技术。

国内学者针对中国人力资本与区域创新间的关系进行了丰富的研究。多数研究仍集中于探讨人力资本对创新的间接吸收效应。夏良科（2010）研究了人力资本与 R&D 的交互作用对全要素生产率的影响。杨俊等（2009）发现，人力资本对国外 R&D 的溢出技术吸收存在门槛效应，跨越门槛值之后，高等学历人口比重越大的地区，对外来研发资本所带来的新技术的吸收能力越强。孙建和齐建国（2009）发现，人力资本对区域创新存在一个门槛效应，每万平方公里从事 R&D 的科学家工程师人数大于 93 人时，收敛效应较强，反之，则收敛效应较慢。其他从人力资本对创新的间接效应切入的研究视角还包括人力资本与进口贸易关联 R&D 的溢出（葛小寒、陈凌，2009）、人力资本投资结构对技术创新和增长的影响（余长林，2006）、人力资本通过影响技术进步缩小地区经济差异（张焕明，2007）、人力资本与开放程度对创新的作用（何元庆，2007）、外商投资与技术吸收能力对技术外溢效果的影响（赖明勇等，2005；张宇，2008）等。

对我国人力资本对区域创新的直接作用进行研究的文献相对较少。包群（2007）在内生增长模型的框架下，同时研究了人力资本在自主创新与技术模仿两类创新活动中的分配，他发现经济的增长取决于本国和技术领先于人力资本增长率的共同作用。杨俊等（2007）研究发现，我国现有人力资本已经达到有效技术模仿的临界值。他们采用人力资本与自主创新的衡量指标 R&D 投入的交互项衡量人力资本是否能够满足自主创新的要求，根据交互性估计系数不具有一致性的显著性表现，得出我国现有人力资本积累还不能满足自主创新的要求的结论。刘智勇等（2008）发现，总量人力资本通过直接创新而非模仿促进经济增长。吴玉鸣（2006）发现了人力资本（每十万人拥有大专以上受教育程度人口）是创新产出重要的投入因素。

在企业和个体层面，学者们对人力资本与创新的关系也进行了一系列研究，例如，千庆兰等（2008）采用广东 785 家中小企业的问卷调查数据进行研究，发现 R&D 投入较高，但缺乏高素质的劳动力是制约广东创新活动的重要因素之一。又如顾琴轩和王莉红（2009）以问卷调查的方式研究了个体人力资本和社会资本对科研人员创新行为的影响，创新行为在这里包括三个部分的内容：提出改进工作的新想法、提出创造性的问题解决方法、发现新的工作方法或工具技巧。黄秋雯（2009）的研究也与其类似。

综合国内国外的文献，不难看出，人力资本通过吸收和转化先进技术、促进先进技术的外溢及扩散从而提高本地区创新的间接影响得到了丰富的实证证据。相比较而言，关于人力资本对自主创新直接贡献的实证分析显得较为不足，这可能与我国作为发展中国家的现状有关。我国现有技术水平并不处于国际前列，因此对先进技术的吸收引进可以加快我国技术发展步伐，因此，人力资本对先进技术的吸收消化作用得到了广泛的研究。但正如本书开篇所提出的，自主创新或者说根本性的、原创性的创新才是我国实现技术突破、经济赶超的关键。人力资本对技术创新的原始推动作用应当得到更多的关注。

3. 大学生、科技人员创新品质与创新行为

在教育学家的视野中，大学生、研究生等创新潜在人员的创新心理、个性品质对创新十分关键。因为对学生创新品质的培育，将会决定未来创新人力投入的质量，进而影响我国的创新效率。顾晓虎和高远（2008）认为，创新心理品质是指有利于创新实践所必需的，围绕思想、认识、立场、态度等方面在动机、思维、能力及作风上表现出来的心理特征。他们论述了个体心理品质（如好奇、自信、敢为、坚韧等特点）对大学生的创新能力提高有重要影响，指出良好的心理品质能够激发、促进学习和创新。李玉菊（2006）研究了大学生的创新人格障碍会对创新造成负面影响，表现为创造的动机不足，创造过程中的顽强、健康的思想面貌和精神状态不足，强调了拓展非智力因素和提高情商水平对大学生创新能力培养的重要性。

如果说对大学生创新品质的研究更多地关注未来的创新人才的创新潜力，对现有科技人才科技品质的关注则更直接关系到当前我国创新效率的提高。李

少荣（2007）指出，科技人才的动机、兴趣、情感、意志和性格等对其创新行为产生影响。情商一是表现为始动功能，即激活和启动创新活动；二是定向和引导功能；三是维持和调解功能，即帮助创新主体直面挫折、克服困难，维持自信的坚韧。他还指出，“科技人才的勤奋严谨、果敢无畏、独立思考、敢于质疑、诚实自主、事业心和责任感等情商因素对科学创造至关重要”。廖志豪（2010）对 87 个典型创新行为的科技工作者进行了问卷调查分析，提炼了他们共同具有的积极的个性要素，与思维要素、知识要素、能力要素等并列，被称为“内在自然倾向性”，包括好奇心、质疑和批判精神、坚韧不拔的意志和自信心等。这些个性品质能够促使创新主体坚毅地自我探索，面临强大的压力仍保持独立创造的思想和行为。林崇德和罗良（2007）也指出，创新人才在人格方面表现出健康的情感（情感的强度、性质和理智感）、坚强的意志（果断性、坚持性和自制力）、顽强的性格等特征。裴桂清（2004）认为，除了智力因素是个体创新能力的必要非充分条件之外，创新人格是个体非智力创新素质中的核心要素，独立性、意志力和自信心在个体创新活动中起着基础、核心的作用。还有一些学者也对个体的创新人格、创新心理品质和创新非智力因素进行了阐述（王极盛、丁新华，2003；刘运芳，2004；彭介寿，2003；桑春红，2008；苏益南，2010；吴君，2000）。

4. 组织心理特征与创新活动

一个组织和团体由于共同的文化环境和共同的经历，会形成共同的心理特征。正是由于认识到这一点，学者们讨论了企业共同的心理特质对创新活动的影响。在已有的文献中，主要涉及了组织坚韧性和企业创新信心两个方面。

组织坚韧性（organizational reseilience）是指一个社会组织抵御外部社会经济的不利因素，保持运转的能力（Lozano and Arenas，2007）。Diamond（1996）较早讨论了在创新和技术扩散的过程中，组织忽略心理因素所造成的不良后果。他的案例说明，在推广计算机和更先进的通信方式时，由于组织忽略了改变和创新是一个以人为主的过程（human process），工人对技术专家和他们在引入技术创新过程中的方式产生了抵触，拒绝改变和学习。他指出，组织坚韧性会决定一个组织是否是一个创新和技术扩散的理想场所，是否能为新想法和新技术的产生、实践提供一个相对合理的空间。

Reinmoeller 和 Van Baardwijk（2005）也将坚韧性上升到组织层面，强调组织对环境的适应性。他们认为，一个坚韧的组织在高风险、高压力、快速变化的环境中能够快速适应。他们的研究表明：具有坚韧性的组织，即那些能够在变化的环境中克服障碍、积极重塑（reinvent）、开发多种资源保持竞争力的企业，能够通过增强创新意识、促进合作、鼓励企业家行为、审慎探索新知识来实现创新。Lozano 和 Arenas（2007）以硅谷和波士顿 128 号公路（著名的创新科技园区，形成 128 模型）为例进行对比，他们的模拟研究证明组织多样性能够有助于提高地区创新系统的坚韧性，从而保持创新的动力。

我国学者注意到了企业在自主创新中缺乏信心的现象。路风（2006）指出，在自主创新中需要信心，始终认为自己不具备前沿的创新能力、无法实现创新突破的心态会阻碍自主创新的实现。葛沪飞等（2010）指出，企业自主研发的信心是企业自主创新行为的重要动力。他们实证检验了影响自主研发信心的因素，发现外部因素（如外部同行示范、技术专家及研发领先水平等）会促进企业自主研发信心的建立，纠正“后发者劣势”的心态，促进自主创新。

5. 对现有研究的评述及本书主要研究工作

(1) 对现有研究的评述。

通过对现有文献进行梳理，本书对目前的相关研究进行如下总结：

第一，人力资本作用于创新的机制得到了充分讨论。在已有研究中，内生增长理论和技术扩散理论的经典模型很好地描述了人力资本对技术创新的两种作用机制，即人力资本对技术创新的直接性、原创性贡献以及人力资本对技术的吸收转化、促进其外溢扩散的间接贡献。以这一基本理论为基础，国内外学者对模型进行了丰富和完善，例如，将人力资本和技术创新同时内生化；将人力资本的异质性纳入模型；区分基础研究部门和应用技术部门；等等。通过在多个方向上进行理论拓展，人力资本对区域创新的机制得到了学术界的充分研究，形成了坚实的理论基础。

第二，关于我国人力资本对技术创新的直接作用的实证研究较为不足。在实证方面，国外的现有研究提供了丰富的实证证据验证了人力资本对区域创新的两种机制。学者们检验了人力资本对原创性、根本性创新的直接作用。人力资本通过促进技术扩散推动一个地区的技术进步的间接作用也得到了大量的证据支持。国外学者还对人力资本的直接作用和间接作用进行了比较分析。

针对我国人力资本与区域创新的实证研究大量集中在讨论人力资本对国外 FDI 引入的先进技术的吸收效应上。学者们对人力资本的这一间接作用进行了丰富的实证拓展，如考虑了区域差异、收敛效应、门槛效应等，并且采用 DEA 分析、门槛分析、空间分析等多种分析手段进行了实证验证。相比较而言，对我国人力资本直接贡献于根本性、原创性创新的研究则比较欠缺。

第三，心理资本与区域创新间关系的研究尚属空白。在已有的对创新的研究中，已有相当多的学者注意到了心理因素对创新个体的影响，包括技术经济学、经济学、组织行为学、教育学等多个领域。国内外学者对个体层面、组织层面心理因素与创新的关系进行了一定的研究。由于在组织行为学领域，心理资本的概念相对普及完善，学者们对心理资本与企业家精神间关系、员工心理资本与创新行为间关系进行了规范的实证研究，并进一步将心理因素推广到组织层面，研究了组织心理特征与组织创新活动的关系。

在技术经济学领域和教育学领域，学者们也注意到了心理因素在创新活动中的重要作用，他们讨论了大学生与科技人员创新品质（素质）、创新心理（人格）等对创新行为的正向作用。这部分研究多采用定性分析的方法，论述心理因素与创新活动间的关系。

在区域层面，对心理因素和创新的相关关系的讨论显得比较缺乏，表现为：首先，区域创新研究中还没有将心理资本作为影响因素正式纳入模型；其次，个体心理因素作用于区域创新的机制还没有得到深入的讨论；最后，目前还没有研究提供心理因素贡献于区域创新的实证证据。

（2）本章主要研究工作。

在我国目前针对区域创新的研究中，人力资本对自主性创新的实证研究受到了忽略，心理因素对创新的作用机制的理论探索和实证证据都相对缺乏，本书将有针对性地进行以下两部分的研究工作：

第一，检验人力资本对创新的直接作用。根据 Nelson 和 Phelps（1966）、Griliches（1979）、Lucas（1988）的经典理论模型，本书将对我国人力资本直接影响区域创新的作用进行实证检验，选择反映原创性、自主性的衡量指标，反映人力资本对自主创新的影响，采用地（市）一级截面数据和省一级的面板数据，对实证模型进行检验。

第二，构建心理资本影响区域创新的理论框架并对其进行实证检验。首先，在辨析了心理资本概念的基础上，本书将心理资本这一因素引入区域创新模型，构建心理资本作用于区域创新的研究框架。其次，较为深入地探索心理因素影响创新活动的作用机制，并提出研究假设。再次，对心理资本在区域层面的衡量进行初次探索。最后，采用地（市）一级截面数据和省级的面板数据，对研究假设进行检验。

三、理论基础与研究假设的提出

（一）理论基础：内生经济增长理论

人力资本影响技术创新的思想可以追溯到亚当·斯密 1776 年的观点。他认为，劳动分工是发明创造的巨大助力（generator）。在人力资本的概念还未出现的那个年代，更为精密的劳动分工，实际蕴含了人力资本在专业性的工作中得以积累的思想萌芽。人力资本与技术、创新是不可分割的这一想法，在 19 世纪 60~70 年代明确出现在经济学的文献中（Nelson and Phelps，1966；Griliches，1979；Uzawa，1965）。Arrow（1962）的“干中学”模型蕴含了人力资本会带来技术创新的思想。Shell（1966）通过其构建的 Shell 模型提出了与“干中学思想”不同的另一知识内生化途径——知识是其创造者有意识生产出来的。他构建技术知识积累的函数时，引入了对创新的资本（产出）投入率、创新成功率以及知识折旧率，即技术知识在传递过程中的损耗。但“干中学”模型没有提出清晰的人力资本与技术创新的关系；Shell 模型缺乏良好的微观模型基础。

新古典经济增长模型将技术创新假定为一个外生于经济模型的变量（Solow，1956）。直至 19 世纪 80 年代末期，内生增长理论（Romer，1986；Lucas，1988）的提出，才将技术创新内生化纳入增长模型，将人力资本对技术创新的内生作用正式地模型化，也使这两者的关系得到了广泛的认可。内生增长理论认为：受过教育的劳动力能更好地创造、实施和采用新的技术，从而带来经济的持续增长。根据这一理论，人力资本对技术创新的影响可以分为两类：一类是直接的创造；另一类是对创新的实施和采用。

目前的理论文献对人力资本直接作用于创新，以及人力资本对先进技术的吸收、扩散作用都有深入讨论（见图 5-2）。

（二）研究假设的提出

1. 人力资本与区域创新的关系

在新古典经济增长理论中，技术创新作为一个外生变量被首次引入增长模

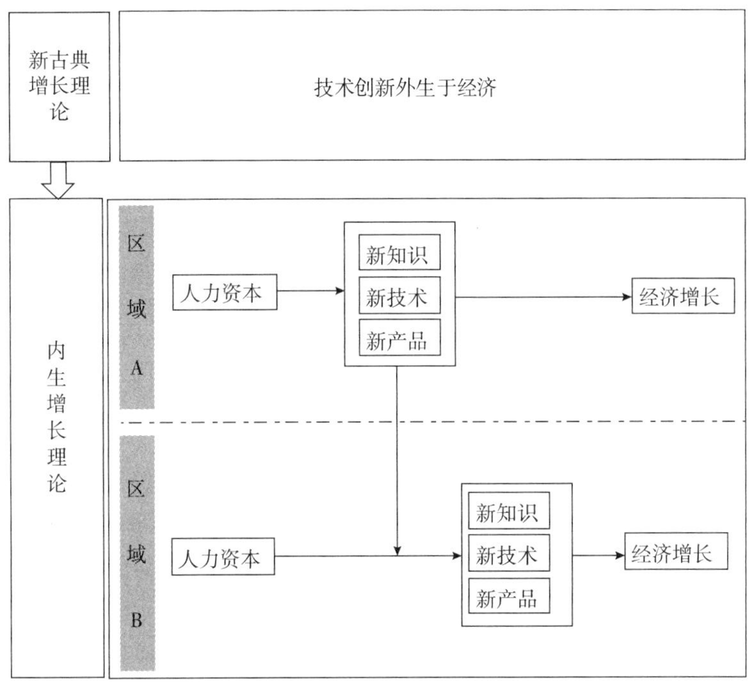

图 5-2　本书提出的人力资本影响创新的理论和机制

型。Solow（1956）将产出表示为劳动力、资本和技术条件的函数：

$$Y = Af(K,\ L) \tag{5-1}$$

其中，Y 是经济产出；K 和 L 分别是资本和劳动力的投入量；A 代表了技术水平，其大小外生给定。更高的技术水平，带来产出的提高，从而促使资本持续地积累。此外，技术水平与资本共同作用，提高每单位劳动力的生产效率。新古典增长理论因此证明，技术进步是产出增长的核心力量。从长远来看，技术进步是经济增长的源泉。

内生增长理论（Lucas，1988；Romer，1990）认为，将技术水平看作一个外生给定因素的处理方法是对现实过于简单的抽象。他们认为，技术进步并不是凭空产生，而是由于经济中的个体对市场刺激做出反应，有意识地进行创新活动而导致的。因此，技术水平并不是一个外生的因素，而是内生地受到了产出投入变量的影响。

Romer（1990）将技术水平看作是研究人员创新产出的加总。首先，假设科研人员 j 的创新产出是其人力资本存量 H^j 和掌握的技术水平 A^j 的函数。其中

A^j 是知识技术的总量 A 的一部分。科研人员 j 的创新产出可以被写成式（5-2）形式：

$$\overset{*}{A^j} = \delta H^j A^j \tag{5-2}$$

其中，δ 为生产率系数，代表了在现存的知识技术总量下，人力资本投入对技术创新的边际产出。$\overset{*}{A^j}$ 是人力资本和现有技术水平的单调递增函数。科研人员 j 的人力资本越高，他的创新产出越高。

如果假设知识是一种非竞争性投入（nonrival input），技术知识的总量可以被所有人无成本获得，则科研人员 j 的创新产出可以被写成 $\delta H^j A^j$。因此，一个地区所有参与研究和创新的知识技术总产出为：

$$\overset{*}{A} = \delta H_A A \tag{5-3}$$

其中，H_A 是一个地区所有创新人员的人力资本存量。在式（5-3）中，一个地区的技术进步受到该地区创新人员的人力资本存量的正向作用，表现为 $\overset{*}{A}$ 是 H_A 的递增函数。

在此后的文献中，式（5-3）也被称为“点子”生产函数（idea production function），并经常性地被用以描述人力资本对创新活动的直接作用（Li，2000；Teixeira and Fortuna，2004；Strulik，2005）。我国学者杨立岩和潘慧峰（2003）在 Romer 模型的基础上建立了四部门增长模型，包括最终产品部门、资本设备生产部门、应用技术生产部门和基础研究部门，其中后两个部门都以点子生产函数的形式产生新的基础知识和新的应用技术。人力资本存量因此正向作用于知识创新和技术创新。杨立岩和王新丽（2004）将内生增长模型中对人力资本外生给定的假设进一步放松，引入了人力资本开发部门，并将点子生产函数形式表示为人力资本投入、人均人力资本的负外部性（即人力资本重复投入带来的生产率降低）和现有技术的函数，讨论了人力资本开发部门生产率提高和 R&D 部门人力资本负外部性降低都有利于区域创新，从而有利于经济增长。

根据这些研究中点子生产函数描述的人力资本与创新产出间的关系，我们提出第一个实证假设：

假设 1：人力资本水平越高，区域创新活动越密集。

2. 心理因素与区域创新

人们的经济活动和经济行为往往受到诸如环境、心理甚至情绪的影响。比如心情舒畅的时候，人们往往“干劲十足”，工作效率很高。又比如在紧张的环境中，人们更容易做错平常不容易出错的事情。对个体行为中心理因素的研究可以一直追溯到凯恩斯的著作中，他指出，货币幻觉其实就是针对货币的一种心理感觉，却可能导致人们对真实的货币购买行为产生偏差。这与信息不充分、有限理性、预期学派一样，都是研究个人的主体真实行为，这些行为很难与个人的心理状态分开。

创新活动是个体经济行为之一，相对于日常活动而言，心理因素在创新活动中的角色更为重要。一方面，创新活动是创造性、革新性活动，是目前任何机器都无法代替人完成的活动。因此个体在创新中的作用更为关键，个体的心理因素对活动结果的影响更大。另一方面，创新活动往往难度大，风险高，具有更高的挑战性。这对个体的心理素质的要求也要高于日常活动。国内外创新学学者、教育学学者、心理学学者也都讨论了心理因素在创新活动中的重要作用（Littunen，2000；Mueller and Thomas，2001；Segal et al.，2005；刘运芳，2004；彭介寿，2003；桑春红，2008）。

本书在罗默的内生经济模型中引入心理资本，反映积极的心理因素对区域技术进步的作用。当科研人员 j 的心理状态对其创新过程直接产生影响时，点子生产函数变为：

$$\overset{*}{A^j} = \delta H^j R^j A^j \tag{5-4}$$

其中，R^j 代表科研人员的心理资本。创新产出 $\overset{*}{A^j}$ 是积极心理因素 R^j 的单增函数。关于假设心理资本与创新产出的单调递增关系的合理性，即心理资本如何对创新产生正向作用，我们随后将进行较为深入的讨论。

社会学习理论（Bandura and Walters，1963；Miller and Dollard，1941）是指个体在所处的环境中通过与他人交往、对他人行为进行模仿形成自身个性、心理认知的过程。心理学学者们发现，这一过程可以很好地解释群体共同心理氛围的形成（James et al.，1978；Glick，1985）。通过在交流中形成共同的信念，以及通过对模范人物的心理、个性特征的模仿和学习，一个群体的人们往往会具有共性的心理特征。比如 Alesina 等（2001）的研究就发现，美国人比欧洲人更加相信成功依靠努力而不依靠运气，贫穷不是天生注定的而是可以通过努力改变的。Bandura（1998）基于社会学习理论，构建了集体效能的概念。受其启发，Walumbwa 等（2011）构建了集体心理资本，它是指一个群体共同具有的积极心理因素。

由此，我们采用 R_A 代表一个区域有利于创新的集体积极心理因素，则该区域的点子生产函数为：

$$\overset{*}{A} = \delta H_A R_A A \tag{5-5}$$

如果我们假设积极的心理因素除了影响研究人员 j 的创新产出之外，还会对研究人员的人力资本投资和积累产生影响（后面部分将对此进行更详细的阐述），人力资本就可以进一步表示为心理资本的函数 $H^j(R^j)$，则个体和区域的点子生产函数分别为：

$$\overset{*}{A^j} = \delta H^j(R^j) R^j A^j \tag{5-6}$$

$$\overset{*}{A} = \delta H_A(R_A) R_A A \tag{5-7}$$

3. 心理资本作用于创新的机制

前文内容在罗默的点子生产函数中引入了心理资本，描述了心理资本对区域创新的影响，但积极心理因素如何正向作用于创新还有待进一步探讨。本节将对心理资本作用于创新的机制进行讨论，为内生模型中引入心理资本提供理论支持。

积极心理因素与创新行为间的关系日益引起学者们的重视。不同领域的学者们从不同的视角讨论了心理因素与创新行为、创新活动的关系。Littunen（2000）、Mueller 和 Thomas（2001）、Segal 等（2005）研究了心理资本对企业家精神的影响；Oldham 和 Cummings（1996）、Er-Xiu 和 Shu-wen（2010）从组织行为学的视角研究了员工心理资本与创新行为、创新绩效间的关系。学者们还讨论了大学生、科技人员创新品质对创新行为可能产生的影响（王极盛、丁新华，2003；刘运芳，2004；彭介寿，2003；桑春红，2008；苏益南，2010；吴君，2000）。

在这些研究中，李少荣（2007）论述了科技人才的动机、兴趣、情感、意志和性格等对其创新行为产生影响。他的观点与本部分的讨论最为接近。他指出，“科技人才的勤奋严谨、果敢无畏、独立思考、敢于质疑、诚实自主、事业心和责任感等情商因素对科学创造至关重要”。这些个人因素在创新过程中的功能，一是表现为始动功能，即激活和启动创新活动；二是定向和引导功能；三是维持和调解功能，即帮助创新主体直面挫折、克服困难，维持自信。

本节将讨论心理资本影响创新的三个主要机制：①心理资本对创新活动的直接作用，表现为心理资本对创新的激活和维持；②心理资本促进人力资本的积累，表现为影响人力资本投资的决策和提高人力资本积累的效率；③心理资本调节人力资本与创新的关系，即心理资本促进人力资本的作用发挥从而影响创新。图 5-3、图 5-4 概括了这三种机制。

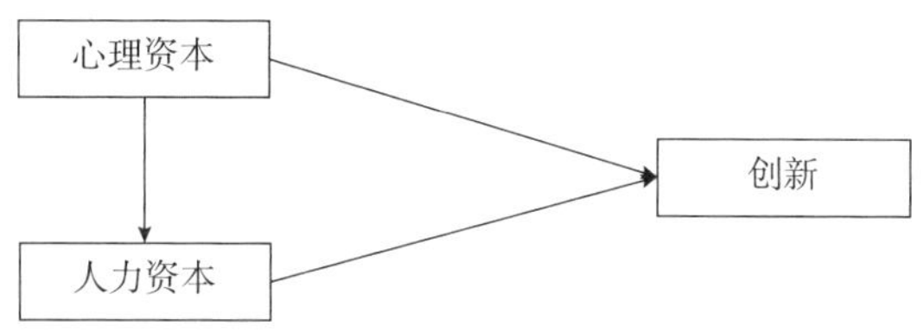

图 5-3　心理资本对创新的影响机制 I

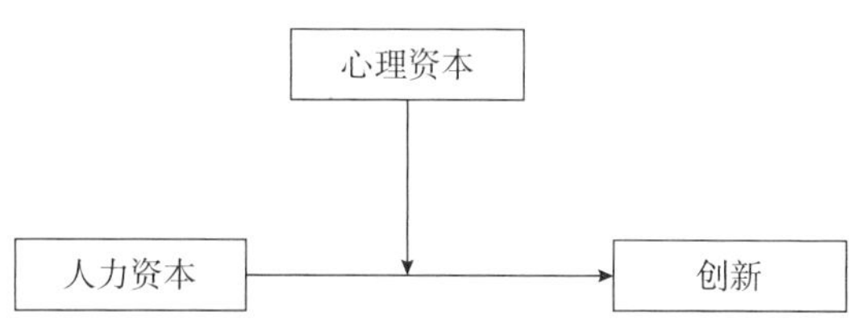

图 5-4　心理资本对创新的影响机制 II

（1）心理资本对创新的直接作用。

"看向光明面"的积极心理特征一直以来都被认为是个体有价值的资本。"自信心"、"士气"被认为在体育赛事、登台表演、入学考试、科学研究、创业甚至减肥活动中发挥着关键的作用。在美国的小学中，帮助儿童建立乐观的心态和更强的自信心是教育的重要组成部分。

创新的过程分为两个阶段，即新想法的产生和新想法的成功实施。然而在一个新想法的成功实施过程中，首先需要将想法付诸行动，其次才是通过实施创新取得成功。因此，个体在创新中的活动包括启动创新活动和执行创新活动两部分。个体的心理资本对创新的作用也由此分为两部分，一是促进创新活动的启动，二是为创新活动提供持续的动力。

1）心理资本促进新想法向行动转化。创新活动是创造性、革新性活动，缺少可供借鉴的知识和经验，需要创新者持续地投入和能面对失败的风险。创新成功的第一步，是能够将新想法付诸实施（Scott and Bruce，1994）。许多人往往很难开始这项高难度、高风险的活动。马云用"晚上想想千条路，早上起来走原路"形容将一个创新创业想法付诸实施的困难。

心理学学者们广泛讨论了积极的心理特征对个体设立更困难的目标，以及从思想向实际行动转化过程中的作用。Fredrickson（1998）认为，积极的心态有助于强化个体的思维向行动转化的倾向（thought-action tendency）。自我效能高的人，对个人能力的信念也更强，这种信心会直接影响他们是否对目标采取行动。Bandura（1986）指出，人们总是更加倾向于投入那些感觉胜任和有信心完成的工作，并且避免那些他们认为无法完成的工作。Zhao 等（2005）针对 5 所大学商学院学生创业倾向的研究，证实了自我效能与行为选择、目标设定间的关系。Sequeira 等（2007）、De Noble 等（1999）等都证实了更高的自我效能的人更容易参与有挑战的活动。

另外，内控型的人倾向于认为自己掌控着事情的发展，对经过自我努力实现目标有更好的预期，通常更容易开始一项困难的任务。Yukl 和 Latham（1978）考察了控制点和成就动机（achievement motivation）之间的关系，发现内控型的人通常比外控型的人设置更难的目标。总体来看，心理学学者们的研究认为，具有更积极心理特征的个体，更有可能将创新想法付诸实施。

近年来，经济学学者们对心理因素对个体行为的影响进行了越来越深入的研究。这就为我们深入探讨个体心理因素影响创新行为的微观机制提供了理论基础。Compte 和 Postlewaite（2004）、Benabou 和 Tirole（2003）、Brunnermeier 和 Parker（2004）、Santos-Pinto 和 Sobel（2005）在顶级经济学期刊中发表了文章，认同心理学家们深入探讨的个体心理特征对个体而言是有价值的资本，学者们提到的心理特征包括正面思考（positive thinking）、自信心，将成功更多地归因于自己而将失败更多地归因于环境等。

学者们认为，心理因素作为资本的价值在于心理因素会鼓励人们开始有价值的活动并且坚持实现目标。Bénabou 和 Tirole（2002）、Compte 和 Postlewaite（2004）构建了多期决策模型，描述信念对个人决策的影响①，这些模型的共同思路是，信心等心理因素影响个体对一项活动能否成功的信念，信念会影响个人的决策，如是否开始一项活动或为这项活动付出更大的努力，从而最终影响个体的行动。

在这些模型中，个体的决策遵从期望收益大于成本的规则。期望收益函数是根据个体对高收益和低收益情况发生概率的主观判断计算得出的。对于结果以何种概率发生是个人基于现实条件的主观判断，受到个体长期以来形成的、对自己的能力和资源的信念影响，而积极的心理因素会对这种信念产生作用。这其中一个重要的假设是，人们对自己的真实能力（人力资本）以及不可控的

① 他们的讨论还包括信念的形成机制，以及信念通过影响个人决策从而对社会福利造成的正面效果或负面效果。

因素无法获得完全的信息，因此，对成功概率的估计只能是一个主观判断，而心理因素能够影响主观的态度。心理资本更高的个体，即心理越积极乐观、对自己的任务完成能力越有信心，对成功的主观信念也越高，从而在决策时更容易满足期望收益大于成本的条件，更容易选择开始一项活动。

创新活动往往成本更高，心理资本在开始创新的决策中显得尤其重要。相对于日常活动而言，创新活动要求持续、大量的时间和精力投入，这使得创新者的负效应更高。加之科研人员往往具有更高的人力资本，他们参与其他活动带来的收益也更高，因而创新活动的机会成本也更高。这使得决策中，创新成本增加，促成个体做出创新决策的期望收益也应更高。个体心理资本越高，对创新成功的信念越强，对成功的概率判断越高，期望收益越有可能大于成本，从而促成创新活动的启动。

2）心理资本对创新的维持。创新活动是一项具有挑战性的活动，是一种全新的创造性过程，往往没有经验、规律可循，需要创新者持续地付出努力，进行更多的信息搜寻、反复尝试。在这一过程中，创新者常常需要面对各种困难和挫折。因而，对挫折的承受程度，以及是否能在困境中坚持将会对创新活动产生直接影响。

心理学学者们的研究发现，心理资本更高的人，一方面在困境中能够坚持，另一方面在遇到挫折后能够更快回复状态，更不容易放弃目标。Bandura（1986）指出，自我效能作为对个人能力的信念，会影响人们在困境中坚持的时间长短、为克服困难持续努力的程度。自我效能更高的个体，在逆境中会表现出更好的适应性。相反地，当人们缺乏很强的自我效能时，往往没有动力去坚持面对困难（Bandura，2002）。Scheier 等（1986）指出，乐观的情绪有助于处理压力和负面情绪，从而帮助个人尽快从不利情况中回复状态，保持效率和产出。Masten（2001）对坚韧性的研究也表明，积极乐观的主体心理能力有利于提高个体坚韧性。Luthans 和 Youssef（2007）研究了具有乐观的主体能力的个人，当遇到困难时，他们更能够创新性地提出高质量的解决方案，而非简单地抱怨。心理资本更高的个体，在挫折中不仅可以更快回复到初始状态，甚至可以有更好的表现。

Bénabou 和 Tirole（2002）、Compte 和 Postlewaite（2004）引入心理因素的个体行为决策模型，也可以描述心理资本在个体创新活动中遭遇困难时如何发挥正面作用。

我们将创新人员在研究中遇到的困难简化为一种外生的负面冲击，这种负面冲击可能表现为突发的不利事件或创新的技术条件、资金支持发生了变化等。此时，个体在新的条件下面临的决策是继续创新活动或者放弃。决策机制仍是比较继续进行创新活动的期望收益和成本。如果收益大于成本，则继续投入努力，如果收益小于成本，则停止投入努力，表现为创新活动的中止。

外生的不利冲击导致成功的概率下降。此时，面对同样的条件，心理资本越高的个体，对克服困难取得成功的信念更强，即对好的结果发生的概率有更高的估计，更容易做出继续创新的决策，表现为在不利条件下，心理资本更高的创新人员，更不容易放弃尝试，能够坚持付出努力，将创新推进下去。

需要说明的是，本书中定义的心理资本具有特征性（trait-like），是由过去的经历、性格和外界反馈等多种因素形成，在一定时期内具有相对的稳定性。在短时期的创新活动中外生不变，不受前期搜集的信息或进行试验研究的结果影响，而发生变化。这与 Compte 和 Postlewaite（2004）的假设不同。原因在于我们对心理状态和心理特征进行了区分，认为易变的、短期的心理状态，如愉快、沮丧，不是一种有价值的资本，而相对稳定的心理特征，如乐观、有自信，能够为个体带来收益。

通过以上分析可以看出，心理资本在创新活动的两个阶段——创新的启动阶段和创新的执行阶段都发挥正向作用。在创新的启动阶段，心理资本越高，个体对于成功的信念越强，开始创新活动的期望收益更有可能大于成本，因而更容易做出启动创新的决策。在创新活动的执行阶段，当遭遇了外部负面冲击时，面对创新成功概率降低的变化，心理资本越高，个体越容易做出坚持投入继续创新的决策，而不是选择中止创新活动。

由此，我们提出本书研究的第二个假设：

假设 2：心理资本越高，创新活动越密集。

（2）心理资本通过人力资本影响创新。

除了心理资本对创新活动的直接作用，心理资本还以间接的方式作用于创新。其中一种间接的作用机制是心理资本通过促进人力资本的积累，促进创新。

人力资本是决定个体创新能力和创新效率的重要因素，个体更多的知识、技能和经验，是创造新的知识、技术的源泉。在文献综述部分我们所列举的丰富的理论和实证研究表明，人力资本对创新活动有着显著的正向作用。本节基于两个理论——心理因素与学习能力以及人力资本投资决策理论，分析心理资本如何影响人力资本积累进而作用于创新。

理论基础一：心理因素与学习能力。心理学学者们构建理论，解释了为何心理资本更高的个体，具有更好地收集利用信息、解决问题的能力。一方面，内控型人由于使用信息的能力更好，在问题解决能力和学习能力上都更强（Phares，1976）。这是由于，积极的预期对问题解决的过程产生心理影响，提高解决问题的能力（Seligman，1998）。另一方面，积极的心理可以加强对成功的渴望，并促使个体采用相应的计划成功地解决问题，具有更积极心态的个人能以更宽广的角度看待问题，从而能够更加创新性地提出更多更好的问题解决方案（Bandura，1997）。

心理学的研究提供了实证证据，证明心理资本与学生的学习成绩和学习能力显著相关。Lent 等（1984）、Lent 等（1986）研究了大学理科和工科专业的学生，发现更高的自我效能会影响他们在学习过程中的持续性，从而影响他们的学习成绩。Collins（1984）对幼儿的能力、自我效能进行分组，然后要求他们解决问题。这项研究发现，当不考虑能力时，具有更高自我效能的孩子能够正确地解决更多的问题。Berry（1987）的研究还发现，自我效能通过加强学生的持续性，带来了在记忆问题上更好的表现。我国学者讨论了个体心理特征如内控型人格、积极情感等对员工技能获得的正面作用。张阔等（2011）采用大学生的数据，发现大学生的心理资本对学生的学业成绩有着显著的预测作用。张红芳和吴威（2009）讨论了个体心理资本与人力资本的协同作用，认为心理资本高的个体具有更积极的情感，能够持续地学习、积累经验，促进人力资本的形成。

关于心理资本与学习的理论研究，说明心理资本影响个体学习能力的发挥，丰富的实证证据也证明了这一点。学习是获得人力资本积累的手段和途径，心理因素提高学习能力，从而提高在学习和受教育过程中积累人力资本的效率，促进人力资本的积累。

理论基础二：人力资本投资决策理论。经济学学者对心理因素影响人力资本的研究视角则是考察心理因素对个体人力资本投资决策的影响。学者们在经典的人力资本投资决策模型中，纳入了心理因素的影响，讨论内控性在个体选择是否接受高等教育时发挥的作用。

Coleman 和 DeLeire（2003）、Piatek 和 Pinger（2011）建立了内控性影响人力资本投资决策的模型。其基本思路是，个体在决策是否进行人力资本投资时，需要比较两种方案的收益和成本：接受高等教育和直接就业。这两种方案的收益都是一个期望函数，比如大学毕业后，有 P 的概率月收入 5000 元，$(1-P)$ 的概率收入 3000 元，而高中毕业直接工作可能以 q 的概率月收入 4000 元，$(1-q)$

的概率收入2500元。将估计的未来收入进行当期折现后减去成本，就可以比较两种方案的收益。在这一模型中，对未来收入高低的概率是一个主观的估计。在这两项研究的理论模型中，内控性更高的个体，对获得高收入的信念更高，因此更容易做出接受更高教育的投资决策。

这一理论可以很容易地扩展到心理资本。更为积极的心理特征，比如对自己能力具有更高的信心，更为乐观和积极的心态，影响个体对获得高收入的信念，从而影响教育投入的决策。

这一理论已经得到了实证证据的支持。Coleman 和 DeLeire（2003）在其理论基础上，采用15000个学生的纵列数据检验了内控性对高中学生选择是否继续升学的正向显著作用。Piatek 和 Pinger（2011）针对美国学生进行实证研究，也发现内控性的心理特征对升学率以及未来的收入有显著影响。然而内控性对收入的影响在引入教育水平后不再显著，说明内控性作用于更高教育水平的选择，从而带来个体收入的提高。

通过以上分析可见，心理资本帮助个体做出投资人力资本的决策，提高人力资本积累的效率，从而间接作用于创新。也就是说，人力资本在心理资本和创新之间起到了中介作用。根据这一机制，我们提出本书的第三个研究假设：

假设3：人力资本在心理资本和创新之间起到中介作用，心理资本对创新的作用通过人力资本来实现。

（3）心理资本对人力资本与创新关系的调节作用。

人力资本对创新的作用在于，已有的知识、技能、经验的存量是新知识产出的重要因素。由于人力资本具有产权特征，人力资本作用的发挥取决于个人的主观意愿。因此，通过激励促进人力资本发挥，会对创新活动产生间接的影响。根据期望理论和已有的心理资本理论研究结果，心理资本高的个体，更容易受到激励从而使人力资本的作用得到更大程度的发挥，因而创新效率更高。

理论基础一：人力资本产权特征。人力资本的产权特征是其与一般资本区分的重要特征。周其仁指出，“当人力资本经济学家把人的健康、生产技能和生产知识看成一种资本存量，人力资本与非人力资本在形式上几乎就没有什么区别了”。然而人力资本的产权特征，即 Rosen（1985）所指出的，人力资本的“所有权限于体现它的人”，将人力资本与其他经济资源区分开来。这是由于，人力资本的载体必须为个人，具有天然的产权私有性，只能由其所有者使用。因此，人力资本作用的发挥由所有者的主观意愿和行为决定。当人力资本所有者感到人力资本的使用不符合个人意愿时，可以“关闭”部分或全部人力资本

（黄乾，2000）。当“人力资本的产权权利一旦受损其资产可以立刻贬值或荡然无存”（周其仁，1966）。

人力资本的产权特性决定了，知识、技能、经验这些依附于个体的因素在多大程度上发挥作用，是由个人的主观意愿决定的，具有能动性。“超水平发挥”或“发挥失常”，都是人力资本的能动性的表现。比如，杰出的科学家具有很高的人力资本，但当其不愿意将所学知识应用于科研和创新活动时，再高的人力资本的作用也可以降至为零。具有强烈归国意愿、不愿再为美国工作的钱学森就是一个例子。黄乾（2000）指出，“人力资本只可激励不可压榨”。

人力资本是创新的重要因素，考虑到人力资本的产权特性，对创新所需人力资本的所有者的激励就显得十分重要。合理的物质激励以及声誉激励有助于提高创新人员在从事研究活动中的能动性，将其所拥有的人力资本更好地运用于创新活动。学者们也广泛讨论了激励对科技人员的重要性（唐毓等，2005；李维安、王辉，2003；高子平，2011）。

理论基础二：期望理论。期望理论（Vroom，1964；Robbins and Judge，2007）认为，个体受到的激励与如下信念直接相关：①努力在多大程度上会导致绩效及预期任务的达成；②绩效是否能够得到相应的回报。根据期望理论，当个体对任务达成的预期越高，则受到越强的激励。心理资本影响个体所受到的激励程度的理论基础正在于此。一方面，心理资本更高的人对自己的能力更有信心；另一方面，他们更相信自己是结果的控制者，期望的结果可以通过自己的努力达成。这种对结果更为乐观的判断，使同样的奖励回报对个体产生更强的激励效果。

现有研究表明，内控型的人由于对环境因素的预期较低、更强调自己对事情发展的控制，因而更容易受到激励（Spector，1982）。另外，内控型人对自己的能力通常更有信心，从而表现出更强的自尊。然而自尊作为一种激励敏感特征（incentive-enhancing trait）会促使个体在同样的激励条件下带来更高的产出（Lied and Pritchard，1976；Bowles et al.，2001）。我国学者张红芳和吴威（2009）的研究也论证了个体心理资本与人力资本的协同作用，认为心理资本通过自我激励影响人力资本潜能的发挥。

在创新活动中，创新人员的人力资本具有私人所有的产权特性，因而创新效率取决于人力资本的所有者的能动性。人力资本的运用与个人受到激励的程度有关，积极心理因素影响个体对任务达成的预期，从而提高创新人员对激励的敏感度。

具有更积极心理因素的个体，人力资本的作用发挥更充分，创新产出或创新效率更高。积极的心理资本在人力资本创新的过程中发挥调节作用。为检验心理资本在人力资本和创新中的调节作用，我们提出本书的第四个实证假设：

假设 4：心理资本正向调节人力资本与创新活动间的关系。当心理资本越强时，人力资本与创新活动之间的关系越强。当心理资本越弱时，人力资本与创新活动之间的关系越弱。

四、空间分析方法

（一）描述空间关系

在涉及地理信息的数据中，相比起距离遥远的地区，相邻的地区通常具有更多共同的特征。这是区域间的交互效应和溢出效应导致的。已有的研究表明，区域创新间的确存在空间交互性（spatial interaction）（Anselin et al.，1997）。Monchuk 和 Miranowski（2004）使用美国的数据，发现城市间的创新行为受到了相邻城市创新活动的影响。此外，GDP、从业人员和固定资产投资等变量的研究也受到了空间相关性的影响（Li，2000；Elhorst and Fréret，2009；Ertur and Koch，2007）。

从统计上来讲，当变量和扰动项在空间上不呈现均匀或随机分布时，空间关系产生。空间关系可以被概括为两种：空间异质性（spatial heterogeneity）和空间依赖性（spatial dependence）。

1. 空间异质性与空间依赖性

空间异质性是指变量在空间上的差异性，即每一个空间单位上的变量与其他空间单位上的变量相区别。在模型中，它简单地被表示为方差不为常数的误差项，即异方差性，可以用常规的计量方法解决。Anselin（1988）讨论了空间异质性仍应该被提出来讨论的三方面原因。其中，他提到由于观测值存在空间上的结构性，空间异质性和空间自相关性通常会连带发生，使得传统的异质性检验失效。此外，空间异质性和空间自相关性在单独一个截面的观测中很难区分，举例来说，空间集群（spatial cluster），可以被解释为是由于群体上的空间异质性，也可以被解释为是空间自相关关系。

空间依赖性也被称为空间自相关关系，是指考察变量的相似性与空间距离的接近性方向一致的效应，来源于事物和现象在空间上的相互影响、制约等相互作用，可以用如下的表达式表示：

$$\mathrm{Cov}[y_i, y_j] = E[y_i y_j] - E[y_i] \times E[y_j] \neq 0, \ i \neq j$$

其中，i，j 代表不同的观测地点，$y_{i(j)}$ 是随机变量的取值。当变量在空间上表现出集聚倾向时，被称为正向的空间依赖。当变量被相异值的空间所包围时，表现为负向的空间依赖。空间要素在地区间的流动是形成空间依赖性的主要原因，这一效应又被称为空间溢出效应。其他造成空间依赖的效应还有空间区位本身对变量的影响以及测量误差（Anselin，1988）。

2. 空间加权矩阵的选择

空间分析的核心是空间加权矩阵，它描述了观测单位间的空间关系是如何定义的。不论是空间统计指标还是空间计量模型，都需要预先给定空间加权矩阵的构造规则。

空间加权矩阵（spatial weighted matrixes），通常用 W_{ij} 表示，其构建有不同的标准。一个是临近标准，即用两个省域共享的地理边界作为空间相关的标志，另一个是距离标准，即使用各省的行政中心的经纬度来定义相邻两省的直线距离，从而考察它们的空间紧密程度。对于临近标准的空间矩阵，当地区 i 和地区 j 的边界是相邻的，W_{ij} 等于 1，否则等于 0。另一种确定临近矩阵的标准是最小距离阈值矩阵（minimum threshhold distance matrix），它是指选择一个距离的阈值，超过该值，则认为两个地区不相邻，在该距离之内，两个地区相邻。

如何选择最小距离需要十分小心，尤其当存在岛屿等不与任何区域接壤的空间时。因此 K 阶临近矩阵往往是更好的选择，该矩阵是指限定某一区域有 K 个相邻单位。合理选择 K 值，可以通过不同的探索性分析实现。矩阵中的每个元素是地理单位至各相邻地区的距离的倒数。

常用的矩阵距离标准的空间矩阵主要有三种：高斯距离加权（gaussian distance）、指数距离加权（exponential distance）、三次方距离加权（tricube distance）。

此外，还可以选择经济距离标准构造空间加权矩阵，即以经济变量的取值作为空间位置的指标。比如在社会学的空间分析中，权重矩阵由社会网络结构确定。

对空间矩阵的选择有两个依据：一个是考察采用某种空间加权矩阵的回归估计是否稳健（Ertur and Koch，2007）；另一个是 Stakhovych 和 Bijmolt（2009）

基于“拟合优度”标准的筛选方法。以最常用的对数似然值标准为例，他们采用不同加权矩阵的回归估计对数似然值，并选择能得到最大对数似然估计值的加权矩阵。不过，他们的蒙特卡洛研究表明：尽管选择不合理的空间加权矩阵会使估计系数扭曲，但当空间相关性较强时，这种情况发生的概率非常小。

3. 空间统计指标

（1）全局性空间统计指标。

衡量空间自相关程度的指标是 Moran's I 指数。这一指数从整体上刻画了中国省域空间层面变量的空间依赖情况。Moran's I 指数计算如下：

$$Moran's\ I = \frac{\sum_{i=1}^{n}\sum_{j=1}^{n} W_{ij}(Y_i - \bar{Y})(Y_j - \bar{Y})}{S^2 \sum_{i=1}^{n}\sum_{j=1}^{n} W_{ij}}$$

其中，$S^2 = \frac{1}{n}\sum_{j=1}^{n} W_{ij}(Y_j - \bar{Y})$，$\bar{Y} = \frac{1}{n}\sum_{i=1}^{n} Y_i$。$Y_i$ 为 i 地区的观测值（如 i 省的发明专利申请量），n 为地区总数，W_{ij} 为空间加权矩阵，是一个两维矩阵。

在 Moran's I 的显著性检验中，早期采用了传统的迭代方法，Anselin 和 Rey（1991）指出，基于渐进性分析的统计推断更为精确，即构造一个标准化的 Z 统计量来进行推断：

$$Z = \frac{I - E(I)}{SD(I)}$$

其中，$E(I)$ 是理论上不存在空间自相关性时的均值，为 $-\frac{1}{N-1}$，$SD(I)$ 为理论上的标准方差。可以采用两种方法推断：一是假设变量服从正态分布，从而根据正态分布判断显著性水平；二是进行随机分布检验，假设观测值是以相同的概率出现在空间单位上，检验其服从的分布从而判断显著性水平。

当空间变量间的属性相似，表现为空间自相关性，Moran's I 此时为正。当空间变量间的属性不相似，表现为空间异质性，Moran's I 此时为负。当 Moran's I 趋近于期望值时，变量的取值在空间上的分布是彼此独立的。若空间相关性存在，则 Moran's I 指数的 p 值显著，空间关系就应当被纳入回归模型中。

Geary'C 也是检验全局空间自相关程度的指标，更强调观察值间的方差。这一指标的具体形式为：

$$Geary'C=\frac{(n-1)\sum_{i=1}^{n}\sum_{j=1}^{n}W_{ij}(Y_i-Y_j)^2}{2\sum_{i=1}^{n}\sum_{j=1}^{n}W_{ij}\sum_{i=1}^{n}(Y_i-\bar{Y})^2}$$

其取值常在 0 到 2 之间，大于 1 表示空间变量间的负相关关系，小于 1 表示空间变量间的负相关关系，等于 1 表示变量间无空间相关性。

（2）局域性空间统计指标。

Anselin（1998）为检验局部地区是否存在相似或相异的空间集聚效应，开发了局部 Moran 指数（local Moran index 或 local indicator of spatial association）：

$$I_i=\frac{(Y_i-\bar{Y})}{S^2}\sum_{j\neq i}W_{ij}(Y_j-\bar{Y})$$

正的 I_i 表示变量取值高的地区其周边地区的该值也高，或低的地区被其他取值低的地区包围。负的 I_i 表示一个低值被高值包围，或高值被低值包围。还可以根据局域 Moran's I 的取值绘制散点图，直观地表示一个地区变量与其他地区间的关系。

Geary'C 的局部指标由 Getis 和 Ord（1992）开发。高的 G_i 表示高值的样本集中，低的 G_i 表示低值样本集中在一起：

$$G_i=\frac{\sum_{j\neq i}W_{ij}Y_j}{\sum_{j\neq i}Y_j}$$

（3）拉格朗日乘数。

拉格朗日乘数（LaGrange multiplier）检验用来判断回归模型是否具有空间相关性。因而可以用来判断是否适用于空间模型，以及用来判别哪种空间模型是更好的选择。空间误差的拉格朗日乘数构造为：

$$LM_{err}=\frac{[e'We/(e'e/N)]^2}{tr(W^2+W'W)}$$

LM 统计指标服从自由度为 1 的卡方分布，不考虑量纲问题时，是 Moran's I 的平方。Anselin（2004）指出，在小样本中 Moran's I 表现更好。空间滞后的拉格朗日乘数构造为：

$$LM_{lag}=\frac{[e'Wy/(e'e/N)]^2}{[(WX\beta)'(I-X(X'X)^{-1}X')(WX\beta)/\sigma^2]+tr(W^2+W'W)}$$

这一指标同样也服从自由度为 1 的卡方分布。Anselin（1988）还讨论了稳健的拉格朗日乘数的构建。

Anselin（2004）提出，当 LM_{lag} 比 LM_{err} 在统计上更显著，尤其是当稳健的 LM_{err} 显著，而稳健的 LM_{lag} 不显著时，空间滞后模型更适合估计的需要。反之，则空间误差模型是更优的选择。

（二）空间截面回归模型

由于交互作用和外溢效用的存在，相邻的区域通常会比相隔遥远的区域有更多的共性。一些研究表明，创新行为的空间交互作用是存在的，而 GDP、劳动力人数、固定资本投资也可能存在空间相关性。最小二乘法回归估计（OLS）中，一个重要的假设就是每一个观测值都是独立不相关的，这包括了空间匀质、空间事物无关联的假设。然而，经济社会活动总是发生在特定的空间尺度中。观测值间的空间相关性会导致传统的 OLS 分析失效（Anselin 1988）。横截面空间回归模型纳入了空间的依赖性，从而可以得到更加稳健精确的估计。

1. 空间截面模型

Manski（1993）提出的 Manski 模型在回归模型中纳入了各种空间因素。Elhorst（2010）通过蒙特卡洛模拟，说明 Manski 模型中同时估计因变量、自变量和残差项中的空间自相关性并没有技术上的障碍，但由于内生效应和外生效应无法区分，对参数的估计值无法得到有意义的解释。

由于遗漏解释变量会导致严重的模型偏误和不一致（Greene，2003），忽略残差项中的空间效应被认为是损失最小的。在 Manski 模型的估计值无意义的情况下，Elhorst（2010）论证了空间杜宾模型（Spatial Durbin model），这是更为全面描述空间关系的选择。空间杜宾模型假设 Manski 模型中的残差项中的空间自相关系数 λ 为零，将自变量和因变量的空间滞后关系保留在模型中。当进一步对模型中自变量间的空间相关作用进行限定时，就得到了目前最为常见的两种空间回归模型：一是空间滞后模型（Spatial Lag Model，SLM）；二是空间误差模型（Spatial Error Model，SEM）。为了更为直观，我们在图 5-5 中展示 Elhorst（2010）归纳的模型关系。

同样是常系数模型，SLM 和 SEM 的区别在于：空间滞后模型考察因变量在各子区域的空间相关性，探讨变量在一个地区是否具有溢出效应；而空间误差模型则考察存在于误差扰动项中的空间依赖作用，探讨的是邻近地区对因变量的误差的影响在多大程度上影响了本地区的观测值。Anselin 等（2008）辨析了

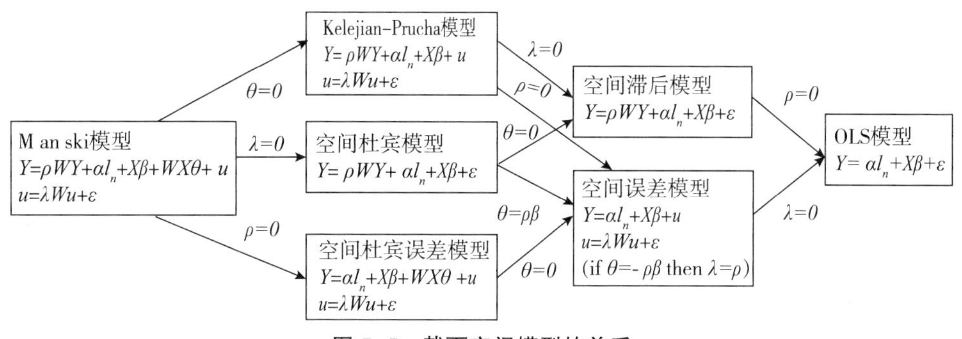

图 5-5　截面空间模型的关系

资料来源：Elhost 2010 Applied Spatial Econometrics：Raising the bar［J］. Spatial Economic Analysis，2010，5（1）：9-28.

这两个模型的区别。空间滞后模型通常被认为是空间或社会交互过程均衡结果的正式表述，在其中，一个观测值的因变量由相邻观测值的因变量共同决定。比如，Brueckner（2003）的实证分析研究了地方政府的战略交互影响，一个地区的政府的税收和公共服务支出受到相邻地区的税收和公共支出政策的影响的理论，就与空间滞后模型的结构十分一致。然而空间误差模型则认为因变量是受到一系列可观测的本地特征影响，而不可观测的误差项中的因素与邻近地区在空间上是相关的。

现有文献中，空间模型的估计方法主要有三种：最大似然估计法（Maximum Likelihood，ML）、工具变量/一般矩估计法（IV/GMM）和基于贝叶斯马可洛夫链蒙特卡洛（Bayesian Markov Chain Monte Carlo，MCMC）估计方法。最大似然估计法和 IV/GMM 估计法都假设扰动项是独立同分布的，工具变量/一般矩估计的优势在于不需依赖误差项服从正态分布的假设，并且对运算量的需求较少。但其不足在于，使用该方法估计出的空间系数 ρ（空间滞后模型）和 λ（空间误差模型）可能落在参数界限（$1/\omega_{min} < \lambda < 1/\omega_{max}$，$1/\omega_{min} < \rho < 1/\omega_{max}$）之外，其中 ω_{min} 和 ω_{max} 是空间加权矩阵 W 的最小特征根和最大特征根。但在最大似然估计中，Jacobian 式能严格地限定空间系数的参数范围。随着计算机技术的发展，大规模运算不再成为问题，这使得最大似然估计成为最为常用的估计方法（LeSage and Pace，2009）。

2. 空间滞后模型及空间误差模型

空间滞后模型是对因变量引入空间加权矩阵修正经典回归的模型，表示为：

$$y = \rho Wy + X\beta + \varepsilon$$

其中，Wy 为空间滞后因变量，ρ 是空间自回归系数。

在构造似然函数时，简单的思路是先使用过滤掉空间相关性的因变量和自变量：$y^* = y - \rho Wy$ 和 $X^* = X - \rho WX$。同时考虑到空间变量的二维性特点导致联合似然函数并不等于各个观测值的似然函数的加总，因此必须引入 $N \times N$ 阶的雅可比行列式（Jacobian determinant）$|I - \rho W|$。

由此似然函数被写为：

$$\mathrm{Ln}L = -(N/2)\ln(2\pi) - (N/2)\ln\sigma^2 + \ln|I - \rho W| - (1/2\sigma^2)(y - \rho Wy - X\beta)'(y - \rho Wy - X\beta)$$

最大化该似然函数，求解一阶条件可得到：

$$\hat{\beta}_{ML} = (X'X)^{-1}X'(y - \rho Wy)$$

若令：

$$\hat{\beta}_0 = (X'X)^{-1}X'y\ ,\ e_0 = y - X\hat{\beta}_0\ ,\ \hat{\beta}_L = (X'X)^{-1}X'Wy\ ,\ e_L = y - X\hat{\beta}_L$$

则可估计出：

$$\hat{\beta}_{ML} = (\hat{\beta}_0 - \rho\hat{\beta}_L)$$

$$\hat{\sigma}^2_{ML} = (1/N)(e_0 - \rho e_L)'(e_0 - \rho e_L)$$

再将 $\hat{\beta}_{ML}$ 表示成 ρ 的方程，代入似然函数中求解最大化问题，即可得到 $\hat{\rho}$ 的估计值。

空间误差模型是在误差项中引入空间加权矩阵来修正经典回归模型，其表达式如下：

$$y = X\beta + \varepsilon$$

$$\varepsilon = \lambda W\varepsilon + \mu$$

与对空间滞后模型的估计思路基本类似，首先对公式进行变形：

$$y = X\beta + (I - \lambda W)^{-1}\mu$$

写出似然函数如下：

$$\mathrm{Ln}L = -(N/2)\ln(2\pi) - (N/2)\ln\sigma^2 + \ln|I - \lambda W| - (1/2\sigma^2)(y - X\beta)'(I - \lambda W)'(I - \lambda W)(y - X\beta)$$

最大化似然函数，一阶条件可得：

$$\hat{\beta}_{ML} = [X(I - \lambda W)'(I - \lambda W)X]^{-1}X(I - \lambda W)'(I - \lambda W)y$$

同理可以估计出 $\hat{\sigma}^2_{ML} = (1/N)(e - \lambda We)'(e - \lambda We)$，其中，$e$ 为代入 $\hat{\beta}_{ML}$ 计算 ML 估计的残差，即 $e = y - X\hat{\beta}_{ML}$。再将 $\hat{\beta}_{ML}$ 表示成 λ 的方程，代入似然函数中求解最大化问题，即可得到 $\hat{\lambda}$ 的估计值。

3. 空间 GMM 方法调整标准误的空间依赖性

Conley（1999）采用了空间 GMM 估计方法来矫正工具变量法中标准误中存在的空间依赖性。他指出，在存在空间依赖性的情况下，GMM 方法估计出的 β 估计值仍然是一致的，再通过对渐进分布以及协方差矩阵的估计的调整，可以解决标准误差中存在的空间依赖性。假设估计参数 β 的矩条件为

$$Eg(X_{s_i};\ \beta)=0$$

在满足一定的假设前提下，Conley（1999）证明当区域面积趋于无穷时，GMM 估计量 b_τ 依概率收敛于 β 并且其渐进分布为 $\sqrt{T_\tau}(b_\tau-\beta)\Rightarrow N(0,\ D'_0\lambda^{-1}VD_0)$。这里 τ 是表征区域面积的一个参数，当 $\tau\to\infty$时区域面积趋向于无穷；而 $V=\sum_{s\in Z^2}\operatorname{cov}(Y_0(\beta),\ Y_s(\beta))$ 为矩条件核函数的空间协方差矩阵加总。

$D'_0=\{EDg(X_{s_i};\ \beta)'\Omega EDg(X_{s_i};\ \beta)\}^{-1}EDg(X_{s_i};\ \beta)'\Omega$，其中 $Dg(\cdot\ ;\ \cdot)$ 代表 g 对 b 的一阶导数；s_i 为观测到的个体 i 所在的地点，样本中共有 T_τ 个地点，而 X_{s_i} 为地点 s_i 上的随机向量，为 $l\times 1$ 阶矩阵。Ω 是 GMM 估计中所使用的正定权重矩阵。

Conley（1999）进一步给出了 b_τ 的渐进协方差矩阵的估计方法。他分别对 V 和 D_0 进行估计。其中 D_0 的估计比较直接，只需要把其中出现的总体均值都换成对应的样本均值插入（plug-in）估计即可。

协方差矩阵 V 是通过构建 $Y_{mn}(b_\tau)$ 乘积的加权平均值来估计的，这里 $Y_{mn}(b_\tau)$ 是将 β 的估计值 b_τ 代入 $Y_{mn}(\beta)$ 而得到的。具体而言，$C\equiv\lambda^{-1}V$ 的估计公式如下：

$$\hat{C}_\tau=\frac{1}{T_\tau}\sum_{j=0}^{L_M}\sum_{k=0}^{L_N}\sum_{m=j+1}^{M}\sum_{n=k+1}^{N}K_{MN}(j,\ k)(Y_{m,\ n}(b_\tau)Y_{m-j,\ n-k}(b_\tau)'+Y_{m-j,\ n-k}(b_\tau)Y_{m,\ n}(b_\tau)')-\frac{1}{T_\tau}\sum_{m=1}^{M}\sum_{n=1}^{N}Y_{m,\ n}(b_\tau)Y_{m,\ n}(b_\tau)'$$

其中，s=［m，n］代表某一地点的纬度、经度。将被考察的区域限定在一个有限的矩形空间内，故而，经度、纬度有最大值，即 $m\in\{1,\ 2,\ \cdots,\ M\}$，$n\in\{1,\ 2,\ \cdots,\ N\}$，而 $K_{MN}(j,\ k)$ 则是一个一致有界的权重矩阵。可以通过对 $K_{MN}(j,\ k)$ 的合适选择，来保证 V 的半正定性（Positive Semi-Definite，PSD）。例如，在每一个纬度上，使用 Newey-West 建议的 Barlett 窗口函数（bartlett window），即可保证得到具有半正定性的 $\hat{C}_\tau$。在得到了 V 和 D_0 的估计值后，我们就可以进一步得到 b_τ 的渐进协方差矩阵的估计值。

（三）空间分析的工具

在空间分析方法从经济地理学向区域经济分析推广的过程中，其实现工具也从专业化的地理分析软件拓展至通用的统计软件。专业的地理分析软件包括 ArcGis 和 GeoDa，经济分析中目前可以进行空间分析的统计软件有 Stata，R，MatLAB。

1. 绘制空间地图

ArcGis 是专业的地理分析软件，可以绘制多层次、高精度的空间地图，将复杂的地理、经济信息绘制在很小的空间单位上，并且可以构造多变的标识，识别考察变量的大小、级别等。Stata 作为开放的应用统计软件，也有命令可以实现空间地图的绘制。绘制地图清晰简单，其优势在于可以通过编译命令文件更轻松地绘制多个地图。本书中，第五章的地市一级空间地图，采用 ArcGis 绘制，第六章省一级创新分布的空间地图，采用 Stata 绘制。

2. 空间统计指标

空间统计分析是空间分析的基础，以上所列出的软件都可以实现。ArcGis 的空间统计分析功能更为强大，除全局空间相关性指标和局部空间相关性指标外，还可以计算整个空间范围内所考察变量的空间中心点等。在本书中，采用 Stata 计算全局 Moran's I，绘制局域 Moran's I 散点图，计算模型的拉格朗日乘数。

3. 空间回归模型

ArcGis 和 GeoDa 的空间回归分析的功能十分简单，限于截面模型的分析，估计方法也主要采用最大似然估计法。MatLAB、R 和 Stata 可以实现空间滞后模型和空间误差模型的回归结果，最大似然估计和一般矩估计的估计方法都可以实现。

在空间面板模型中，固定效应模型的估计技术比较成熟，MatLAB 和 R 中都有已经编写好的命令可以实现。在后文的实证研究中，本书将采用 Stata 进行空间截面模型的估计，采用 MatLAB 进行空间面板回归模型的估计。

五、数据及变量

变量的衡量是实证研究的重要工作。许多经济变量都无法直接衡量，因此找到合适的代理变量（proxy variable），能够有效地提高在实证研究中的估计精度。对区域创新的衡量已有较为丰富的专门讨论，衡量指标相对比较成熟。人力资本是凝结于人的知识、技术和经验，是一种个体的无形资本，如何对其度量在今天仍是学者们讨论的议题。心理资本作为一种心理特征，缺乏实际的观测载体，更加无法直接度量。这成为制约学者们对心理因素进行广泛研究的主要原因，如何寻找能够反映心理资本的指标成为心理资本研究的最大难点。本书将总结现有的对区域创新和人力资本的衡量方法，并对心理资本的度量进行探索性研究。

（一）区域创新的衡量

1. 对区域创新衡量问题的探讨

技术创新活动是人们进行发明、创造的活动。直接对区域层面的技术创新活动进行统计存在一定的难度。现有的研究多采用近似指标，主要有两种衡量方式：①以一个地区对创新的投入衡量区域创新活动；②以一个地区创新的产出衡量区域创新活动。其中，对创新投入的衡量指标常见的有 R&D 资金投入和人力投入，对创新的产出的衡量最常用的指标是专利申请量和授权量。

（1）R&D 资金和人力投入。

研究与开发活动是区域创新活动的重要组成部分。对研发活动的投入在一定程度上反映了研究与开发活动开展情况，从而可以大体反映一个地区的创新活动密度。对研究开发活动的资金和人力投入也因此被用于衡量创新活动的密度。

以 R&D 的投入指标衡量创新活动存在一些不足。首先，企业和高校的研发活动只是区域创新活动的一部分，以研发投入衡量区域创新活动会遗漏除企业主体以外的其他创新主体的创新活动。此外，在研发活动之外企业其他的技术创新活动往往没有专门的研发投入，比如生产工艺的步骤和过程优化、所涉及的工艺参数的改进等，以 R&D 投入和科技人员工作量指标衡量区域创新时，这一部分创新可能被忽略。

其次，R&D 投入和创新活动密度间存在一定偏差。重大的、基础性的研究开发工作可能需要巨大的资金和人力投入，而应用性的研究工作则可能需要较少的资金和人力投入。因此，一个地区的研发投入高，可能是由于该地区的科研机构或企业承担更多的基础性的、重大的研究，从而使得该地区的创新活动密度被高估。此外，大中型工业企业和高校的研发投入能够得到较充分的统计，中小企业的研发投入数据往往更难以获得，因而采用 R&D 投入指标还可能低估中小企业的创新活动密度。

（2）专利申请量和专利授权量。

衡量创新产出最常见的指标是专利申请量、专利授权量。采用专利代表创新产出得到了学者们的专门讨论（Archibugi and Pianta，1996）。通过对专利提供保护、保证创新主体一定程度的垄断地位，专利制度鼓励创新主体将新产品、新工艺的信息尽早公开化。因此，虽然不是所有的创新都申请了专利，但专利申请量是目前能够最大程度地反映创新活动成果的指标。对专利的创新性和实用性进行审查授权的标准并不高，具有一定革新性的新技术和一定经济价值的新产品都能够在专利授权量中得到反映。这使得专利申请量和专利授权量成为衡量创新性活动的一个很好的指标。

采用专利衡量创新活动的另一个合理性在于：专利申请过程中，申请人除了对技术和产品进行描述和介绍，还需要提供详细的个人、单位信息。这有助于将创新活动划分到更小的区域单元以及创新单位。我国知识产权局报告的专利数据，就是根据申请的个人及单位所在的地区，来统计专利的所属地区。然而其他可以衡量创新活动产出的行为，由于缺乏统一的信息登记系统，很难在区域和创新单位层面进行完整的统计。此外，专利申请和授权的流程、标准在一个国家保持统一，这使得不同地区的专利申请和授权具有可比性。其他创新活动指标没有这方面的优势。

Acs 等（2002）、Griliches（1990）指出，采用专利衡量创新最主要的问题是，不同的专利在技术创新程度和经济价值上存在较大的差异：有些专利只是对技术的微小改进，具有较小的经济价值，而另外一些则具有很高的价值。当采用专利衡量创新产出的成果时，难以对成果的质量进行区分，只能简单地表示涉及创新活动的成果数量。

区分不同类型的专利可以在一定程度上解决这一问题。以我国的专利制度为例，遵从国际上的统一标准，我国的专利分为发明专利、实用新型专利和外观设计专利三种。根据《专利法实施细则》第二条第一款和第二款规定：发明专利，是指对产品、方法或者其改进所提出的新的技术方案；实用新型专利，是指对产品的形状、构造或者其结合所提出的适于实用的新的技术方案；外观设计专利，是指针对产品的形状、图案或者其结合以及色彩与形状、图案的结合所作出的富有美感，并适于工业应用的新设计。三种专利在一定程度上区分了专利所反映的技术和成果的创新性。其中，发明专利更能反映出原创性的知识与技术创新成果。在实际研究中，许多学者采用三种专利中的一种衡量一定创新性和经济价值的创新成果，比如陈广汉和蓝宝江（2007）、李习保（2007）都采用发明专利的数据量衡量技术进步。

专利申请量和专利授权量在衡量创新活动时各自具有不同的优势。专利申请量作为创新活动的衡量指标具有更强的时效性和广泛性。专利申请量更能及时反映各个地区的技术创新产出。然而专利授权量在衡量时具有较长的时间上的滞后性。我国的专利申请由国家知识产权局在全国主要城市的代办处受理，其后，再将专利申请统一到国家知识产权局进行审批，审批周期从几个月到几年不等。采用专利授权量衡量创新活动的优势在于，经过授权的专利，其革新性和潜在价值得到了更为权威的认可，对创新活动数量的估计可能更为准确。在现有的研究中，这两个指标都被广泛采用衡量区域创新。

除了研发投入和专利这两类指标之外，Acs 等（2002）还讨论了基于文献的创新产出指标（literature-based innovation ouput measure）。它是指在贸易、行业以及技术期刊中采集创新产出的信息，一个典型例子是新产品发布信息。相对于专利和研发投入指标，这种方法的优势在于其衡量的是最终商业化的那些创新想法，是创新活动的最终结果。但这一指标的数据收集相对困难，比较适用于某一时间段某一个小范围内的创新衡量。

2. 本书对创新的测量

本书采用两个指标衡量创新活动：一个指标是专利申请量，另一个指标是优秀发明人数量。

（1）专利申请量。

衡量创新活动的各项指标中，最常见的指标是 R&D 投入和专利。考虑到 R&D 的资金投入和人员投入更多地反映了对创新活动的投入，对创新的结果反映不足，同时，R&D 投入的数据常存在统计口径的问题，因此，本书主要采用专利指标来衡量技术创新。

由于我国的专利审批采取分地受理、集中审批的机制，专利从申请到审批可能经历较长的时间，因此，采用专利审批量衡量创新活动具有较长的时间上的滞后性。遵从国际上的统一标准，我国的专利分为发明专利、实用新型专利和外观设计专利三种。因此，本书采用专利申请量指标衡量区域创新活动。

在三种专利中，发明专利更能反映出新的知识与技术创新成果，更能反映出原创性的知识与技术创新成果。因此，本书采用发明专利申请量指标来衡量区域创新活动，以及时反映各地区重要的、原创性的技术创新活动。采用发明专利申请量衡量重要的、原创性的创新受到许多学者的肯定（李习保，2007；刘顺忠、官建成，2002；白俊红等，2009）。由于地（市）一级关于发明专利申请量的数据较为残缺，在本书的实证研究中，我们采用了三种专利总申请量作为衡量技术创新的指标。在第六章采用省一级数据进行进一步检验时，我们采用发明专利申请量衡量区域创新。

总专利申请量的数据，来自于2006年各城市的统计年鉴、科技年鉴和年度政府工作报告。样本为我国28个省、125个地级市。选择这125个地级（市）是由于，实证过程中的其他变量如人力资本、心理资本来自于同一份社会调查问卷（对125个城市居民进行了调查）。

我们从中国知网《中国年鉴网络出版总库》中的各地（市）的年鉴、工作报告中，收集了其中的专利申请量数据。我们还尝试收集其他反映区域创新的指标，包括专利授权量、发明专利申请量、R&D投入。由于专利授权量和发明专利申请量数据收集结果不理想，较为残缺，R&D投入各地市的统计口径有很大出入，因此没能统计出专利授权量、发明专利申请量以及研发投入等数据进行稳健性检验。剔除掉没有专利申请量数据的18个城市，我们以最终收集到的107个城市的专利申请量作为区域创新的衡量指标之一。

（2）优秀发明人。

采用专利申请量衡量区域创新活动的不足在于，专利申请的门槛不高，并且许多专利并未投入实践生产，因此，仅考察专利申请量难以区分创新的新颖性和经济价值。为了进一步衡量区域创新活动的质量，确保估计结果的稳健性，我们还收集了地（市）一级的优秀发明人数量，作为一个地区创新活动的指标。

优秀专利发明人，是指那些进行了重大的创新性发明，或创新不断、专利授权数量较多的发明人。一个地区优秀专利发明人的数量不仅可以反映出一个地区创新的数量，更能够反映出地区创新的质量。

专利发明人的数据来自《专利发明人年鉴》，我们从中逐一统计出来自125个地市的专利发明人数。考虑到年鉴的篇幅限制了单独一年一个地区优秀发明人的数量，我们采用了2003~2006年四年中的各地区专利发明人总数，来衡量一个地区的创新活动的质量。

（二）人力资本的衡量

1. 对人力资本衡量问题的探讨

人力资本的衡量是实证研究中一个重要的问题（Hanushek，1996）。Wößmann（2003）的综述文章，讨论了实证研究中人力资本的代理变量选择问题。De la Fuente 和 Doménech（2006）的研究指出，提高变量选择和数据精度，能够获得对人力资本与经济增长间关系的更精确的估计。在国外文献中，对人力资本的常见衡量指标主要有以下几种：

（1）招生率和识字率。

早期的研究较多使用学校招生率或文盲率（literacy rates）来衡量人力资本。这主要是由于这两类数据更容易获得。某一时点上学校的招生率，反映的是当时在校的学生情况。当人力资本作为产出的一个投入要素时，采用学校的学生数据并不能很好地反映当时从事生产的劳动者的人力资本，在快速的教育转型或人口结构转型时尤其如此。另外，文盲率变量是全部人口的统计，其统计口径大于劳动者的范围。同时，这一指标只能反映最基本的教育情况，更高的人力资本投资无法用该指标反映。

（2）教育水平和受教育年限。

Barro 和 Lee（2001）采用从业人员的不同教育水平占总从业人员的比重（educational level）和受教育年限（years of schooling）来衡量人力资本的存量。Mankiw 等（1992）也采用受过中等教育劳动年龄人口占总劳动年龄人口的比重作为替代指标衡量人力资本的积累。Wößmann（2003）指出，人力资本显然是一个存量指标，应当针对劳动者以其接受的正式教育水平衡量。平均受教育年限可以更精确到每一年，对人力资本的衡量更为准确。当然，Teixeira 和 Fortuna（2004）也指出，这一指标假设每一年的教育对人力资本存量的提高都是相等的，没有考虑教育质量（如高等教育与职业教育相比）的变化。因此，教育水平和受教育年限指标可以相互补充。在此后的实证研究中，这两种指标也得到了广泛的采用（De la Fuente and Doménech，2006；Cohen and Soto，2007）。

（3）人力资本存量的货币价值。

Laroche 和 Mérette（2000）、Le 等（2003）讨论了用货币价值衡量人力资本的思路，具体主要有两种衡量思路：成本基础的人力资本衡量和收入基础的人力资本衡量。前者的基本思想是：人力资本的存量可以由之前人力资本的货币化投入衡量，如花费在健康、安全、教育及培训上的支出，加上学生上学的机会成本（Kendrick，1976；Eisner，1985）。后者的基本思想是：人力资本存量的价值蕴藏在个体中，可以由其终身在劳动力市场上的收入折现来反映（Jorgenson and Fraumeni，1989）。李海峥等（2010）根据 Fraumeni 的终身收入法，构建了中国人力资本指数，计算了 1985~2007 年中国人力资本的年度总量。其估计方法为，首先将人口根据接受教育和参与工作的不同阶段划分为不同群体，选择代表性样本估计每个群体的平均收入，再估计出总体的收入，然后根据实际劳动生产率估计未来人们的工资增长率和以个人长期投资回报率计算折现率，最后计算得出基于收入法的我国人力资本总量。

这两种衡量方法也存在一定的问题，成本测量法无法将投入与产出的质量联系起来，通常会高估人力资本。收入衡量法的不足在于，不可观测变量能力等会明显地影响教育的回报，比如工资水平除了是人力资本函数，还受到宏观经济因素的影响（如通货膨胀等）。因此货币价值估计人力资本的方法在实证研究中并不常用。

2. 本书对人力资本的衡量

在本书中，我们采用了受教育年限和在职培训两个指标对人力资本进行衡量。

（1）受教育年限。

人力资本的衡量是实证研究中一个重要的问题（Hanushek，1996）。Wößmann（2003）讨论了实证研究中，人力资本存量的代理变量（proxy variable）的选择问题。De la Fuente 和 Doménech（2006）的研究指出，提高变量选择和数据精度，能够获得对人力资本与经济增长间关系的更精确的估计。在国外文献中，对人力资本的常见衡量指标有：① 招生率和识字率；② 从业人员教育水平和受教育年限；③ 人力资本存量的货币价值。综合考虑数据的可获得性以及对人力资本反映的准确性，从业人员的教育水平和受教育年限是更为合适的指标。

受教育年限是本书衡量人力资本的指标之一。数据来自于《中国综合社会调查》（China General Social Survey，CGSS）。调查问卷内容包含个体层面的丰富信息，涵盖了城镇居民就业、教育、迁移、社会关系、生活方式和生活环境等方面的状况。其中与受教育程度有关的两个问题是："您目前最高教育程度"、"您从小学开始算起一共接受过多少年的学校教育"。由于受教育年限的绝对值具有实际意义，并且与受访者的最高教育程度基本吻合，所以在本书的研究中没有采用最高受教育程度衡量人力资本。

《中国综合社会调查》是中国第一个全国性、综合性、连续性的大型社会调查项目。第一期为 2003 年至 2008 年，在此期间，CGSS 共进行了五次调查，分别为 2003 年、2004 年、2005 年、2006 年、2008 年。第二期计划从 2010 年开始到 2019 年为止，每两年进行一次调查。由于 2003 年、2004 年、2005 年数据缺乏心理资本相关的调查信息，而 2008 年以后的数据尚未接受申请，我们的实证分析主要基于 2006 年度的数据。

2006 年的调查在随机抽样的基础上，访问了全国 28 个省市①、125 个县（区），500 个街道（乡、镇）、1000 个居（村）委会、10000 户家庭中的个人，收回有效数据 10151 条。我们根据个人所在城市的编码将个人数据平均汇总至地（市）一级，得到 125 个城市的居民平均受教育年限。

（2）在职培训。

在 Schultz（1961）对人力资本的定义中，除了接受教育之外，从工作中学习获取经验也是积累人力资本的重要手段。学历教育更侧重于通用知识和技能的传授，如训练沟通能力、逻辑思维能力等。在职培训则可以看作企业对员工人力资本的投资，是企业专有人力资本（firm-specific human capital）的积累（Chang and Wang，1996），比如，关于操作设备的技能培训、企业文化的培训、销售人员销售技巧培训等。

由于在职培训的数据在区域层面往往难以获得，因此以往对一个地区的人力资本的衡量中较少采用在职培训的数据。在 2006 年的 CGSS 问卷中，除了受访者的受教育水平之外，还调查了受访者在目前这份工作中是否接受过职业培训，以及接受职业培训的次数。因此，我们得以采用职业培训的数据对人力资本进行更全面的衡量。

（三）区域集体心理资本的衡量

与第四章的研究保持一致，本书中采用对内控点和自尊的评分两个指标衡量个体心理资本。在衡量个体心理资本的基础上，我们根据受访者所在地区对这些衡量指标进行区域聚合，最终形成区域集体心理资本的两个衡量指标。

1. 内控点

与第四章的研究保持一致，我们用 CGSS2006 中“态度/意识/认同与行为

① 28 个省、直辖市中未包括宁夏、青海及台湾地区。

评价部分”模块中的归因问题进行编码，构造了“对成功的内部归因”指标和“对成功的外部归因”指标。对内部归因的打分越高，则内控性越高。对外部归因的打分越高，则外控性越高。

2. 自尊

与第四章的研究保持一致，我们用 CGSS2006 中受访者对自己的社会经济地位所进行的判断构造了自尊的测量变量，对这一问题打分越高的个人，对自己的经济社会地位评价越高。在控制了个人的实际收入以后，这一指标能够较好地衡量个人对自我价值的主观判断。

（四）其他变量的衡量

除了区域创新、人力资本和心理资本这三个主要变量，实证检验还涉及了控制变量，如年龄、性别、家庭收入、个人收入等，这些数据也都来自 CGSS2006，同样按照受访者所在地区，以取平均值的方式汇总至地（市）一级。

此外，空间分析过程中，绘制空间地图和进行空间回归需要大量的地理信息数据，包括地区边界数据、城市中心点经纬数据等，这些数据都来自国家基础地理信息系统。

六、实证结果

（一）区域创新分布

1. 空间地图

我国是一个幅员辽阔、经济社会发展存在地区差异的国家。学者们一直对我国区域创新的不均衡现象十分重视。张古鹏等（2011）研究了我国区域创新质量的不均衡性，发现东、中、西三地的创新质量在初期不均衡的程度较高，在近十年来有收敛的趋势。李婧等（2009）发现，我国区域间的创新效率正趋于收敛。吴玉鸣（2006）基于创新活动的空间依赖性，构建了空间回归模型对区域创新活动进行分析。孙建（2010）发现了我国创新能力存在区域收敛性。舒元和才国伟（2007）发现，省际技术进步存在从北京、上海、广东向其他省区的扩散效应。

我们绘制了空间地图（见图 5-6、图 5-7）来描述我国 2006 年省、地（市）间创新活动的分布情况。地图分为两层，底层绘制了省一级创新活动的分布图，按专利申请量的大小分为五个等级，以由浅至深的颜色表示由低至高的创新活动密度，填充在各省的边界线内。上层绘制了地（市）一级创新活动的分布图，按专利申请量和专利发明人数分为五个等级，采用由小至大的圆形表示由低至高的创新指标。城市的名称一定范围内不重叠显示，如果重叠则按照优先显示较大值的规则标注在地图上。地图左下方为地图图例，表示创新指标的取值和分级标准。

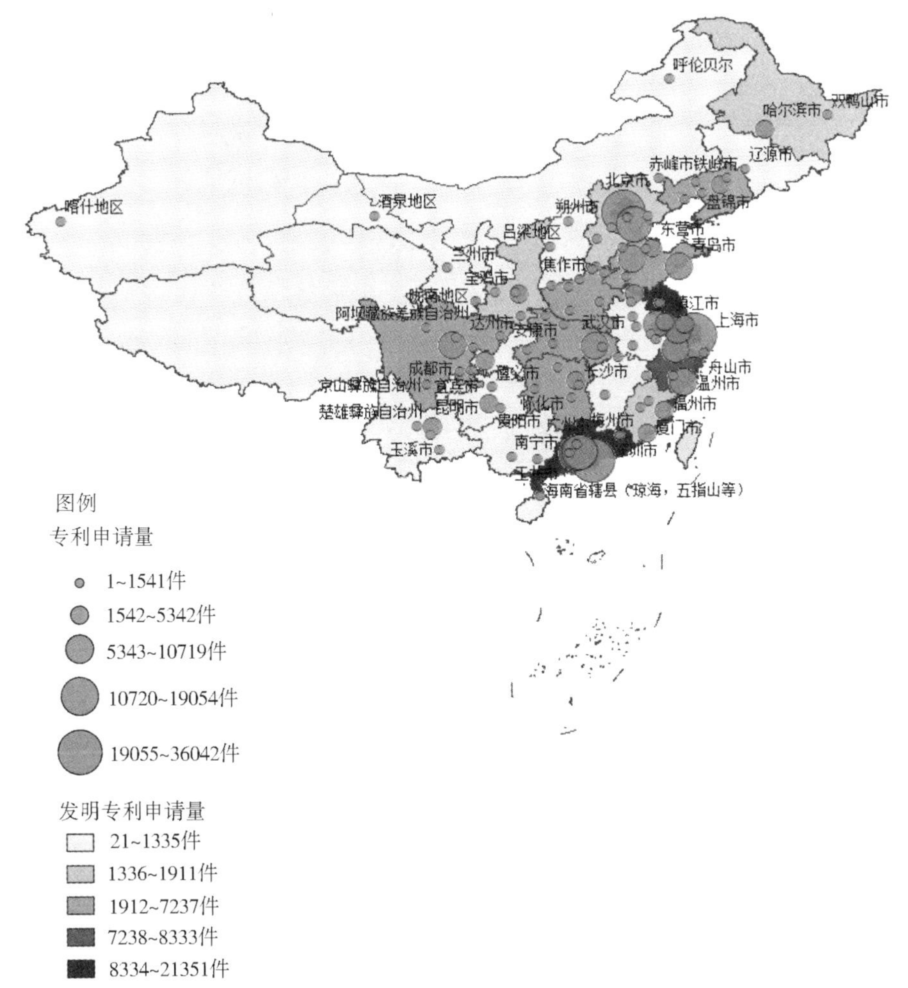

图 5-6 地（市）一级、省一级专利申请量的空间分布

地图来源：根据国家地理信息系统权威数据绘制而成。

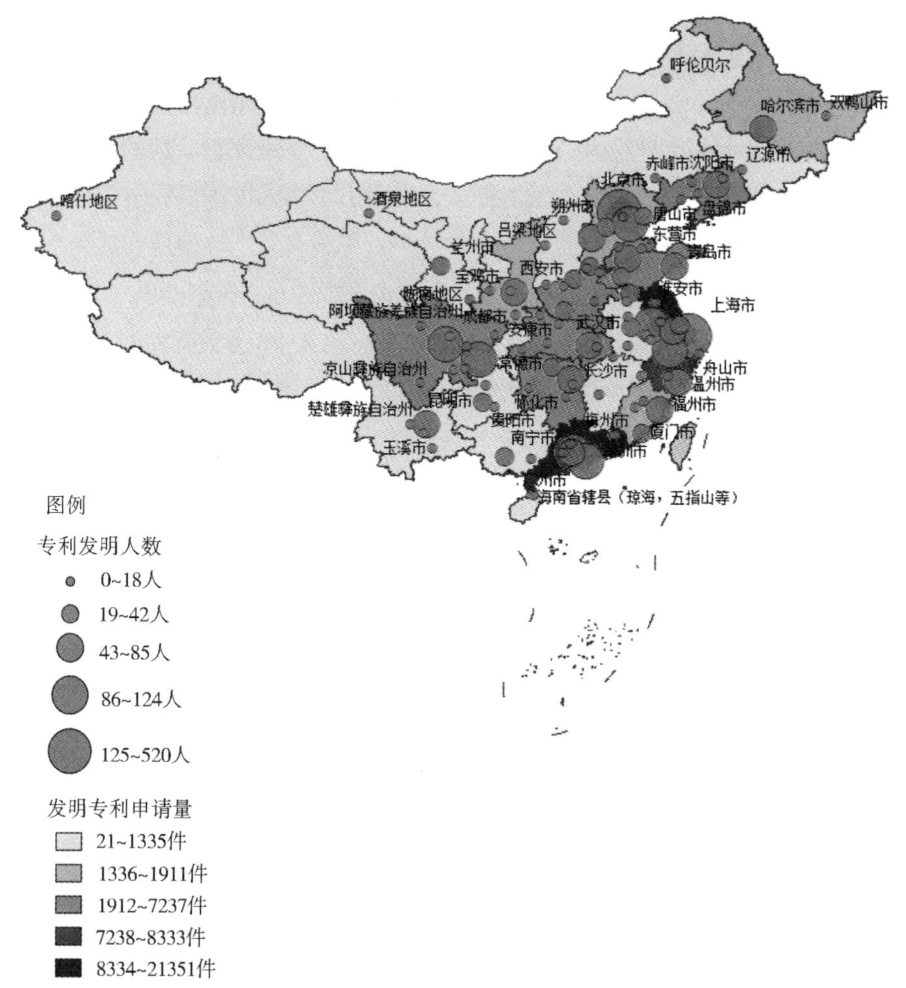

图 5-7　地（市）一级、省一级专利发明人数、专利申请量的空间分布

地图来源：根据国家地理信息系统权威数据绘制而成。

观察图 5-6 有几点发现，首先，在底层省一级的创新分布地图上，可以看到颜色最深即创新活动最密集的地区为北京、上海和东部沿海地区，包括江苏、浙江、广东等。中部省份中，河南、湖南、湖北以及西部的陕西、四川两省，创新活动也较为活跃，处于第三层级。总体来看，我国北部地区以及西北、西南地区，创新活动较不活跃。值得注意的是，安徽、江西两省，被创新密集地区环绕，但创新活动处于最低层级，表明我国的创新活动存在一定程度上的空间聚集负效应。

地图上层绘制了我国 107 个地级市（地区）的创新数量，以专利申请量作为衡量指标。可以看到，地市一级创新的空间分布与省一级的分布模式十分类似，代表创新密度最高的最大圆圈在沿海、京沪一带密集排列，显示这些地区是我国创新活动密集带。此外，可以看出，中西部省份创新密集城市主要为省会城市。然而沿海地区除省会城市之外，其他地级市的专利申请量也较多。

图 5-7 仍采用每万人专利申请量作为省一级的创新空间地图的考察指标，显示在地图的底层。上层市一级的创新活动分布，我们选择了代表创新质量的优秀发明人数量作为考察指标。可以看到，沿海地区的优秀发明人数量依然居全国前列，但中西部地区与东部沿海地区的差距缩小了。

2. 空间相关性指标

表 5-1 报告了我国区域创新的空间相关指标 Moran's I，对空间相关性提供了更为精确的指标。本书第四章介绍了 Moran's I 的计算方法：

$$Moran's\ I = \frac{\sum_{i=1}^{n}\sum_{j=1}^{n} W_{ij}(Y_i - \bar{Y})(Y_j - \bar{Y})}{S^2 \sum_{i=1}^{n}\sum_{j=1}^{n} W_{ij}}$$

Moran's I 的取值在-1 到 1 之间。[0，1] 之间代表经济变量在区域间存在正的空间自相关性。取负值时代表区域间存在负的空间自相关性，越靠近 0，则说明经济变量在空间单位上是随机分布的。表 5-1 中，Moran's I 取值为 0.2 左右，说明样本城市的创新活动在空间上存在正的自相关性。在检验 Moran's I 的显著性时，可以采用正态假设，采用渐进式推导，或采用随机试验计算出不同的标准差。从表 5-1 中可以看出，这两种标准差的计算方法得出的 Z 值都显著，说明创新活动的空间自相关性显著存在。值得说明的是，计算 Moran's I 可以采用多种空间加权矩阵。本书在这里报告了 *K* 阶临近矩阵计算出的 Moran's I 结果，在后文空间计量模型的估计中，也统一采用 *K* 阶临近矩阵，以保证结果的可比性。采用相邻矩阵和距离矩阵的部分回归结果报告在附录 A（表 A3）、附录 B（表 B1，表 B3）中。

表 5-1 我国区域创新的空间相关性

	专利申请量		每万人专利申请量	
统计指标	正态假设	随机假设	正态假设	随机假设
Moran's I	0.2009	0.2009	0.1645	0.1645
均值	-0.0097	-0.0097	-0.0097	-0.0097
标准差	0.0638	0.0588	0.0638	0.0385
Z 值	3.3042	3.5837	2.733	4.5215
p 值*	0.001	0.0003	0.0063	0.0000

注：*p 值采用双尾检验。

采用局域空间指标可以进一步考察变量在地理单位空间上的自相关关系。我们绘制了我国城市专利申请量、人均专利申请量的局域 Moran 散点图（见图 5-8）。其中，横轴是创新密度，纵轴是创新变量的空间滞后项，即邻近地理单位创新的加权平均值。红线表示的横轴和纵轴将散点图分为四个象限：右上角表示创新活动高的地区被其他创新活动高的地区围绕，左下角表示创新活动低的地区被其他创新活动低的地区围绕。左上区域和右下区域则表示一个地区靠近创新活动密集程度或与其相反的地区。若散点均匀分布在四个象限，则表明地区之间不存在空间自相关性。可以看到，2006 年，CGSS 问卷涉及的城市表现出较为明显的空间集聚效应，创新活动密集的地区相互靠近，创新活动较不频繁的地区互相接近。相似观测值间的空间联系比不相似观测值间的空间联系更紧密，向右上方倾斜的直线表明了全国整体表现出正的空间自相关关系。

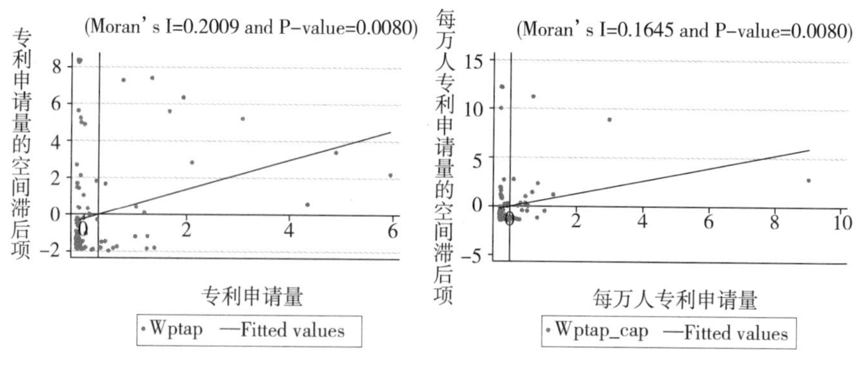

图 5-8 专利申请量、每万人专利申请量的空间相关性

（二）人力资本和心理资本的区域分布

1. 人力资本的区域分布

CGSS2006 收集了有效样本 10151 个，受访者最高学历的分布情况如表 5-2 所示。样本采用了严格的随机抽样方法，样本的最高学历分布可以较好地反映问卷涉及的 28 个省、125 个城市的人力资本分布情况。可以看到，22.25%和 33.19%的样本学历为小学和初中，初中以上的受访者占总样本的 34.56%。

表 5-2 受访对象最高学历分布

学历水平	人数	百分比（%）	累计百分比（%）
没有受过任何教育	892	8.79	8.79
扫盲班	115	1.13	9.92
小学	2259	22.25	32.17
初中	3369	33.19	65.36
职业高中	239	2.35	67.72
普通高中	1369	13.49	81.2
中专	571	5.63	86.83
技校	109	1.07	87.9
大学专科（成人高等教育）	379	3.73	91.64
大学专科（正规高等教育）	386	3.8	95.44
大学本科（成人高等教育）	117	1.15	96.59
大学本科（正规高等教育）	313	3.08	99.67
研究生及以上	25	0.25	99.92
其他	8	0.08	100
合计	10151	100	100

表 5-3 报告了受访对象分地区人力资本的分布。可以发现，受访者平均受教育年限前三的地区为北京、天津、上海。三地区受访样本平均受到了 11 年以上的教育。在职培训最高的地区为北京、上海、河北、云南、福建。教育和培训反映了不同的人力资本，选用这两类变量可以更全面地衡量人力资本。

表 5-3 受访对象教育和在职培训的区域分布

省份	观测值	平均受教育年限（年）		在职培训次数（次）	
		平均值	标准差	平均值	标准差
北京	404	11. 636	3. 582	1. 774	3. 459
天津	415	11. 518	3. 478	0. 207	0. 826
河北	400	8. 258	4. 053	1. 070	3. 965
山西	160	7. 938	3. 823	0. 506	2. 462
内蒙古	168	7. 756	3. 549	0. 702	3. 607
辽宁	400	8. 823	3. 587	0. 554	1. 965
吉林	175	8. 606	3. 895	0. 463	1. 235
黑龙江	351	8. 524	2. 984	0. 749	2. 041
上海	400	11. 268	2. 771	1. 345	3. 111
江苏	560	8. 545	4. 535	0. 935	3. 118
浙江	320	6. 809	4. 487	0. 847	2. 834
安徽	480	7. 333	4. 433	0. 985	3. 292
福建	321	8. 234	4. 434	1. 019	2. 977
江西	240	6. 517	4. 269	0. 375	1. 351
山东	651	7. 682	3. 702	0. 562	1. 793
河南	670	7. 07	4. 106	0. 613	2. 386
湖北	480	6. 912	3. 973	0. 370	1. 224
湖南	480	8. 319	4. 152	0. 421	1. 406
广东	581	8. 628	4. 165	0. 967	3. 546
广西	400	8. 17	4. 124	0. 997	2. 603
海南	80	9. 312	3. 883	0. 563	1. 377
重庆	80	7. 2	3. 787	0. 700	2. 394
四川	644	5. 531	4. 399	0. 702	3. 149
贵州	320	7. 322	4. 284	0. 728	2. 085
云南	323	8. 238	4. 58	1. 033	3. 747
陕西	320	8. 688	4. 189	0. 724	2. 057
甘肃	248	7. 254	4. 399	0. 899	2. 907
新疆	80	8. 425	10. 897	0. 288	0. 750

2. 心理资本的区域分布

我们采用 CGSS 中受访者对“影响成功的重要因素”打分构造了对成功的内部归因指标，以衡量控制点这一心理特征，并以此作为衡量心理资本的一个指标。同时，我们采用受访者对自己的经济社会地位的评价打分衡量自尊，并以此作为衡量心理资本的另一个指标。

表 5-4 列出了 107 个城市的受访者将成功归因于内部原因或将成功归因于外部原因的评分。由于打分的 1～6 分是从高到低，我们对分值进行了反向处理。表 5-4 中，评分越高，代表该地区的受访者认为成功的该类因素越重要。

表 5-4　对成功的内外部归因的地区差异

城市	样本数	内部归因	外部归因	城市	样本数	内部归因	外部归因	城市	样本数	内部归因	外部归因
北京市	404	3.99	3.41	宿州市	81	3.85	3.11	佛山市	82	3.89	3.20
天津市	415	4.24	3.75	宣城市	80	3.87	3.36	肇庆市	80	3.84	2.93
石家庄市	160	3.73	3.08	福州市	81	3.40	3.22	梅州市	80	3.89	3.05
唐山市	80	3.66	2.82	厦门市	80	3.89	3.04	清远市	80	3.77	2.91
保定市	80	3.82	3.26	三明市	80	3.79	3.22	揭阳市	80	3.85	3.00
廊坊市	80	3.80	2.98	南平市	80	3.92	3.42	南宁市	80	4.20	3.17
朔州市	80	3.96	3.83	九江市	80	3.96	3.55	防城港市	80	3.73	3.23
吕梁地区	80	3.93	3.66	吉安市	80	4.09	3.56	玉林市	80	3.67	3.52
赤峰市	80	3.53	3.09	上饶市	80	4.24	3.38	百色市	160	3.69	3.42
呼伦贝尔	88	3.86	4.16	济南市	83	3.93	3.58	海南省辖县	80	3.39	3.88
沈阳市	80	4.12	3.76	青岛市	81	4.07	3.51	重庆辖县	80	3.59	2.95
阜新市	80	3.36	3.02	东营市	162	3.91	3.36	成都市	80	4.02	3.54
盘锦市	80	4.02	3.64	济宁市	161	4.04	3.56	泸州市	82	3.81	3.36
铁岭市	80	3.51	2.92	德州市	82	4.25	3.78	德阳市	80	3.82	3.14
葫芦岛市	80	3.49	3.26	滨州市	82	4.18	3.46	遂宁市	80	3.70	3.03
辽源市	88	3.82	3.73	洛阳市	84	3.83	3.24	宜宾市	82	4.04	3.31
松原市	87	3.79	3.58	安阳市	84	3.64	3.23	达州市	80	3.96	3.47
哈尔滨市	88	4.45	4.19	鹤壁市	84	3.49	2.95	阿坝藏族自治州	80	3.83	3.48
鸡西市	87	4.01	3.58	焦作市	84	3.91	3.33	凉山自治州	80	3.61	3.66
双鸭山市	88	4.21	3.68	濮阳市	83	3.44	2.92	贵阳市	80	3.57	2.80
绥化市	88	4.16	3.94	三门峡市	83	3.64	3.33	遵义市	80	3.65	2.82
上海市	400	4.22	3.59	南阳市	84	3.78	3.22	黔西南自治州	80	3.64	2.86

续表

城市	样本数	内部归因	外部归因	城市	样本数	内部归因	外部归因	城市	样本数	内部归因	外部归因
南京市	80	4.24	3.36	周口市	84	3.61	3.09	黔南自治州	80	3.54	3.01
无锡市	80	4.12	3.45	武汉市	80	4.35	3.72	昆明市	81	4.05	3.23
徐州市	160	3.71	3.32	十堰市	160	3.98	3.30	玉溪市	80	3.95	3.56
南通市	80	3.78	3.02	宜昌市	80	3.54	3.29	楚雄自治州	82	3.83	3.00
淮安市	80	3.89	3.50	黄冈市	80	4.08	3.92	红河自治州	80	3.84	3.03
镇江市	80	3.99	3.29	恩施自治州	80	3.38	3.20	西安市	80	4.07	3.55
杭州市	80	3.84	3.36	长沙市	80	3.86	2.87	宝鸡市	90	3.73	3.57
温州市	80	3.65	3.24	株洲市	80	3.91	3.36	咸阳市	70	3.86	3.80
舟山市	80	4.02	3.04	衡阳市	80	3.80	3.93	安康市	80	3.83	3.79
丽水市	80	3.57	3.20	常德市	80	4.33	3.50	兰州市	87	3.66	3.25
合肥市	79	3.84	2.97	怀化市	80	3.31	3.09	酒泉地区	80	3.39	3.00
芜湖市	80	3.92	3.13	随州市	80	4.13	3.38	陇南地区	81	4.36	3.57
淮南市	80	3.86	3.13	广州市	80	4.09	3.69	喀什地区	80	3.65	3.03
安庆市	80	3.93	3.22	深圳市	99	4.03	3.48				

从表 5-4 中可以看出，首先，虽然 CGSS 问卷的相关问题没有采取迫选形式（即在完全相反的两个选项中二选一，如 Rotter（1996）），但问卷数据显示，受访者对成功归因于外部与成功归因于内部的选择是负相关的。除了个别城市之外，多数城市的受访者如果对成功内部归因打分较高，如天津、沈阳、无锡、宜宾、昆明的打分都超过 4 分，则对成功外部归因的打分就较低（3.5 分左右）。

其次，内控性、外控性指标也表现出了一定的区域特征。东部沿海城市打分在 4 分以上的城市较多，如天津、上海、哈尔滨、南京、无锡、青岛、南宁。中西部地区的省会城市，如武汉、成都、昆明、西安的居民对内控性的评分也较高。他们认为成功主要依靠努力、内在动机、受教育程度等个人因素，其重要性大于家庭出身和命运等因素。

受访者对自己经济地位相对于其他人处于什么层级的判断，可以反映出个人对自我价值的主观态度。在控制个人收入后，可以在一定程度上反映受访者的自尊这一心理要素。表 5-5 列出了六个代表城市中受访者对自己社会经济地位的平均评价。在北京的受访者中，约 80%的受访者认为自己处于中层以下。这一比例远高于无锡市、深圳市以及焦作市，与兰州市、哈尔滨市接近。然而北京的平均收入水平远高于兰州和哈尔滨。这也说明个人对自己经济社会地位的评价是一种主观感知①，与收入水平不一定完全一致，可能会受到周围环境、个人认知的影响。

表 5-5　对所处的社会经济地位自我评价情况

	频率	百分比（%）		频率	百分比（%）
北京市			兰州市		
上层	1	0. 25	上层	0	0
中上层	5	1. 24	中上层	1	1. 15
中层	76	18. 81	中层	11	12. 64
中下层	162	40. 1	中下层	25	28. 74
下层	149	36. 88	下层	45	51. 72
不作选择	11	2. 72	不作选择	5	5. 75
总计	404	100	总计	87	100
深圳市			哈尔滨市		
中上层	3	3. 03	中上层	2	2. 27
中层	25	25. 25	中层	14	15. 91
中下层	38	38. 38	中下层	26	29. 55
下层	30	30. 3	下层	45	51. 14
不作选择	3	3. 03	不作选择	1	1. 14
总计	99	100	总计	88	100
无锡市			焦作市		
中上层	1	1. 25	上层	1	1. 19
中层	37	46. 25	中层	18	21. 43
中下层	20	25	中下层	16	19. 05
下层	5	6. 25	下层	47	55. 95
不作选择	17	21. 25	不作选择	2	2. 38
总计	80	100	总计	84	100

① 另一个可能的原因是北京的受访者样本的收入水平较低，不能很好地代表北京的平均收入水平。但考虑到 CGSS 采用了严格的随机抽样方法选择样本，应当认为受访者的回答具有代表性。

（三）构建模型

1. 人力资本对创新的作用

根据 Romer（1990）的内生增长模型中的“点子”生产函数，我们提出了人力资本正向作用于区域创新的研究假设。在这一函数中，研发人员或其他创新主体的创新产出是创新个体的人力资本和所获得的知识总量共同作用的结果。一个地区的技术创新表现为所有创新主体的创新产出之和。

在考察人力资本对区域技术创新的影响时，Griliches（1990）的知识生产函数作为一个经验模型，得到了国内外学者的广泛采用（万坤扬、陆文聪，2010；吴玉鸣，2006）。知识生产函数是一个柯布—道格拉斯形式的生产函数，描述创新作为一项产品，其生产过程受到了人力资本投入、固定资本投入等因素影响。根据这一函数，我们构建如下模型检验人力资本对区域创新的直接作用：

$$\ln Innovation = \beta_1 + \beta_2 HC + \beta_3 \ln hh\_income + \beta_4 Demo + \varepsilon \tag{5-8}$$

其中，$\ln Innovation$ 是衡量区域技术创新的变量，本书采用了两个指标，分别是每万人专利申请量的对数，以及一个地区优秀专利发明人数的对数。HC 是衡量人力资本的变量，本书采用了两个指标，分别是一个地区受访人员的平均受教育年限，以及一个地区受访人员平均接受在职培训的次数。$\ln hh\_income$ 是受访对象家庭收入的对数。这一指标被选择用来代表受访人群的收入水平。由于收入水平反映了一个地区的经济发展和实力情况，我们将其作为对一个地区创新实物投入的近似估计。$Demo$ 是人口变量，包括性别、年龄。由于这部分实证的数据来自问卷调查，受访对象的年龄、性别可能影响反映一个地区人力资本的平均受教育年限，因此在模型中进行控制。

我们还建立了人力资本影响创新的空间滞后模型和空间误差模型，表示如下：

$$\ln Innovation = \rho W \ln Innovation + \beta_1 + \beta_2 HC + \beta_3 \ln hh\_income + \beta_4 Demo + \varepsilon$$
$$\varepsilon \sim N(0,\ \sigma^2) \tag{5-9}$$

其中，W 是 $n\times n$ 的空间加权矩阵，反映了不同省份在地理上的相邻关系。ρ 是反映观测值间空间依赖程度的系数。

$$\ln Innovation = \beta_1 + \beta_2 HC + \beta_3 \ln hh\_income + \beta_4 Demo + \varepsilon$$
$$\varepsilon = \lambda W \varepsilon + \mu$$
$$\mu \sim N(0,\ \sigma^2) \tag{5-10}$$

空间误差模型使用了与空间滞后模型相同的空间加权矩阵 W。λ 是反映空间依赖对误差项影响程度的系数。式（5-9）、式（5-10）中其他的变量、系数与式（5-8）中相同。

2. 心理资本对创新的直接作用

社会学家们认为，一个社会群体会形成共同的认知和心态。社会认同理论（Social Identity）指出，一个社会组织会形成相似的价值判断，这种判断往往是通过与其他组织比较而言的（Ashforth and Mael，1989；Tajfel，2010）。一方面，群体中的个体往往表现出对不同事物相似和接近的价值判断；另一方面，个体还会对所处的群体形成一致观点、看法和价值评判。Bénabou 和 Tirole（2006）注意到了在一个区域会形成共同信念（belief），经调查发现，美国只有 29%的人认为贫穷是天生的，30%的人认为是运气而非个人努力决定了收入。欧洲则有 60%和 54%的民众认为出身决定了贫穷、运气决定了收入。59%的美国人认为长期来看，努力会带来更好的生活，欧洲人持有相同观点的人只占 34%。

一个地区由于文化传承、对过去经历接受的反馈影响，以及地区内群体间的相互作用形成的共同心理状态，可以看作集体心理资本在覆盖范围上的一个扩展。我国幅员辽阔，不同地区往往形成了相近的态度、观点和判断，区域间往往差异较大。社会学、教育学领域有丰富的文献探讨这一问题。钱明（2011）分析了两浙地区吃苦、自强、敢闯等文化性格差异对浙江发展的影响；翟松天（2005）详细比较了东西部之间的四项观念差异。相关研究发现，不同区域形成的文化性格差异，对地区间的教育、理财、创业经营等活动都产生影响（许斗斗、何燊，2011；宗学哲，2006；徐慕唐、徐俪娟，1994）。

在实施创新化战略的过程中，一个地区群体对创新能力的自信心、对创新带来的未来成果的积极预期、乐观积极的态度，百折不挠、勇敢尝试的奋斗精神，都对地区的创新活动有着重要影响。Lozano 和 Arenas（2007）对硅谷和波士顿 128 号公路（著名的创新科技园区）地区创新系统的坚韧性对这些地区保持创新动力的影响的研究阐述了这一机制。

我们在理论部分分析了心理资本对创新活动的作用机制，并且在点子生产函数中引入了心理资本对区域创新的作用，表示为 $\dot{A}^j = \delta H^j R^j A^j$ 。心理资本作为创新产出函数的另一个投入要素进入模型。

由于对心理资本和区域创新关系的实证分析是一个开创性研究，我们借鉴（Griliches，1990）的知识生产函数，构建以人力资本、固定资本、心理资本作为投入要素的创新产出函数，这一函数具有柯布—道格拉斯生产函数的特征，经过对数变化后，表示为如下形式：

$$\ln Innovation = \beta_1 + \beta_2 PsyCap + \beta_3 HC + \beta_4 \ln hh\_income + \beta_5 Demo + \varepsilon \tag{5-11}$$

其中，$PsyCap$ 代表心理资本，由对成功的内部归因和对自己经济社会地位的评价两个指标来衡量。其余变量与式（5-8）相同。

空间回归模型包括空间滞后模型和空间误差模型：

$$\begin{aligned} \ln Innovation &= \rho W \ln Innovation + \beta_1 + \beta_2 PsyCap + \beta_3 HC + \\ &\quad \beta_4 \ln hh\_income + \beta_5 Demo + \varepsilon \\ \varepsilon &\sim N(0,\ \sigma^2) \end{aligned} \tag{5-12}$$

和式（5-9）一样，其中，W 是 $n \times n$ 的空间加权矩阵，反映了不同省份在地理上的相邻关系。ρ 是反映观测值间空间依赖程度的系数。

$$\begin{aligned} \ln Innovation &= \beta_1 + \beta_2 PsyCap + \beta_3 HC + \beta_4 \ln hh\_income + \beta_5 Demo + \varepsilon \\ \varepsilon &= \lambda W \varepsilon + \mu \\ \mu &\sim N(0,\ \sigma^2) \end{aligned} \tag{5-13}$$

空间误差模型中，λ 是反映空间依赖对误差项影响程度的系数。

采用式（5-11）、式（5-12）、式（5-13）可以检验心理资本通过人力资本影响区域创新的间接机制，也就是人力资本对心理资本影响区域创新的中介效应。首先估计心理资本对区域创新的作用，再引入人力资本变量进行估计，如果心理资本对区域创新的估计系数变得不再显著，则说明人力资本对心理资本具有完全中介作用。如果心理资本的估计系数仍然显著，但系数绝对值下降，或显著性有所下降，则认为人力资本对心理资本具有部分中介作用。

3. 心理资本对创新的调节作用

心理资本通过促进和激励人力资本作用的发挥提高区域创新。换言之，心理资本在人力资本与区域创新的关系间发挥着调节作用。心理资本越高，人力资本对区域创新的作用效果越明显。在前文中，这种关系被描述为 $\dot{A} = \delta H_A(R_A) R_A A$，即人力资本是心理资本的单调递增函数，心理资本越高，创新生产中的人力资本越高，从而创新的产出越高。

以知识生产函数为基础，我们在引入了心理资本的式（5-11）中引入人力资本与心理资本的乘积项来表示这种调节作用。除了交互项之外，模型与式（5-11）一致，包括人力资本、固定资本、心理资本等创新产出的投入要素，这一函数具有柯布—道格拉斯生产函数的特征，经过对数变化后，其形式如式

（5-14）所示：

$$\ln Innovation = \beta_1 + \beta_2 PsyCap + \beta_3 HC + \beta_4 PsyCap \times HC + \beta_5 Z + \varepsilon \tag{5-14}$$

其中，$PsyCap \times HC$ 为心理资本与人力资本的乘积项，代表了心理资本对人力资本的调节作用。Z 是除了人力资本、心理资本和这两者交互项以外的控制变量，包括了式（5-11）中的家庭收入对数和人口变量等。人力资本和心理资本的表示符号与式（5-11）相同。

空间回归模型包括空间滞后模型和空间误差模型：

$$\begin{aligned} \ln Innovation = \rho W \ln Innovation + \beta_1 + \beta_2 PsyCap + \\ \beta_3 HC + \beta_4 PsyCap \times HC + \beta_5 Z + \varepsilon \\ \varepsilon \sim N(0,\ \sigma^2) \end{aligned} \tag{5-15}$$

和式（5-12）一样，其中，W 是 $n \times n$ 的空间加权矩阵，反映了不同省份在地理上的相邻关系。ρ 是反映观测值间空间依赖程度的系数。

$$\begin{aligned} \ln Innovation = \rho W \ln Innovation + \beta_1 + \beta_2 PsyCap + \\ \beta_3 HC + \beta_4 PsyCap \times HC + \beta_5 Z + \varepsilon \\ \varepsilon = \lambda W \varepsilon + \mu \\ \mu \sim N(0,\ \sigma^2) \end{aligned} \tag{5-16}$$

空间误差模型中，λ 是反映空间依赖对误差项影响程度的系数。

心理资本对人力资本和区域创新的调节作用可以通过观察 $PsyCap \times HC$ 的回归系数检验。当 $PsyCap \times HC$ 的回归系数显著时，可以认为，除了心理资本和人力资本对区域创新的单独作用以外，两者间的交互作用对区域创新也有显著贡献，即心理资本较高时，人力资本对区域创新的作用更大，具体表现为一种调节机制。

（四）心理资本和创新的相关关系分析

我们绘制了对成功内部、外部归因的打分和创新对数间的拟合曲线（见图5-9）。正如理论模型所预测的，拟合曲线呈现向右上方倾斜的趋势，表明对成功内部归因评分越高的地区，创新活动越密集。然而将成功归因于外部的心态，与区域创新的指标间没有明确的相关关系。

绘制了对经济社会地位自我评价的打分与每万人专利申请量的散点图（见

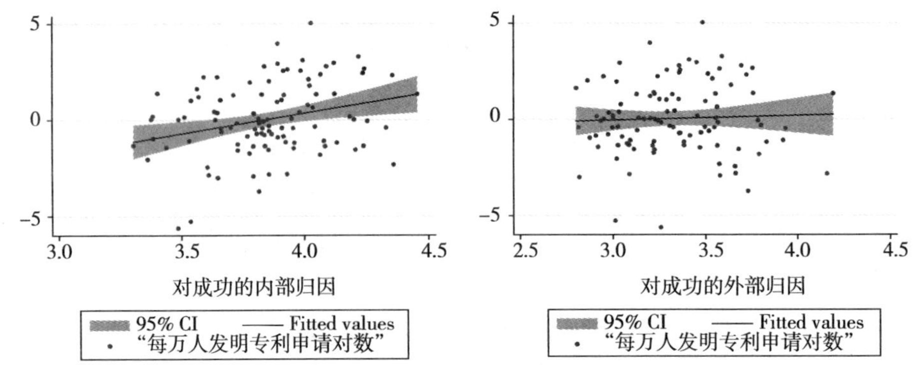

图 5-9　心理资本（对成功的内外部归因）与创新的散点图

图 5-10)，拟合的曲线向右上方倾斜，表明两者之间存在正相关关系。

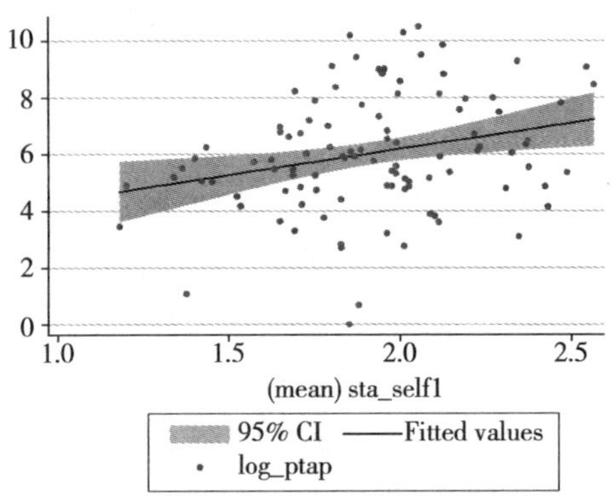

图 5-10　心理资本（对经济社会地位的自我评价）与创新的散点图

在表 5-6 中报告了主要变量的相关系数矩阵。相关系数矩阵中的主要变量间的相关系数值都小于 0.5，相关性在合理的范围内，多重共线性问题对模型的影响不明显，我们还对主要变量进行了 VIF 检验，检验值也证实了这一点。

在表 5-6 中，还报告了内部归因的五个指标间的 Cranbach's alpha 值，这五个指标为"有进取心/事业心"、"个人的聪明才智"、"努力工作"、"自己受过良好的教育"，以及"社会关系多"。Cranbach's alpha 被用来衡量问卷问题的内部一致性。对成功的内部归因的 Cranbach's alpha 达到 0.88，说明受访者对这些因素的评价是一致的。我们也对外部归因的五个指标计算了 Cranbach's alpha，取值为 0.86 。当对 14 个问题的打分计算 Cranbach's alpha，取值为

0.67。经验上来说，Cranbach's alpha 低于 0.7，说明不同的问题对所反映变量的测量不具有内部一致性。这也说明，我们对 14 个指标，内部归因和外部归因因素的划分具有合理性。

表 5-6　主要指标的统计描述和相关系数矩阵

变量	均值	标准差	最小值	最大值	样本数	1	2	3	4	5
1. 每万人专利申请量（件）	5.199	16.146	0	151.034	107	—	—	—	—	—
2. 受教育年限（年）	7.859	2.108	3.650	13.388	107	0.307	—	—	—	—
3. 家庭收入（元）	854348	1189317	8126	7891847	107	0.195	0.426	—	—	—
4. 对成功的内部归因	3.851	0.244	3.305	4.455	107	0.166	0.280	0.113	(0.88)	—
5. 对经济社会地位的自我评价	1.922	0.297	1.182	2.564	107	0.126	0.318	0.352	0.193	—

此外，我们还在表 5-6 中报告了主要变量的均值、标准差、最小值、最大值。其中，专利申请量为零的样本有一个，是贵州黔西南布依族苗族自治州。其他地区由于在收集数据的过程中无法明确专利申请的数量，被处理为缺失地区，如百色市、鸡西市。

（五）OLS 回归结果

1. 人力资本对创新的作用

表 5-7 报告了人力资本对区域创新的影响。(1)~(12) 列的被解释变量都为每万人专利申请量的对数。我们也采用优秀专利发明人这一指标衡量区域创新，进行了同样的回归，结果与表 5-7 基本一致，由于篇幅所限，没有报告在书中。表 5-7 分为三栏，(1)~(4) 列为最小二乘估计的结果，(5)~(8) 列与 (9)~(12) 列分别为采用空间误差模型和空间滞后模型回归的结果。每栏的前两列模型以受教育年限衡量人力资本，每栏的后两列以在职培训次数衡量人力资本。表中以星号表示估计系数的显著性水平，***、**、* 分别代表在 1%、5%和 10%的概率下的显著性水平。括号中报告的是标准化后的系数。

表 5-7　人力资本对创新的影响（2006 年）

因变量：每万人专利申请量的对数	最小二乘估计				空间误差模型				空间滞后模型			
	(1)	(2)	(3)	(4)	(5)	(6)	(7)	(8)	(9)	(10)	(11)	(12)
受教育年限	0.458*** (0.397)	0.346*** (0.300)	—	—	0.518*** (0.449)	0.453*** (0.393)	—	—	0.479*** (0.415)	0.399*** (0.346)	—	—
在职培训	—	—	1.025** (0.230)	0.527 (0.118)	—	—	1.169*** (0.263)	1.037*** (0.233)	—	—	0.922** (0.207)	0.682* (0.153)
性别	—	1.153 (0.030)	—	4.320 (0.112)	—	2.596 (0.067)	—	2.511 (0.065)	—	2.511 (0.065)	6.601** (0.170)	6.002* (0.155)
年龄	—	0.013 (0.021)	—	-0.041 (-0.063)	—	0.003 (0.005)	—	0.007 (0.010)	—	0.007 (0.010)	-0.066 (-0.101)	-0.054 (-0.083)
家庭收入的对数	—	0.328** (0.268)	—	0.391*** (0.319)	—	0.138 (0.113)	—	0.183 (0.150)	—	0.183 (0.150)	0.240* (0.196)	0.262** (0.214)
λ / ρ	—	—	—	—	0.138***	0.130***	0.120***	0.115***	0.115***	0.101***	0.106***	0.089***
调整 R^2	0.149	0.190	0.044	0.135	—	—	—	—	—	—	—	—
Log L	-230.199	-226.113	-236.292	-229.537	-218.775	-217.698	-228.885	-229.839	-221.606	-219.900	-223.553	-224.706
观测值	104	104	104	104	104	104	104	104	104	104	104	104

注：系数估计中的 ***、**、* 分别代表在 1%、5%及 10%的概率下的显著性水平。括号中报告的是标准化后的系数。

资料来源：CGSS2006。作者自各地市统计年鉴、统计公报收集的数据。

首先，人力资本对人均专利申请量的回归系数显著为正。其中，受教育年限对每万人专利申请量对数的回归系数在0.3~0.5，在1%的水平上都显著。在加入控制变量的模型（2）中，回归系数也达到了0.346，说明该地区从业人员的受教育年限每增加一年，每万人专利申请量就提高34.6%。以在职培训衡量的人力资本估计结果与受教育年限的估计结果比较一致，但在控制了家庭收入和人口变量以后，在职培训对区域创新的OLS估计未能通过10%水平的检验。采用空间模型控制了地区间的空间相关性的影响后，在职培训对区域创新的正向影响通过了显著性检验。

从模型整体来看，加入控制变量后的整体（2）可以解释区域创新差异的19%。未控制其他变量时，平均受教育年限可以解释创新活动14.9%的方差，这也充分说明了人力资本对区域创新的作用。以在职培训衡量人力资本的模型（3）、模型（4）的调整 R^2 要小于模型（1）、模型（2）。这可能是由于对在职培训的数据存在一定测量误差。CGSS问卷中询问的是受访者在“在当前工作中所接受的培训次数”，一方面，培训次数没能体现从业者接受培训的时间长短；另一方面，如果受访者更换过工作，问卷中的记录可能低估其接受培训的次数。

对比（1）~（4）列的结果与（5）~（12）列的结果可以看出，空间模型的估计结果改善了OLS的估计结果。在空间模型中，教育对创新的回归系数增大，说明在OLS模型中，教育对技术创新的作用被低估了。在空间误差模型中，控制了人口、收入等因素后，人力资本对创新的回归系数达到0.453，在OLS估计中，人力资本的这一估计系数为0.346。

其次，在空间模型的估计结果中，在职培训对创新的作用变得更加显著。模型（8）和模型（12）中，在职培训对区域创新的正向作用都通过了显著性检验，而在OLS估计中，在职培训对创新的正向作用没能通过显著性检验。

最后，对比OLS模型和空间模型的对数似然估计可以看出，空间模型的对数似然值高于OLS估计的值，表明采用空间回归方法，模型的估计精度有所改善。同时，表征空间关系的空间系数 λ 和 ρ，在所有模型（8）~（12）都通过了1%水平上的检验，说明误差项中的空间依赖性以及因变量的空间滞后效应对模型产生了显著影响。对数似然估计的提高和空间相关系数的显著说明了采用空间回归分析的必要性。表5-8对代表性模型进行了空间依赖性的诊断检验。

表 5-8　对 OLS 模型空间依赖性的诊断检验

	模型（1）			模型（2）		
	统计指标	自由度	*p* 值	统计指标	自由度	*p* 值
空间误差模型						
Moran's I	4.746	1	0.000	3.861	1	0.000
拉格朗日乘数	18.859	1	0.000	12.264	1	0.000
稳健的拉格朗日乘数	4.48	1	0.034	1.461	1	0.227
空间滞后模型						
拉格朗日乘数	14.449	1	0.000	10.815	1	0.001
稳健的拉格朗日乘数	0.07	1	0.791	0.012	1	0.914

2. 心理资本对创新的作用

在表 5-9 中首先报告了心理资本对区域创新的影响。模型（1）~（4）采用了对成功的内部归因作为心理资本的衡量指标。模型（5）~（8）采用了对经济社会地位的自我评价作为心理资本的衡量指标。衡量区域创新的指标也有两类，模型（1）、（2）、（5）、（6）以每万人专利申请量的对数衡量区域创新，模型（3）、（4）、（7）、（8）以优秀专利发明人数的对数衡量区域创新。

首先，心理资本对区域创新的回归系数显著为正，说明心理资本对创新有着显著的正向作用。研究假设 2“心理资本越高，创新活动的越密集”得到了验证。对成功内部归因的评分越高的地区，每万人专利申请量和优秀发明人越多，创新活动更为密集、创新活动的质量也越高。在控制了其他因素的模型（2）、（4）中，内控性的评分每提高 0.1 分，每万人专利申请量增加约 18%，专利发明人数提高约 10.6%，心理因素对区域创新活动的影响程度较大。

但这一显著影响对于区域创新作用相对有限，表现为模型估计的调整 R^2 偏低。在没有考虑控制变量的模型（1）和（3）中，调整 R^2 为 0.068 和 0.046，在增加了控制变量的模型（2）和（4）中，这一指标提高到了 0.181 和 0.151。

采用“对自我社会经济地位的评价”这一指标衡量心理资本的回归结果报告在表 5-9 的后四列。考虑到对自己经济社会地位的评价在很大程度上受到个人实际收入水平的影响，我们在控制变量中加入了个人平均月收入，由受访者的上月工资收入和年经营性收益除以 12 加总得出。

其次，对自我经济社会地位的评价对区域创新的作用也显著为正。从回归系数的绝对值来看，自尊这一心理因素对创新的影响小于内控点的影响。在控制了个人收入的情况下，受访人对自己社会经济地位的评价对专利申请量的回归系数为1.243，对优秀发明人回归的系数为0.799。在加入控制变量后，“对自我经济社会地位的评价”对创新的正向作用依然显著。同时，以这一指标衡量的心理资本对区域创新的方差解释力度较小，加入控制变量后的模型，调整R^2为0.152，说明回归模型解释了因变量15.2%的残差。

最后，个人平均月收入对数的估计系数并不显著，并且取值较低，表明其对区域创新没有重要的影响。我们还回归了不控制月收入的模型，对自我经济社会地位的评价的回归系数并未发生明显变化。因此，在后面的分析中，我们不再控制这一因素。

表5-9　心理资本影响创新的OLS估计结果

因变量	(1)	(2)	(3)	(4)	(5)	(6)	(7)	(8)
	每万人专利申请量		专利发明人		每万人专利申请量		专利发明人	
对成功的内部归因	2.128*** (0.278)	1.793** (0.234)	1.235** (0.235)	1.059** (0.201)	—	—	—	—
对经济社会地位的自我评价	—	—	—	—	1.583*** (0.251)	1.243** (0.197)	0.799** (0.191)	0.634* (0.151)
家庭收入的对数	—	0.293*** (0.302)	—	0.203*** (0.313)	—	3.715 (0.124)	—	3.033** (0.146)
性别	—	2.936 (0.098)	—	2.552 (0.123)	—	-0.072 (-0.143)	—	-0.024 (-0.067)
年龄	—	-0.075 (-0.148)	—	-0.025 (-0.071)	—	0.267** (0.276)	—	0.225*** (0.346)
个人平均月收入的对数	—	—	—	—	0.071 (0.091)	-0.017 (-0.022)	0.008 (0.016)	-0.073 (-0.138)
调整R^2	0.068	0.181	0.046	0.151	0.069	0.152	0.020	0.127
F值	8.05	5.50	5.41	6.56	9.08	6.78	3.15	5.97
观测值	104	104	105	105	103	103	105	105

注：括号中报告的是标准化后的系数。系数估计中的 ***、**、* 分别代表在1%、5%及10%的概率下的显著性水平。

资料来源：CGSS2006。作者收集自各地统计年鉴、统计公报的数据。

空间地图和空间相关性指标Moran's I显示，区域间的创新活动具有很强的相关性，OLS 模型估计的结果可能存在误差，采用空间分析方法可以得到更为精确的数据。本书采取空间误差模型和空间滞后模型对实证假设 2 进行进一步检验。由于篇幅限制，选择了表 5-9 中（1）列、（2）列进行空间估计，并进行对比。回归结果报告在表 5-10 中。

表 5-10　心理资本影响创新的空间回归结果

因变量：每万人专利申请量的对数	OLS 估计		空间误差模型		空间滞后模型	
	(1)	(2)	(3)	(4)	(5)	(6)
对成功的内部归因	2.128*** (0.278)	1.793** (0.234)	2.128* (0.216)	1.639* (0.167)	2.038** (0.207)	1.685** (0.171)
家庭收入的对数	—	0.293*** (0.302)	—	5.344 (0.138)	—	4.901 (0.127)
性别	—	2.936 (0.098)	—	−0.048 (−0.073)	—	−0.047 (−0.072)
年龄	—	−0.075 (−0.148)	—	0.331*** (0.270)	—	0.324*** (0.265)
λ / ρ	—	—	0.107***	0.094***	0.102***	0.083***
调整 R^2	0.068	0.181	—	—	—	—
Log L	−237.127	−228.675	−230.440	−224.385	−230.569	−224.148
观测值	104	104	104	104	104	104

注：括号内报告的是标准化后的系数。系数估计中的 ***、**、* 分别代表在 1%、5%及 10%的概率下的显著性水平。

资料来源：CGSS2006。作者收集自各地市统计年鉴、统计公报的数据。

表 5-10 中，（3）~（4）列为空间误差模型的估计结果，（5）~（6）列为空间滞后模型的估计结果，模型（1）、（2）与表 5-9 中模型（1）、（2）的估计结果一致，用于与空间模型拟合的结果进行对比。

首先，心理资本对每万人专利申请量的影响，在 OLS 估计和空间模型中都显著为正。采用空间模型后，心理资本的估计系数略微下降，从 1.793 变为 1.639 和 1.685，同时显著性有所下降。这说明在 OLS 估计中，心理资本对创新的作用被高估了。

其次，在引入空间模型后，家庭收入对创新的影响不再显著。这意味着以家庭收入表征的一个地区的经济发展水平对创新的那部分影响，与区域创新在区域分布间的特征一致，因此在纳入空间相关关系后，这部分影响就不再显著。这也在一定程度上表明，创新的区域集聚特点，与该地区的经济发展水平有很高的关联性。

最后，表征空间依赖性的相关系数 λ 和 ρ，在模型（3）、（4）、（5）、（6）中都显著为正。这说明了空间正相关关系的显著存在，也说明了采用空间模型进行估计的必要性。对比 OLS 和空间模型的对数似然值也同样支持这一点，空间模型的对数似然值大于 OLS 估计，空间估计方法使模型的估计精度得到改善。

3. 人力资本对心理资本和区域创新的中介效应

表 5-11 报告了人力资本、心理资本对创新的影响。可以看到，在模型（3）和（5）中，同时估计了人力资本和心理资本对区域创新的影响。衡量心理资本的两项指标——对成功的内部归因和对经济社会地位的自我评价对每万人专利申请量的系数都为正，并且都通过了 10% 水平的显著性检验。与理论推断一致。同时，两个模型的调整 R^2 都在 0.2 左右，式（5-11）对区域创新有一定的解释力。

表 5-11 的结果检验了人力资本对心理资本和区域创新的中介效应，即心理资本通过作用于人力资本，间接贡献于区域创新。

首先，列（2）和列（4）中报告了仅考虑心理资本的估计模型。对成功的内部归因和对经济社会地位的自我评价对区域创新的回归系数显著为正，分别为 1.793 和 1.204，前者在 5% 的水平上显著，后者在 1% 的水平上显著。这表明心理资本对区域创新的直接作用可以被估计为对心理资本的打分每提高 0.1，每万人专利申请量就增加 17.93% 和 12.04%。

其次，在（3）~（5）列中加入了衡量人力资本的平均受教育年限指标后，人力资本对区域创新的影响为正且显著。此时，心理资本的回归系数值都下降了，分别从 1.793 和 1.443 下降至 1.204 和 0.843。同时，心理资本回归系数的显著性均有所下降，但仍在 10% 的水平上显著。这些结果表明，人力资本部分中介了心理资本对区域创新的影响，即心理资本对区域创新的作用，有一部分是通过影响人力资本积累从而作用于区域技术创新的。实证假设 3 “人力资本在心理资本和创新之间起到中介作用，心理资本对创新的作用通过人力资源来实现” 得到了验证。

最后，加入人力资本的中介效用以后的模型整体 R^2，比未考虑人力资本的模型提高了 0.038 和 0.039。这说明考虑人力资本的中介效应以后，模型的整体解释力得到提高。

表 5-11 人力资本、心理资本影响创新的 OLS 估计结果

因变量：每万人专利申请量的对数	(1)	(2)	(3)	(4)	(5)
性别	3. 828 (0. 128)	2. 936 (0. 098)	1. 334 (0. 045)	3. 724 (0. 125)	1. 904 (0. 064)
年龄	-0. 087* (-0. 174)	-0. 075 (-0. 148)	-0. 039 (-0. 078)	-0. 073 (-0. 145)	-0. 038 (-0. 075)
家庭收入的对数值	0. 299*** (0. 309)	0. 293*** (0. 302)	0. 229** (0. 236)	0. 259*** (0. 267)	0. 203** (0. 210)
对成功的内部归因	—	1. 793** (0. 234)	1. 443* (0. 188)	—	—
对经济社会地位的自我评价	—	—	—	1. 204*** (0. 191)	0. 843* (0. 133)
平均受教育年限	—	—	0. 209** (0. 233)	—	0. 218** (0. 243)
调整 R^2	0. 135	0. 181	0. 212	0. 161	0. 194
R^2	0. 160	0. 213	0. 251	0. 194	0. 233
ΔR^2	—	0. 053	0. 038	0. 034	0. 039
F 统计值	5. 85	5. 50	7. 33	8. 63	8. 09
观测值	104	104	104	104	104

注：括号中报告的是标准化后的系数。系数估计中的 ***、**、* 分别代表在 1%、5%及 10%的概率下的显著性水平。

资料来源：CGSS2006。作者收集自各地市统计年鉴、统计公报的数据。

4. 人力资本、心理资本对创新的交互作用

表 5-12 报告了对式（5-7）的估计结果。（2）列和（4）列为心理资本和人力资本对区域创新的影响，分别以对成功的内部归因和对经济社会地位的自我评价作为衡量心理资本的指标。从表 5-12 中可以看出，心理资本与人力资本对区域创新的作用都显著为正，模型的调整 R^2 为 0. 2 左右。

加入了心理资本与人力资本的交互项后，模型估计结果为表 5-12 中的（3）列和（5）列。在（3）列中，人力资本与心理资本的乘积项“教育年限×内部归因”对区域创新的作用显著为正，表明人力资本与心理资本间的相互作用对区域创新有正向作用。心理资本对人力资本和区域创新的调节效应得到了验证。以“对经济社会地位的自我评价”衡量人力资本的模型（5），人力资本

与心理资本的交互作用没能通过显著性检验。这可能是由于个人的经济社会地位与收入有很大关系，而教育水平又在很大程度上决定个人的收入水平。

总体而言，考虑了心理资本对区域创新的调节效应以后，模型的整体解释力提高了，在以“对成功的内部归因”衡量心理资本的模型中，调整 R^2 在加入乘积项后提高了 0.041。

表 5-12　心理资本对人力资本与创新的调节作用（OLS 估计）

因变量：每万人专利申请量的对数	(1)	(2)	(3)	(4)	(5)
性别	3.828 (0.128)	1.334 (0.045)	0.693 (0.023)	1.904 (0.064)	1.236 (0.041)
年龄	-0.087* (-0.174)	-0.039 (-0.078)	-0.012 (-0.024)	-0.038 (-0.075)	-0.057 (-0.114)
家庭收入的对数	0.299*** (0.309)	0.229** (0.236)	0.227** (0.235)	0.203** (0.210)	0.227** (0.235)
对成功的内部归因	—	1.443* (0.188)	1.874** (0.245)	—	—
对经济社会地位的自我评价	—	—	—	0.843* (0.133)	0.667 (0.106)
平均受教育年限	—	0.209** (0.233)	0.208** (0.232)	0.218** (0.243)	0.236*** (0.264)
教育年限×内部归因	—	—	0.662** (0.216)	—	—
教育年限×自我评价	—	—	—	—	0.262 (0.121)
调整 R^2	0.1346	0.2119	0.2474	0.1935	0.1968
R^2	0.1600	0.2506	0.2917	0.2331	0.2440
ΔR^2		0.037	0.041	0.0396	0.0109
F 统计值	5.85	7.33	9.41	8.09	9.72
观测值	104	104	104	104	104

注：系数估计中的 ***、**、* 分别代表在 1%、5%及 10%的概率下的显著性水平。括号中报告的是标准化后的系数。

资料来源：CGSS2006。作者收集自各地市统计年鉴、统计公报的数据。

（六）空间回归结果

1. 对模型的空间依赖性诊断检验

我们采用空间回归的两种模型对心理资本对人力资本和区域创新之间关系的调节作用进行进一步检验。表 5-13 报告了对心理资本影响区域创新的三种模型的空间依赖性诊断。其中模型（1）为心理资本对区域创新的直接作用模型，模型（2）为心理资本通过创新影响区域创新的中介效应模型，模型（3）为心理资本通过激励人力资本作用发挥影响创新的调节作用模型。对这三个模型进行 OLS 估计检验后我们发现，空间滞后模型和空间误差模型的拉格朗日乘数都在小于 0.01 的概率上通过检验。因变量的空间滞后和残差项的空间相关这两种空间效应在上述三个模型中都存在。然而稳健的拉格朗日乘数则表明，相对而言，空间误差模型更适合估计心理资本对区域创新的影响。

表 5-13　对心理资本与区域创新的 OLS 模型空间依赖性的诊断检验

	模型（1）			模型（2）		模型（3）	
	统计指标	自由度	p 值	统计指标	p 值	统计指标	p 值
空间误差模型							
Moran's I	3.295	1	0.001	4.643	0.000	4.969	0.000
拉格朗日乘数	8.603	1	0.003	17.767	0.000	20.216	0.000
稳健的拉格朗日乘数	0.013	1	0.910	3.195	0.074	6.431	0.011
空间滞后模型							
拉格朗日乘数	9.985	1	0.002	14.59	0.000	13.911	0.000
稳健的拉格朗日乘数	1.395	1	0.238	0.018	0.893	0.126	0.723

2. 人力资本中介效应的空间分析结果

我们还采用了空间回归模型进一步检验人力资本对心理资本和区域创新的中介效应，结果报告在表 5-14 中。其中最重要的发现是，采用空间模型估计后，人力资本对心理资本和区域创新表现出了完全中介的效应。与 OLS 回归的估计结果不同，在加入人力资本之后的模型（3）和模型（5）中，人力资本的回归系数值比 OLS 的估计系数更大。同时，心理资本对区域创新的正向作用不再显著，估计系数值减少更多。这表明在这一模型中，控制了空间的相互作用

表 5-14　人力资本、心理资本影响创新的空间模型估计结果

因变量：每万人专利申请量的对数	空间误差模型					空间滞后模型				
	(1)	(2)	(3)	(4)	(5)	(6)	(7)	(8)	(9)	(10)
性别	6.177* (3.314)	5.344 (3.284)	2.387 (3.061)	4.998 (3.256)	2.398 (3.100)	5.805* (3.380)	4.901 (3.345)	2.242 (3.277)	5.502* (3.306)	2.715 (3.272)
年龄	−0.060 (0.056)	−0.048 (0.055)	0.006 (0.052)	−0.042 (0.055)	0.004 (0.052)	−0.059 (0.057)	−0.047 (0.056)	0.008 (0.056)	−0.038 (0.056)	0.012 (0.056)
家庭收入的对数	0.345*** (0.123)	0.331*** (0.123)	0.140 (0.124)	0.338*** (0.117)	0.160 (0.127)	0.330*** (0.111)	0.324*** (0.109)	0.192* (0.111)	0.288*** (0.110)	0.174 (0.111)
对成功的内部归因	—	1.639* (0.853)	0.890 (0.805)	—	—	—	1.685** (0.836)	1.032 (0.818)	—	—
对经济社会地位的自我评价	—	—	—	1.693** (0.715)	0.524 (0.772)	—	—	—	1.659** (0.691)	1.056 (0.684)
平均受教育年限	—	—	0.426*** (0.105)	—	0.418*** (0.115)	—	—	0.365*** (0.112)	—	0.351*** (0.113)
λ / ρ	0.377***	0.391***	0.514***	0.325**	0.480***	0.343***	0.353***	0.407***	0.294***	0.368***
Log L	−226.195	−224.385	−217.091	−223.465	−217.468	−226.136	−224.148	−219.110	−223.312	−218.713
观测值	104	104	104	104	104	104	104	104	104	104

注：系数估计中的 ***、**、* 分别代表在 1%、5%及 10%的概率下的显著性水平。模型（1）、（2）、（3）、（4）、（5）为空间误差模型的估计结果，模型（6）、（7）、（8）、（9）、（10）为空间滞后模型的估计结果。括号中报告的是回归系数的标准误差。

资料来源：CGSS2006。作者收集自各地市统计年鉴、统计公报的数据。

后，心理资本对创新的作用被人力资本完全中介。检验人力资本的中介效应时，采用心理资本的不同衡量指标和采用不同空间回归模型的估计结果十分一致，表明这一实证结果具有稳健性。此外，空间相关系数都显著为正，表明因变量之间以及误差项之间存在着显著的相关关系。

3. 心理资本调节效应的空间分析结果

表 5-15 报告了采用两种模型对心理资本的调节效应进行估计的结果。与 OLS 估计较为一致，以内部归因衡量心理资本的列（2）中，心理资本与人力资本的乘积项对区域创新的正向效应通过了显著性检验。相比 OLS 估计，即表 5-12 中的列（3），乘积项的估计系数提高了，从 0.662 提高至 0.698。这表明 OLS 估计对心理资本的调节效应有所低估。对数似然估计值的增大，也表明空间回归估计提高了模型的估计精度。采用对经济社会地位的自我评价衡量心理资本时，心理资本的调节效应在空间模型中依然没有得到验证。

表 5-15　心理资本对人力资本与创新的中介作用（空间截面模型）

因变量：每万人专利申请量的对数	空间误差模型				空间滞后模型			
	（1）	（2）	（3）	（4）	（5）	（6）	（7）	（8）
性别	2.387 （3.061）	1.585 （3.008）	2.398 （3.100）	2.012 （3.135）	2.242 （3.277）	1.601 （3.248）	2.715 （3.272）	2.752 （3.338）
年龄	0.006 （0.052）	0.040 （0.053）	0.004 （0.052）	-0.010 （0.056）	0.008 （0.056）	0.034 （0.057）	0.012 （0.056）	0.013 （0.059）
家庭收入的对数	0.140 （0.124）	0.174 （0.121）	0.160 （0.127）	0.171 （0.128）	0.192* （0.111）	0.197* （0.109）	0.174 （0.111）	0.172 （0.114）
对成功的内部归因	0.890 （0.805）	1.381* （0.817）	—	—	1.032 （0.818）	1.446* （0.836）	—	—
对经济社会地位的自我评价	—	—	0.524 （0.772）	0.334 （0.817）	—	—	1.056 （0.684）	1.067 （0.709）
平均教育年限	0.426*** （0.105）	0.432*** （0.102）	0.418*** （0.115）	0.444*** （0.120）	0.365*** （0.112）	0.365*** （0.110）	0.351*** （0.113）	0.350*** （0.115）
教育年限×内部归因	—	0.698** （0.316）	—	—	—	0.611* （0.332）	—	—
教育年限×自我评价	—	—	—	0.173 （0.255）	—	—	—	0.015 （0.255）

续表

因变量：每万人专利申请量的对数	空间误差模型				空间滞后模型			
	(1)	(2)	(3)	(4)	(5)	(6)	(7)	(8)
λ/ρ	0.514***	0.520***	0.480***	0.496***	0.407***	0.396***	0.368***	0.367***
Log L	-217.091	-214.714	-217.468	-217.239	-219.110	-217.436	-218.713	-218.712
观测值	104	104	104	104	104	104	104	104

注：系数估计中的***、**、*分别代表在1%、5%及10%的概率下的显著性水平。括号中报告的是回归系数的标准误差。

资料来源：CGSS2006。作者收集自各地市统计年鉴、统计公报的数据。

七、本章小结

运用空间计量分析方法，本章首先收集了我国125个地级市的区域创新数据，以空间地图展示了我国区域创新分布的特点。其次，采用空间统计指标检验了我国区域创新存在的空间相关关系之后，运用空间计量方法，对空间创新数据和来自CGSS的调查问卷数据进行回归分析，检验人力资本、心理资本对区域创新的影响。

在检验心理资本对区域创新的作用时，根据理论部分提出的实证假设，分别检验了心理资本对区域创新的直接作用模型，心理资本通过创新影响区域创新的中介效应模型，以及心理资本通过激励人力资本作用发挥影响创新的调节作用模型。

本章实证研究主要有以下几点发现：

第一，我国的区域创新活动呈现出明显的空间聚集效应。我国的创新密集地带主要在中心城市，如北京、上海以及东部沿海一带。中西部地区的创新活跃点主要是省会城市，其他地级市的创新活动相对较少，这与东部沿海地区形成鲜明的对比。相比区域创新的数量，以优秀专利发明人衡量的区域创新活动的质量空间差异相对缩小。在中西部省会城市，创新活动的质量较高。

第二，OLS估计和空间模型均发现人力资本对区域创新有显著正向影响。估计结果显示，地区从业人员的平均受教育年限每增加一年，每万人专利申请量就提高34.6%。以教育和在职培训这两个不同指标衡量人力资本，估计结果保持一致。其中，在职培训对创新的影响在空间模型估计结果中通过了显著性检验，而在 OLS 估计中则没有通过。这表明 OLS 模型低估了在职培训对区域创新的作用。

第三，心理资本影响区域创新的三个理论假设得到了验证。以两种不同指标衡量的心理资本对区域创新都有显著的正向影响。在心理资本影响创新的模型中加入人力资本变量时，心理资本的估计系数和显著性都下降了，表明人力资本中介了心理资本对区域创新的作用。心理资本通过影响人力资本投资贡献于创新的机制得到了验证。采用空间回归模型估计中介效应时，人力资本对心理资本和区域创新表现出完全的中介作用，与 OLS 中的部分中介作用不同。这表明 OLS 估计方法低估了人力资本的中介作用。此外，心理资本通过促进人力资本的作用发挥，从而调节人力资本与区域创新的机制也得到了部分验证。在采用“对成功内部的归因”衡量心理资本时，人力资本和心理资本的乘积项对创新的正向作用在 OLS 估计和空间模型中都得到了证实。

第六章
人力资本、心理资本和创新的省际面板证据

第五章采用地（市）一级的截面数据对人力资本、心理资本对区域创新的影响进行了验证，实证结果支持了第三部分提出的四个研究假设。本章将采用代理变量衡量心理资本，进行一次开拓性尝试，以利用省一级面板数据所提供的更为丰富的信息，提供进一步的实证证据，对第五章的估计结果进行补充。

本章既是对第五章理论假设的进一步检验，又是对第五章实证结果的补充。因此，实证模型与第五章中的模型基本一致。

一、区域心理资本的测量方法——代理变量

本章我们尝试采用代理变量衡量区域心理资本。心理资本是一个抽象概念，难以直接测量。管理学和心理学研究个体的心理因素时，主要采用心理测量法，以问卷的形式直接测量个体的主观心理、态度和意愿。除了量表之外，还有一种衡量方法无法直接测量变量，是寻找代表心理资本的代理变量。采用专利近似地衡量区域创新，以及采用从业人员的受教育程度衡量人力资本，本质上都是采用了代理变量衡量的方法。

已有不少研究采用基于结果的代理变量衡量难以观测的主观因素和心理因素。比如，Guiso 等（2004）首次采用献血率和选举参与率来衡量一个地区的社会资本，得到了学者们的广泛认可。他们论证了社会资本高的地区，人们具有更高程度的普遍信任（generalized trust），而信任（trust）高的地区，公民的义务献血比例高，公民对政治人物更有信心，参与选举的比例也越高。Heckman

等（2006）研究参与同等学历考试的辍学高中生与其他同龄人的收入差距时，采用违法和不良行为作为其非认知技能的代理指标，比如非法使用违禁药品、贩卖毒品、在学校打架、故意的破坏行为、偷窃、抢劫等。

本书尝试以态度和行为的结果变量衡量积极心理状态，尝试寻找区域层面心理资本的代理变量。

（一）衡量区域心理资本可能的代理变量

积极的心理因素，如乐观自信的态度、对个人价值和能力的正面判断、对自己能掌握事态发展的信念，以及应对挫折尽快回复的心理素质会影响到人们多方面的态度和行为。比如：乐观和对未来更有信心的地区可能有更高的居民信心指数和幸福感指数；更为乐观和热爱挑战的人进行更多的户外运动；坚韧性更强的人在应对灾难事件时有更积极的重建行为；乐观和对自己能力有更多信心的个体会有更积极的资本市场投资行为；等等。表 6-1 中总结了这些可能的代理变量。

1. 信心指数和幸福感指数

信心指数和幸福感指数也能较好地反映区域层面的集体信心和乐观的心理态度。幸福感是一种心理体验，既是对生活的客观条件和所处状态的一种事实判断，又是对生活的主观意义和满足程度的一种价值判断。区域层面的心理资本越高，表现出一个地区的信心指数和幸福感指数越高。

幸福指数最早由不丹国王提出，目前许多发达国家都创设了不同的幸福指数，通常包括对生产状况的满意度、对生活质量的满意度，以及涉及情感范畴的心态和情绪愉悦程度等。目前已有对幸福感指数的全球排名，中国在 2009 年度排名第 20 位①。我国目前还没有全国范围内具体到省一级的幸福指数。广东省在 2010 年首次发布了省内的幸福指数排名，其中广州排名第一、深圳排名第四②。武汉市 2010 年对居民进行了幸福指数的调查测评③。还有一些科研机构和企业对我国部分城市进行了调查研究，如首都经贸大学对北京常住居民的幸福感进行了问卷调

① 资料来源：英国“新经济基金”组织编制的 2009 年度《幸福星球报告》。

② 资料来源：网易新闻 . 珠三角城市广州幸福指数最高［EB/OL］.

③ 资料来源：武汉发布市民幸福感指数 平均得分 63 江岸最高［N］. 楚天金报 .

查，社会科学院关于2010年度294个城市的竞争力报告中所涉及的幸福感指数①，中宏保险公司对我国2009年35个城市居民发放调查问卷②。国家统计局计划在不久的将来推出幸福指数指标。

目前我国已有的幸福指数数据多数集中在一个地区，跨地区的数据主要在城市一级、为单独某年的调查问卷，并且完整数据都没有公开、难以获得。目前全国跨省的幸福指数数据仍然缺乏，因此在跨区域、跨时期的省级研究中，很少采用其作为衡量心理资本的指标。

信心指数是反映某类人群信心强弱的指标，综合量化该组人群对经济形势、经济前景、收入水平、收入预期的主观感受。常见的信心指数包括消费者信心指数、投资者信心指数、企业家信心指数、经济学家信心指数等。以消费者信心指数为例，消费者信心指数由消费者满意指数和消费者预期指数构成。国家统计局每月编制并发布一次我国的消费者信心指数，这些数据是通过采集多项经济指标（如产出、就业、收入、股票、存货、贷款等）并对其进行季节调整、加权合成等方法构建的。由于构建特点，我国这一指数是全国一级的数据，没有细化到不同地区。因而，在跨区域的研究中，很少采用信心指数这一指标衡量心理资本。

表6-1　研究过程中拟选择的心理资本代理变量

<table>
<tr><th></th><th>代理变量</th><th>衡量指标</th><th>相关心理要素</th></tr>
<tr><td rowspan="4">信心和幸福感</td><td rowspan="3">信心指数</td><td>消费者信心指数</td><td rowspan="4">信心、乐观、自尊</td></tr>
<tr><td>投资者信心指数</td></tr>
<tr><td>企业家信心指数</td></tr>
<tr><td>幸福感指数</td><td>居民幸福感指数</td></tr>
<tr><td rowspan="5">对生活地区的选择</td><td rowspan="2">人口回流</td><td>大学毕业生回到生源地工作的比率</td><td rowspan="5">信心、自我效能</td></tr>
<tr><td>户籍净增人口</td></tr>
<tr><td rowspan="3">人口外流</td><td>移民人数</td></tr>
<tr><td>外出务工人员数</td></tr>
<tr><td>人口净流出</td></tr>
</table>

① 资料来源：人民网．全国城市居民幸福感调查结果公布　滨州排名第五［EB/OL］.
② 资料来源：中国新闻网．中国最发达地区幸福指数最低［EB/OL］.

续表

<table>
<tr><th></th><th>代理变量</th><th>衡量指标</th><th>相关心理要素</th></tr>
<tr><td rowspan="2">特定休闲活动</td><td rowspan="2">户外运动</td><td>参与户外运动次数</td><td rowspan="2">乐观、坚韧性</td></tr>
<tr><td>户外俱乐部会员人数</td></tr>
<tr><td rowspan="3">积极的投资行为</td><td rowspan="2">资本市场投资行为</td><td>股票市场交易频率</td><td rowspan="3">乐观、自我效能、控制点</td></tr>
<tr><td>股票市场开户</td></tr>
<tr><td>储蓄率</td><td>储蓄占收入比重</td></tr>
<tr><td rowspan="2">对抗逆境</td><td>残疾人参与工作</td><td>残疾人职工数占残疾人总数比重</td><td rowspan="2">乐观、希望、坚韧性、自我效能</td></tr>
<tr><td>自然灾害的灾后重建</td><td>灾害损失金额（或灾害级别）/未来三年 GDP 增速</td></tr>
<tr><td rowspan="4">心理健康</td><td>心理咨询</td><td>心理咨询人数</td><td rowspan="4">乐观、内控点、自我效能、</td></tr>
<tr><td>心理干预情况</td><td>心理干预的从业人数</td></tr>
<tr><td>自杀行为</td><td>万人自杀率</td></tr>
<tr><td>酗酒</td><td>—</td></tr>
<tr><td rowspan="2">不良行为</td><td>犯罪行为</td><td>—</td><td rowspan="2">希望、内控点</td></tr>
<tr><td>偷窃、抢劫案件数</td><td>—</td></tr>
</table>

2. 大学生毕业回流

人员从一个地区向外流动可能是为了寻求更好的学习环境和就业机会，以获得更高的人力资本积累或更高的收入，而外流人员的回流则在一定程度上反映出流出人员对家乡地发展前景的信心和积极预期。大学生作为人力资本更高的劳动力群体，其就业的选择范围更宽。大学生毕业选择回流生源地就业不仅能反映出他们个人对该地区未来发展的信心，也反映了其家庭成员及相关人群对该地区发展的信心。因而，大学生毕业回流可以考虑作为一个地区心理资本的近似估计。

目前我国大学毕业生流动的公开数据比较缺乏。教育部统计了 2004~2008 年全国高校毕业生的总体就业流动情况。北京大学教育学院在 2009 年对全国 14 个省份的 28 所高校进行调查，收集了 21753 份数据，里面包含了从家乡到院校的流动和从院校到就业地的流动。这两份数据目前仍未公开，较难获得。另一个调查研究机构麦可思追踪大学生就业的调查数据，目前从报告中可获得 2006 年的跨省毕业生流动数据。在研究过程中，我们发现了大学生回流与省级专利申请量间的正相关关系。但由于 2006 年以后年份的数据较难获得，难以进行面板分析，故本书也没有采用这一指标衡量心理资本的实证结果。

3. 户外活动

户外运动如远足、登山、露营、自驾活动被认为是热爱自然、挑战自我的活动。责任、探索、乐观等是户外精神的组成部分。在户外活动的过程中，个人时常身处恶劣的环境、遭遇困难，以自信、坚韧和乐观的心态面对困难、迎接挑战是户外活动的乐趣所在。参与户外运动，在一定程度上可以反映个体的积极心理。但目前对全国范围分区户外运动的情况没有专门的统计，而且研究设计的指标（如参与户外运动的人数，或是一个地区户外俱乐部的数量）都缺乏数据。

4. 积极的投资行为

对财富的态度与个人主观心理有很大的关联。选择多大风险的投资工具管理财富除了与个人偏好有关，还与个人对自己投资能力的判断、投资收益的预期等有关。行为金融学家 Alpert 和 Raiffa（1982）论证到，那些对自己的能力有更大的信心以及更倾向于将成功归因于自己的才能和努力的金融市场投资者会表现出更为积极的投资行为。以积极的投资行为作为衡量心理资本的指标，一方面，理论基础相对坚实，另一方面，由于资本市场的数据相对丰富和透明，区域一级多年的面板数据更易获得。在后面部分，我们还将对这一指标进行更详细的分析。

5. 对抗不幸经历

个体或群体在逆境中表现出的坚韧不拔的行为也在很大程度上与心理态度有关。个人对于已经发生的不幸事件所表现出的积极行为，比如残障人士仍积极参与工作，可以反映出这部分人群的乐观、希望和坚韧性。然而一个地区对抗逆境的行为，则可以反映出该地区人们的集体心理资本。一个地区遇到的最典型的不幸事件就是自然灾害的破坏，人们在面对自然灾害时所表现出的一系列积极乐观的行为，比如汶川地震后受灾地区的重建过程，就体现出了积极心理因素的重要性。但以应对不幸事件的行为衡量心理资本的问题在于，不幸事件不是常规事件，具有偶然性，发生在特定个体或特定子区域，不能很好地反映整个地区的心理资本。

6. 心理健康与不良行为

以个体心理健康程度代表心理资本是更为直接的衡量方法。心理资本较高、心态更为积极的个体，心理更为健康，表现为更少的心理咨询和心理干预行为。同时，缺乏积极的心理特征可能导致极端的心理疾病和行为，如酗酒、自杀，在一个地区发生的概率更高。

心理因素除了影响个体对自己做出负面行为之外，还可能导致个体对他人做出不良行为。比如，当个体丧失了对未来生活的希望或对通过自己的能力获取财富不再具有信心时，更有可能通过违法的手段获得财富，比如偷窃和抢劫。Heckman 等（2006）认为，辍学高中生的成长背景所造就的心理、态度、性格等会导致其做出不良行为的概率高于其他同龄人。

与心理健康及行为有关的部分指标可以从现有的统计年鉴数据中获得，比如心理干预的从业人员数和每万人自杀率。但对于是否应该采用负面行为衡量积极心理因素的影响仍有待进一步讨论。因此本书没有采用这类指标衡量心理资本。

综合以上讨论可以看出：心理因素影响的行为较多，但部分行为与心理因素的关系还只是一种直观感觉，缺少相应的理论基础；多数行为态度指标所需的统计数据难以符合研究要求；此外，以负面的行为衡量积极心理资本也可能存在争议。

通过对各项指标进行资料检索和数据挖掘，综合考虑理论依据和数据可得性，我们选择了积极的股票市场投资行为作为衡量我国区域一级心理资本的代理变量。

（二）心理资本与积极投资行为的关系

心理预期在投资决策中的重要性早在 1936 年凯恩斯的著作中就有所论述。他指出，人们的投资决策受到投资者心理预期的重要影响。学者们观察到资本投资市场大量的异常（anomalies）现象，无法由建立在理性人假设下的股票市场有效理论所解释，于是开始从心理、行为、情绪的角度研究资本市场，逐渐形成了行为金融学派。行为金融学理论的重要内容就是将个体个性、心理应用到对金融交易主体决策过程和主体交易行为的解释中。

心理因素对股票市场交易活跃度的影响得到了实证的支持。Alpert 和 Raiffa（1982）的研究表明，自信心会使投资者认为自己对规律的把握更胜于其他人，从而承担更大的风险。Odean（1998）的研究讨论了多种心理特征会影响人们在股票市场上的行为，包括人们对自己更高的正面评价、对自己的能力和前景有更好的预测、认为好的事件更有可能发生在自己身上等。Benos（1998）研究了过度乐观或过度自信的投资者，即那些认为自己能够更好地处理信息以在股票市场上获利的投资者会有更频繁的交易次数。Odean（1999）采用实证数据检验了理论模型，他指出，对自己的投资能力更有信心的人更倾向于成为交易员或开设个人股票账户并积极交易。Daniel 等（2002）研究表明，投资者将成功不是归结于运气而是归结于自己能力的内部归因，会促进个体的股票投资行为，放大股票市场的成交量，提高市场深度。

我国学者也注意到了心理特征对我国资本市场的影响。山立威（2011）研究了汶川地震中导致的投资者负面心理（如焦虑和恐惧）对我国资本市场造成的影响，发现在震后 12 个月内，距离地震中心一定范围以内的股票收益率显著为负，而一定距离以外这种负向作用不再显著。这一现象在地震之前并不存在。心理因素对我国投资者行为的影响得到了验证。此外，还有许多学者研究了负面心理特征对投资者行为和资产收益率的影响（许年行等，2011；林树等，2006；吴世农、吴育辉，2003）。郭杰和洪洁瑛（2009）探讨了过度自信和内部归因对分析师判断上市企业未来盈余有效性的影响。王垒等（2003）研究了我国证券投资者的心理特征，发现投资者具备越高的独立性和自我效能，盈利的可能性就越大。

总的来看，以上的研究结果都认为在股票市场上频繁交易的人比普通的人更加有自信，股票市场上交易的活跃程度与积极的心理因素相关。

（三）股票市场开户数作为心理资本的衡量指标的合理性

行为金融学的研究提供了丰富的实证证据表明积极的个体心理特征与股票市场交易行为密切相关。采用股票市场交易活动衡量心理资本至少具有以下几个合理性：首先，参与资本市场投资的个体对个人的投资技巧、信息收集能力等更有自信，表现为自我效能或自尊较高。其次，选择投资股票市场而非其他更稳健的投资渠道的人，更倾向于相信收益来自于个人的内在因素，如聪明、知识、信息掌握，而非由命运或者不可控的因素决定，也就是说内控型人更容易投资于股票市场。最后，对自己在股票市场中投资获利的乐观预期会促使投资者参与股票市场，因此，更为乐观的人更容易投资股票市场。

我们考虑了三个衡量股票交易活跃程度的指标：一定时期内投资者的交易次数、证券公司的交易佣金以及股票开户人数。这三个指标都可以反映出投资者的交易活动情况，其中交易次数和交易佣金能够更为精确地估计投资者交易的频繁程度。但由于证券公司目前没有披露这两项数据的义务，在现有的金融数据库如国泰安 CSMar 和万德咨询金融数据库中，这两项指标分解至省一级的数据较难获得。因此，我们采用投资者在资本市场的开户数作为对投资者交易行为的近似估计。

值得说明的是，受限于数据的可获得性，采用投资者在资本市场的投资行为作为心理资本的代理变量是一种较为粗糙的处理方式。尤其是在我国证券市场上的投资行为投机性过强的情况下，积极投资行为背后的心理特征与技术创新过程中的心理特征可能存在一定差异。我们采用这一指标，是对采用代理变量衡量心理资本进行的一次开拓性尝试，希望可以利用省一级的面板数据，对截面的全国性调查问卷数据的估计结果进行补充。

二、分析方法：空间面板模型

面板数据模型可以运用更充分的信息，从而提供更精确的估计。空间面板数据的研究拓展有两个思路：一是考虑空间特殊效应（spatial specific effects）；二是考虑空间交互效应（spatial interaction effects），即将空间滞后效应和空间误差效应纳入模型。

对于第一种思路，固定效应模型是为每一个空间单位引入一个虚拟变量，随机效应模型是将个体效应 μ_i 看作随机变量，独立并服从均值为零，方差为 σ_μ^2 的分布，并且与 ε_{it} 互相独立。面板模型也可以使用最大似然估计法和工具变量估计法。如前文所述，这两种方法各有其优缺点。Franzese Jr 和 Hays（2007）对比了用两种方法估计面板空间滞后模型的效率和无偏性。他们发现最大似然估计的有效性略微占优，而稳定性则普遍优于工具变量估计。现有的空间计量理论文献中，Kapoor 等（2007）讨论了采用工具变量估计法估计面板模型的思路。

第二种思路中，变量间的空间滞后关系或误差项间的空间自相关关系被纳入模型。这种做法建立在两个假设前提下，一是空间加权矩阵不随时间变化，二是面板数据是均衡的（balanced），即没有缺失数据。根据不同的空间相关关系和面板模型设定，共有四个主要的模型：固定效应空间滞后模型、固定效应空间误差模型、随机效应空间滞后模型、随机效应空间误差模型。

（一）固定效应空间滞后模型

面板数据的空间模型根据误差成分 ε 分解的不同可以分为固定效应和随机

效应，Elhorst（2003）讨论了空间固定效应模型。模型形式如下：

$$y_{it} = \rho \sum_{j=1}^{N} W_{ij} y_{jt} + X_{it}\beta + \mu_i + \varepsilon_{it}$$

其中，ρ 是空间自回归系数，W_{ij} 是空间加权矩阵中的元素。假设空间特殊效应固定不变，建立对数似然估计方程：

$$\ln L = -\frac{NT}{2}\ln(2\pi\sigma^2) + T\ln|I_n - \rho W| - \frac{1}{2\sigma^2}\sum_{i=1}^{N}\sum_{t=1}^{T}\left[y_{it} - \rho\sum_{j=1}^{N} W_{ij}y_{jt} - X_{it}\beta - \mu_i\right]^2$$

对上式中 μ_i 取偏导，解最大化方程，得到：

$$\mu_i = \frac{1}{T}\sum_{t=1}^{T}\left[y_{it} - \rho\sum_{j=1}^{N} W_{ij}y_{jt} - X_{it}\beta\right]$$

其中，$i = 1，\cdots，N$。采用去平均化（demeaning）的方法消除固定效应。

$$y_{it}^{*} = y_{it} - \frac{1}{T}\sum_{t=1}^{T} y_{it}$$

$$X_{it}^{*} = X_{it} - \frac{1}{T}\sum_{t=1}^{T} X_{it}$$

将 y_{it} 和 y_{it}^{*}、X_{it}^{*} 代入对数似然方程，移项处理得到中心化的对数似然方程：

$$\ln L = -\frac{NT}{2}\ln(2\pi\sigma^2) + T\ln|I_N - \rho W| - \frac{1}{2\sigma^2}\sum_{i=1}^{N}\sum_{t=1}^{T}\left[y_{it}^{*} - \rho(\sum_{j=1}^{N} W_{ij}y_{jt})^{*} - X_{it}^{*}\beta\right]^2$$

Anselin 和 Hudak（1992）提出估计截面空间之后，模型的极大似然估计法可以推广至面板模型的估计。

第一步，将观察值看作时期 1 至 T 的连续截面，从而得到 NT 乘以 1 阶的向量 y^{*} 和 $(I_T \otimes W)\ y^{*}$，以及 NT 乘 K 阶向量 X^{*}。

第二步，以 b_0，b_1 分别代表 y^{*} 和 $(I_T \otimes W)y^{*}$ 对 X^{*} 的 OLS 估计系数，e_0^{*} 和 e_1^{*} 分别为对应的残差。对中心化的对数似然方程最大化，可得到 ρ 的 ML 估计量：

$$\ln L = C - \frac{NT}{2}\ln[(e_0^{*} - \rho e_1^{*})^T(e_0^{*} - \rho e_1^{*})] + T\ln|I_N - \rho W|$$

其中 C 是不依赖 ρ 的固定值。由于中心化的对数似然方程对 ρ 是凹的，可得到唯一的解。

第三步，根据 ρ 的估计值，计算 β 和 σ^2 的估计值：

$$\hat{\beta} = b_0 - \rho b_1 = (X^{*T}X^{*})^{-1}X^{*T}[y^{*} - \rho(I_T \otimes W)y^{*}]$$

$$\hat{\sigma}^2 = \frac{1}{NT}(e_0^{*} - \rho e_1^{*})^T(e_0^{*} - \rho e_1^{*})$$

第四步，可以利用 Elhorst 和 Fréret（2009）导出的系数渐进方差矩阵（asymptotic variance matrix）来计算统计推断所需的标准误差。

（二）固定效应空间误差模型

固定效应空间误差模型构造如下：

$$y_{it} = X_{it}\beta + \mu_i + \phi_{it}$$

$$\phi_{it} = \lambda \sum_{j=1}^{N} W_{ij}\phi_{jt} + \varepsilon_{it}$$

同样的思路，可以将空间误差的截面模型拓展到面板模型。对数似然方程为：

$$\ln L = -\frac{NT}{2}\ln(2\pi\sigma^2) + T\ln|I_n - \lambda W|$$

$$-\frac{1}{2\sigma^2}\sum_{i=1}^{N}\sum_{t=1}^{T}\left\{y_{it}^* - \lambda[\sum_{j=1}^{N} W_{ij}y_{jt}]^* - \left[X_{it}^* - \lambda\left(\sum_{j=1}^{N} W_{ij}X_{jt}\right)^*\right]\beta\right\}^2$$

给定 λ，求解一阶最大化条件可以得到 β 和 σ^2 的估计值。

$$\hat{\beta} = \{[X^* - \lambda(I_T \otimes W)X^*]^T[X^* - \lambda(I_T \otimes W)X^*]\}^{-1}$$
$$[X^* - \lambda(I_T \otimes W)X^*]^T[y^* - \lambda(I_T \otimes W)y^*]$$

$$\hat{\beta} = \{[X^* - \lambda(I_T \otimes W)X^*]^T[X^* - \lambda(I_T \otimes W)X^*]\}^{-1}$$
$$[X^* - \lambda(I_T \otimes W)X^*]^T[y^* - \lambda(I_T \otimes W)y^*]$$

$$\hat{\sigma^2} = \frac{e(\lambda)^T e(\lambda)}{NT}$$

其中，$e(\lambda) = y^* - \lambda(I_T \otimes W)y^* - [X^* - \lambda(I_T \otimes W)X^*]\beta$。

λ 中心化的对数似然方程为 $\ln L = -\frac{NT}{2}\ln\left[e(\lambda)^T e(\lambda)\right] + T\ln|I_N - \lambda W|$，最大化该方程可得 λ 的 ML 估计值。

（三）随机效应空间滞后模型

根据 Breusch（1987）的两阶段迭代估计可以得到随机效应模型的最大似然估计值。当假设空间滞后模型的空间效应为随机的，对数似然方程变为：

$$\ln L = -\frac{NT}{2}\ln(2\pi\sigma^2) + T\ln|I_n - \rho W| -$$

$$\frac{1}{2\sigma^2}\sum_{i=1}^{N}\sum_{t=1}^{T}\left[y_{it}^{\bullet}-\rho\left(\sum_{j=1}^{N}W_{ij}y_{jt}\right)^{\bullet}-X_{it}^{\bullet}\beta\right]^2$$

其中，$y_{it}^{\bullet}=y_{it}-(1-\theta)\frac{1}{T}\sum_{t=1}^{T}y_{it}$，$X_{it}^{\bullet}=X_{it}-(1-\theta)\frac{1}{T}\sum_{t=1}^{T}X_{it}$，$\theta$ 是与每个截面部分相关的权重（theta denotes the weight attached to the corss-sectional component of the data），$0\leqslant\theta=\sigma^2/(T\sigma_{\mu}^2+\sigma^2)\leqslant 1$，当 θ 为 0 时，对数似然方程与固定效应的对数似然方程一致，这也说明，可以用估计固定效应模型的估计方法估计随机效应模型的 β，σ^2 和 ρ。

(四) 随机效应空间误差模型

Anselin（1988）、Elhorst（2003）建立的随机空间效应模型的对数似然函数如下：

$$\ln L=-\frac{NT}{2}\ln(2\pi\sigma^2)-\frac{1}{2}\ln|V|+(T-1)\sum_{i=1}^{N}\ln|B|$$
$$-\frac{1}{2\sigma^2}e^T\left(\frac{1}{T}\tau_T\tau_T^T\otimes V^{-1}\right)e-\frac{1}{2\sigma^2}e^T\left(I_T-\frac{1}{T}\tau_T\tau_T^T\right)\otimes(B^TB)e$$

其中，$V=T\varphi I_N+(B^TB)^{-1}$，$\varphi=\frac{\sigma_{\mu}^2}{\sigma^2}B=I_N-\lambda W$，$e=y-X\beta$。由于无法计算出 $\ln|V|$，同时对矩阵 V 的逆矩阵没有一个简单的数学表达式，因此，整个估计过程变得十分困难。Elhorst（2003）提出，将 $\ln|V|$ 写成空间矩阵 W 特征根的方程 $\ln|V|=\ln|T\varphi I_N+(B^TB)^{-1}|=\sum_{i=1}^{N}\ln\left[T\varphi+\frac{1}{(1-\lambda\omega_i)^2}\right]$，并提出了如下的变形式：

$$y_{it}^{o}=y_{it}-\lambda\sum_{j=1}^{N}W_{ij}y_{jt}+\sum_{j=1}^{N}\left\{[p_{ij}-(1-\rho W_{ij})]\frac{1}{T}\sum_{i=1}^{T}y_{jt}\right\}$$

其中，p_{ij} 是 $N\times N$ 阶矩阵 P 的元素，$P^TP=V^{-1}$。对 X_{it} 也一样。在一定的限定条件下①，可将对数似然方程简化为：

$$\ln L=-\frac{NT}{2}\ln(2\pi\sigma^2)-\frac{1}{2}\sum_{i=1}^{N}\ln[1+T\phi(1-\lambda\omega_i)^2]+T\sum_{i=1}^{N}\ln(1-\lambda\omega_i)-\frac{1}{2\sigma^2}e^{oT}e^{o}$$

---

① 当 N 过大时，P 的数据式会存在问题，但当时期值合理，N 取值最大达 4000 时都是可行的（Hunneman et al.，2007）

其中，$e^o = y^o - X^o\beta$。则最大化一阶条件可解出 β 和 σ^2 的估计值 $\hat{\beta} = (X^{oT}X^o)^{-1}X^{oT}y^o$，$\hat{\sigma}^2 = (y^o - X^o\lambda)^T(y^o - X^o\beta)/NT$，将 $\hat{\beta}$ 和 $\hat{\sigma}^2$ 代入对数似然方程，可得到 λ 和 φ 的中心化对数似然方程。此后，同时对 β 和 σ^2，以及 λ 和 φ 迭代，直至收敛。给定 λ 和 φ，可以通过对 y^o 和 X^o 进行回归，得到 β 和 σ^2 的估计值；通过数值方法，可以计算出给定 β 和 σ^2 时，λ 和 φ 的估计值。

随机效应模型和固定效应模型的选择非常重要。随机效应模型可以避免固定效应模型损失自由度的问题，同时，固定效应模型无法估计不随时间变化变量（time-invariant variable）的系数的问题也可以由随机效应模型解决。然而，随机效应模型在空间分析中是否是个合理的模型仍存在争议（Elhorst，2010）。这是由于，在随机效应模型中，观测单位应该能够代表总体，但空间单位是固定的，并非抽样而得出，因此被认为无法代表更大的总体（Beck，2001；Anselin，1988）。此外，随机效应模型中残差项不相关的传统假设对于空间分析也过于严格。

Baltagi（2005）指出，可以通过豪斯曼检验（Hausman's test）从统计上检验何种模型更优。检验假设为：H_0：$h = 0$，其中 $h = d^T[Var(d)]^{-1}d$，$d = \hat{\beta}_{FE} - \hat{\beta}_{RE}$，$Var(d) = \hat{\sigma}^2_{RE}(X^{\bullet T}X^{\bullet})^{-1} - \hat{\sigma}^2_{FE}(X^{\bullet T}X^{\bullet})^{-1}$。

（五）空间动态面板模型

对空间动态面板模型的研究，是更为前沿的方法研究。本书主要介绍模型的构造，估计动态空间面板模型的方法主要采用拟最大似然估计（quasi maximum likelihood estimation）（Yu et al.，2008；Su and Yang，2007）或采用马尔科夫蒙特卡洛法（MCMC）模拟的贝叶斯估计（Parent and LeSage，2010），具体的估计方法就不再在这里展开。

1. 空间误差的动态面板模型

Su 和 Yang（2007）、Parent 和 LeSage（2010）构建了将空间自相关关系考虑在误差项中的动态面板模型。

$$y_{it} = \rho y_{i,t-1} + x'_{it}\beta + z'_i\gamma + \phi_{it}$$

其中，$i = 1,\cdots,n$，$t = 1,\cdots,T$，标量的系数 ρ 代表了动态效应，满足 $|\rho|<1$。x_{it} 是一个 $p \times 1$ 的向量，表示随时间变化的外生变量。z_i 是 $q \times 1$ 的向量，表示不随时间变化的外生变量，如常量或一些人口特征。误差项 $\phi_t = (\phi_{1t}, \cdots, \phi_{nt})'$ 代表了不可观测效应，包括了观测值的个体效应和空间自相关关系，例如不可观测

效应可以构造成如下形式：

$$\phi_t = \mu + \varepsilon_t$$

$$\varepsilon_t = \lambda W \varepsilon_t + \upsilon_t$$

其中，$\mu_t = (\mu_{1t}, \cdots, \mu_{nt})'$，$\varepsilon_t = (\varepsilon_{1t}, \cdots, \varepsilon_{nt})'$，$\upsilon_t = (\upsilon_{1t}, \cdots, \upsilon_{nt})'$。

μ 代表不可观测的个体效应，可以是随机效应或者是固定效应；ε_t 代表空间相关的残差项；υ_t 表示随机扰动项，通常假设服从均值为 0，方差为 σ_υ^2 的独立同分布。如果 μ 假设为随机效应，则服从（0，σ_μ^2）的独立同分布，并且与 υ_t 独立。如果假设 μ 为固定效应，则回归模型中不能包含不随时间变化的自变量，这是因为能够观测到和不能观测到的个体效应间存在多重共线性问题。和其他空间模型一样，λ 是空间自回归系数，W 是空间加权矩阵。

2. 空间滞后的动态面板模型

Yu 等（2008）建立了空间滞后的动态面板模型，考虑了时间和空间的依赖关系以及反映样本点间的空间关系的滞后一个时期的滞后项，具体表示如下：

$$y_{it} = \rho y_{i,t-1} + \gamma W y_{it} + \theta W y_{it-1} + x'_{it}\beta + \phi_{it}$$

$$\phi_t = \mu + \varepsilon_t$$

同样地，此时 ϕ_t 和 ε_t 表示向量。ε_t 服从均值为 0，方差为 σ_t^2 的独立同分布。Parent 和 LeSage（2010）指出，在空间滞后的动态面板模型中，对于初期观测值间的空间溢出效应的处理显得尤为重要。Lesage（2009）建议将第一期的截面处理为非条件的，并且假设进入样本的观测值和进入样本前的取值由同一个过程产生。

三、本章数据与变量

（一）主要变量

1. 区域创新

专利申请量和专利授权量是衡量区域创新的常见指标。其中，发明专利的申请量和授权量能够更好地代表原创性、革新性的创新活动。在第五章中，由于地市一级的发明专利申请量数据难以获得，所以采用三项专利总申请量衡量区域创新。在省一级的研究中，衡量区域创新的指标相对健全，数据更为丰富，包括发明专利申请量、三项专利总申请量、专利总授权量以及 R&D 研发费用等。考虑到专利审批量具有时间上的滞后性，发明专利申请量对原创性的、自主性的创新有更好的代表性，统计年鉴在 2003 年以后不再报告 R&D 投入，因此本章的实证分析主要采用发明专利申请量作为衡量创新的指标。我们收集了我国 31 个省、直辖市 1997~2009 年的截面数据进行分析。

2. 人力资本

由第三章的讨论可知，以从业人员教育水平和受教育年限衡量的人力资本在近年来的研究中被广泛采用，Chi（2008）在研究我国人力资本与经济增长的关系时指出，使用员工的受教育程度衡量我国的人力资本误差更小。在省一级的数据中，能够获得面板数据的人力资本指标主要有两类：一类是初、中、高等教育水平的从业人员占总从业人员的比重，另一类是从业人员的平均受教育年限。这两类指标更能反映一个地区真正的人力资本水平，而不需受制于各地区高等院校数量这一由历史原因影响的变量。基于三类教育水平的从业人员占比的数据，本书计算出了从业人员的平均受教育年限。

3. 心理资本

调查问卷法和代理变量法是衡量心理资本的两种方法。第五章地（市）一级的研究中，我们采用了《中国综合社会调查》中涉及控制点和自尊的问卷问题衡量心理资本。为采用省一级的面板数据对本书的假设进行进一步检验，本章以省一级的代理变量衡量心理资本。

以代理变量衡量不易统计的行为、心理和态度是在研究过程中常用的方法。Guiso 等（2004）采用献血率和选举参与率衡量社会资本，Heckman 等（2006）采用青少年的违法和不良行为作为其非认知技能的代理指标。

在前边我们讨论了在我们研究过程中曾尝试采用的多种代理指标，包括信心指数和幸福感指数、大学毕业生回流、户外运动参与人数、积极的投资行为、残疾人参与工作人数占比、自然灾害的灾后重建活动、心理咨询和干预指标、负面行为如自杀和酗酒以及其他违法不良行为等。这些指标都在一定程度上受到心理因素的影响。

这些代理变量在衡量心理资本和数据可获得性方面都存在一定的困难和不足：一些变量所表示的行为与心理因素的关系还停留在直观感觉上，缺少相应的理论基础，如户外运动人数、灾后重建、残疾人参与工作的比例；一些衡量指标所需的统计数据难以符合跨省跨时期的面板数据要求，比如信心指数和幸福感指数、大学生回流、心理咨询和干预指标等；此外，以负面的行为衡量积极心理资本也可能存在争议。

经过文献检索和数据挖掘，综合考虑代理变量的理论依据和数据可获得性，我们选择了积极的投资行为作为衡量我国区域一级心理资本的代理变量。

心理因素对股票市场投资活动交易活跃度的影响得到了国内外理论和实证研究的支持（Alpert and Raiffa，1982；Odean，1998）。这些研究表明，具有更积极心理特征的投资者，即那些对自己的能力更为自信，以及将成功更多地归因于内在原因的投资者，更容易进行积极的股票操作，股票市场上交易的活跃程度与积极的心理因素相关。

在股票市场上积极交易的人比普通的人心理资本更高，这主要是因为：首先，参与资本市场投资的个体对个人的投资技巧、信息收集能力等更有自信，表现为自我效能或自尊较高。其次，选择投资股票市场而非其他更稳健的投资渠道的人，更倾向于相信收益来自于个人的内在因素，如聪明、知识、信息掌握，而非由命运或者不可控的经济情况决定，也就是说内控型人更容易投资于股票市场。最后，对自己在股票市场中投资获利的乐观预期会促使投资者参与股票市场，因此，更为乐观的人更容易投资股票市场。

我们考虑了三个衡量股票交易活跃程度的指标：一定时期内投资者的交易次数、证券公司的交易佣金、股票开户人数。这三个指标都可以反映出投资者的交易活动情况，其中交易次数和交易佣金能够更为精确地估计投资者交易的频繁程度。但由于证券公司目前没有披露这两项数据的义务，在现有的金融数据库如国泰安 CSMar 和万德咨询金融数据库中，这两项指标分解至省一级的数据较难获得。因此，我们采用投资者在资本市场的开户数作为对投资者交易行为的粗略估计。

值得说明的是，受限于数据的可获得性，采用投资者在资本市场的投资行为作为心理资本的代理变量是一种较为粗糙的处理方式。尤其是在我国证券市场上的投资行为投机性过强的情况下，积极投资行为背后的心理特征与技术创新过程中的心理特征可能存在一定差异。本章的实证是对采用代理变量衡量心理资本进行的一次开拓性尝试，并利用省一级的面板数据，对第五章的估计结果进行补充。

（二）数据来源

本部分实证分析使用了省级公开面板数据，数据来源于《中国统计年鉴》（1998~2010）、《中国劳动统计年鉴》（1998~2010）、《中国价格及城镇居民家庭收支调查统计年鉴》（1998~2005）、《中国城市（镇）生活与价格年鉴》（2006~2010）以及《深圳证券交易所市场统计年鉴》（1998~2010）。本书选择 1997 年后作为考察时期主要是因为：首先，1997 年以后，重庆成为直辖市，其统计数据从四川省当中独立出来，其后我国一直为 31 个省级行政区划单位；其次，衡量人力资本的主要指标，即从业人员受教育程度，自 1996 年开始才报告在《中国劳动统计年鉴》中。综合考虑数据的可获得性以及空间分析对地理观测值的数目的一致性要求，我们没有将 1997 年以前的数据纳入实证分析。

空间计量模型（SLM、SEM）和空间面板模型都需要一个表征空间特征的空间加权矩阵。本书使用了两种标准的空间加权矩阵（Spatial Weighted Matrixes）：一个是临近标准，即用两个省域共享的地理边界作为空间相关的标志；另一个是距离标准，即使用各省的行政中心的经纬度来定义相邻两省的直线距离，从而考察它们的空间紧密程度。后一标准中的经纬度数据来自于国家基础地理信息系统。

（三）主要变量统计描述

表 6-2 对本章实证分析中涉及的主要变量进行了统计描述，分别报告了主要变量的定义、单位、样本量及均值、标准差、最小值和最大值，主要变量包括：人均专利数，从业人员受初、中、高等教育的比重，平均受教育年限，股票个人开户数，固定资产投资，从业人员总数，家庭现金持有量，国内生产总值等。值得说明的是，股票个人开户数在这里作为心理资本的代理变量，其绝对值不是本书关注的重点。我们侧重使用地区间股票个人开户数的差异来反映不同地区间心理资本的差异。

表 6-2　主要变量的定义和统计描述（1997~2009 年）

	变量定义	样本数	均值	标准差	最小值	最大值
人均专利数	每万人发明专利申请量（件）	403	0. 76	1. 87	0. 0078	16. 75
高等教育	接受高等教育的从业人员占总从业人员的比重（%）	372	7. 13	5. 69	0. 01	35. 90
中等教育	接受中等教育的从业人员占总从业人员的比重（%）	372	54. 16	13. 21	3. 10	72. 97
初等教育	接受初等教育的从业人员占总从业人员的比重（%）	372	38. 71	16. 42	6. 61	96. 40
平均受教育年限	劳动者平均受教育年限（年）	372	11. 12	0. 67	9. 12	13. 18
股票个人开户数	深圳股票交易所 A 股个人开户数（户）	398	1311579	2087827	8247	20800000
固定资产投资	固定资产投资（百万元）	403	2561. 67	2995. 47	34. 50	19034. 50
从业人员总数	从业人员总人数（万人）	403	2145. 96	1484. 79	118. 40	5948. 80
家庭现金持有量	期初家庭现金持有量（元/人）	401	560. 17	440. 05	84. 58	3428. 44
GDP	国内生产总值（百万元）	403	5492. 76	5848. 20	76. 98	39482. 56

四、创新的省级区域分布

（一）创新分布的省级空间地图

采用空间地图可以直观地展示经济变量在地域间的分布。与第五章绘制的地市一级的创新分布空间地图不同，本章绘制了我国省一级的 31 个行政单位自 1997 年到 2009 年创新活动的空间分布及变化图（见图 6-1）。衡量创新活动的指标为各个省每万人发明专利申请量。每万人发明专利申请量被平均分为五个等级，位于最低 20 分位的省份组成了第一等级，位于最高 20 分位的省份组成了第五等级。地图中，由浅至深的五种颜色分别代表了第一等级到第五等级的每万人发明专利申请数。

图 6-1 显示，从 1997 年到 2009 年，全国范围内的创新活动都有了大幅度增加。1997 年，处于第五等级的省市每万人发明专利申请数为 0.01~0.07，第一等级的每万人发明专利申请数为 0.11~1.35。到了 2009 年，这两个范围提高到 0.24~0.52 和 3.35~16.71，说明在创新活动最密集的省份，每万人申请的发明专利提高至 16.71 件，即使是在创新活动相对缺乏的地区，发明专利申请量也比 1997 年明显提高。

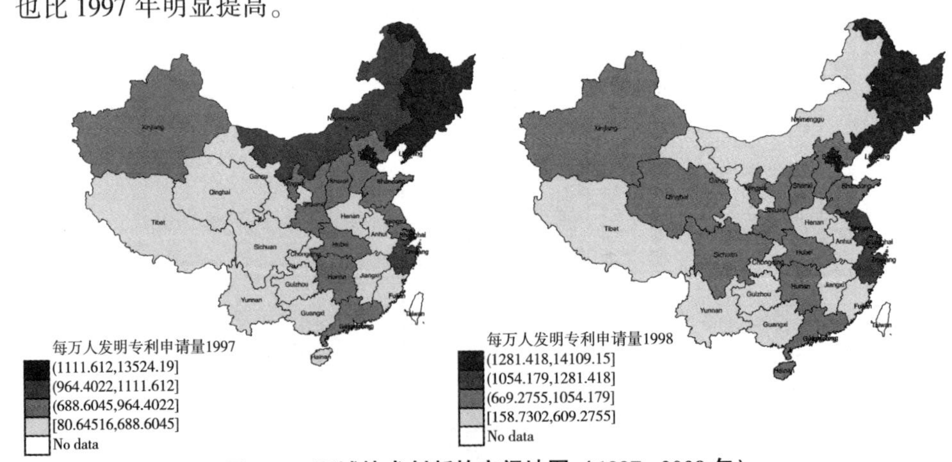

图 6-1　区域技术创新的空间地图（1997~2009 年）

地图来源：根据国家地理信息系统数据绘制而成。

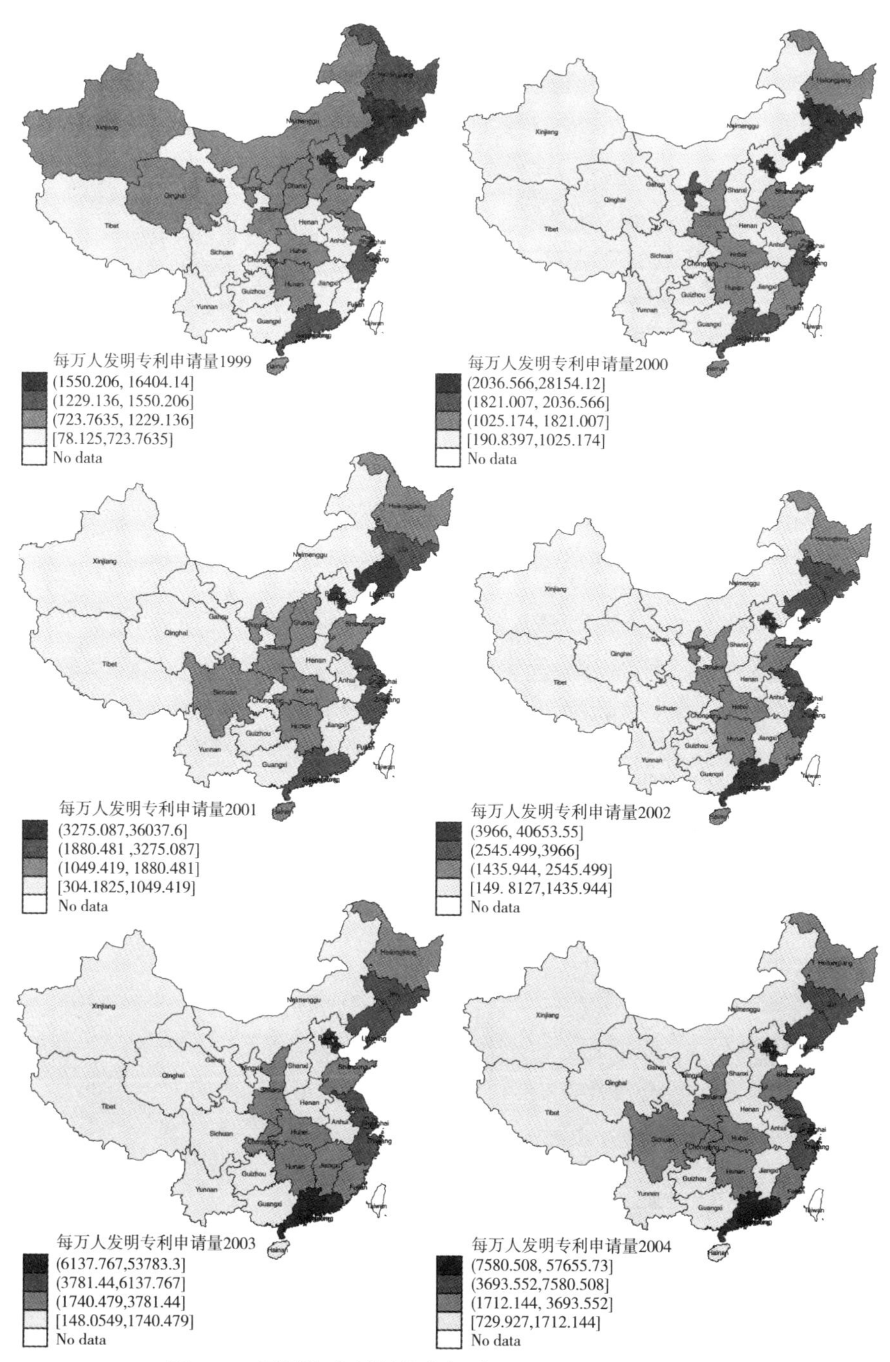

图 6-1　区域技术创新的空间地图（1997~2009 年）（续）

地图来源：根据国家地理信息系统数据绘制而成。

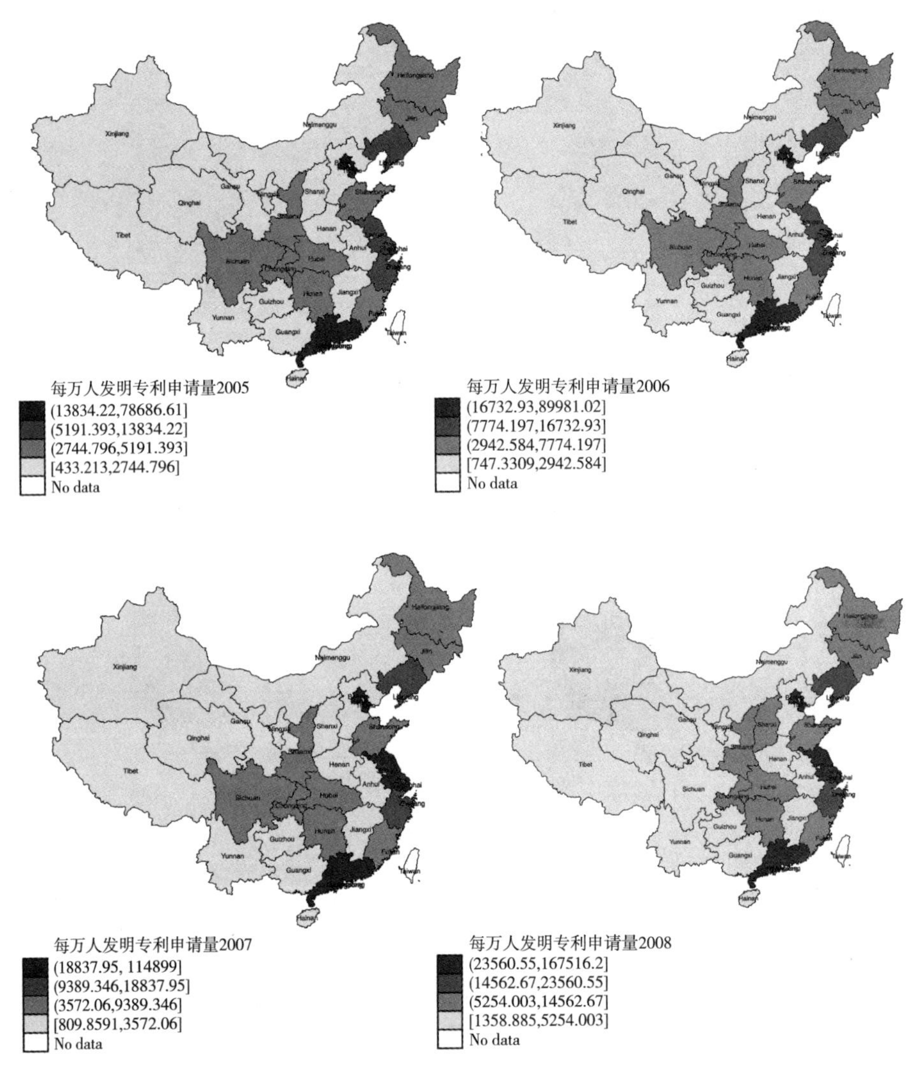

图 6-1　区域技术创新的空间地图（1997~2009 年）（续）

地图来源：根据国家地理信息系统数据绘制而成。

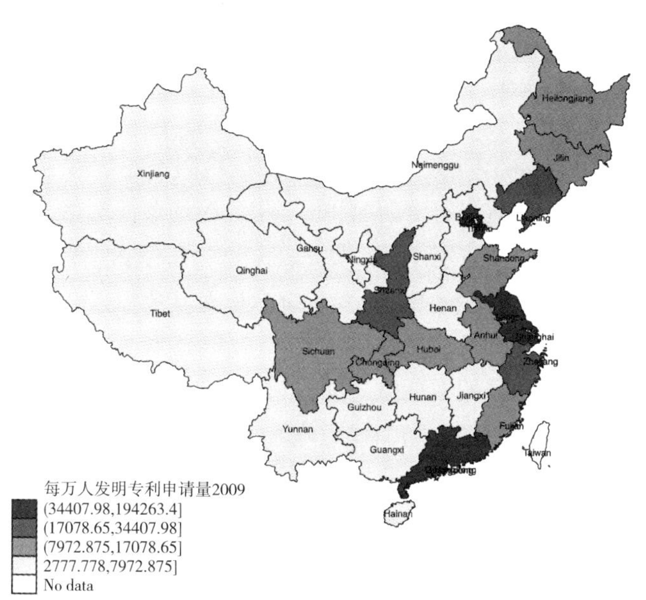

图 6-1　区域技术创新的空间地图（1997~2009 年）（续）

地图来源：根据国家地理信息系统数据绘制而成。

虽然从全国范围来看，创新活动呈现增长趋势，但区域差异十分明显。1997 年区域创新的空间地图显示，北京、上海是两个非常显著的创新活动密集地区，这两个区域在创新上一直保持着领先优势。另一个在期初也处于最高等级的创新中心——东北地区（包括内蒙古与东三省），经过 10 年变化，却落入了第三等级。与其相反，广东省创新活动的强度从第三等级升入了第二等级，四川省的创新活动从第五等级升入第四等级。

值得一提的是，沿海地区如广东、福建、浙江一直是中国近 20 年来经济增长最快的地区，但却并不是创新活动最密集的地区。这可能是因为这三个省份是我国劳动密集型产业最集中的地区，主要依靠低技术、低成本劳动力的规模经济带动经济增长，而并非依靠技术或产品创新。

图 6-1 中还有一点值得注意，那就是经过 10 年的演变，我国出现了两条知识创新带，一条是东部沿海一带，另一条在中国的中部，包括湖南、湖北和陕西。在这两条创新带中间的几乎为白色的区域为河北、河南、安徽和江西四省。图 6-1 显示，这些区域的创新活动程度较低。

（二）创新活动的空间相关指标

Moran's I这一指标可用来反映经济变量在区域间的相关性。表6-3中报告了1997年至2009年我国创新活动的Moran's I统计量及其Z值。由于不同的空间加权矩阵描述的空间关系有所不同，Moran's I的结果会受到影响。我们计算了基于三种不同空间加权矩阵的Moran's I统计量及其Z值，分别为：基于相邻标准和基于距离标准的两种临近空间加权矩阵，以及K阶临近空间加权矩阵。在多数年份，基于相邻标准的临近空间加权矩阵的Moran's I在5%或更低的水平下是显著的，基于另外两种空间加权矩阵的Moran's I在绝大多数年份都不显著。这说明，以空间相邻标准衡量我国省域创新活动的空间特征更为合适。Moran's I统计指标显著，这说明创新活动在省域间存在着空间相关性。一个省份较多的创新活动与相邻省份较多的创新行为相关。这种相关性可能是由地区间的知识溢出导致的。随着两省间距离的增加，知识溢出的效果逐渐减弱。此外，表6-3中，Moran's I由1997年的0.088上升到2004年的0.202，显示出省域创新活动的空间相关性在增加，最近五年间，创新活动的区域正相关作用有所减弱。

表6-3 创新活动的空间相关性（1997~2009年）

	基于相邻标准的临近空间加权矩阵 (1)		基于距离标准的临近空间加权矩阵 (2)		K阶临近空间加权矩阵 (3)	
年份	Moran's I	Z值	Moran's I	Z值	Moran's I	Z值
1997	0.088	2.355	0.0142	0.025	0.0505	0.045
1998	0.068	1.970	0.0074	0.030	0.0149	0.166
1999	0.062	1.473	0.0133	0.048	-0.0063	0.804
2000	0.054	1.026	0.0122	0.064	-0.0435	0.634
2001	0.085	1.562	0.0164	0.050	-0.0205	0.709
2002	0.176	2.397	0.0187	0.054	0.0542	0.193
2003	0.190	2.441	0.0220	0.052	0.0631	0.156

续表

	基于相邻标准的临近空间加权矩阵（1）		基于距离标准的临近空间加权矩阵（2）		K 阶临近空间加权矩阵（3）	
2004	0.202	2.519	0.0212	0.049	0.0739	0.135
2005	0.178	2.290	0.0207	0.052	0.0439	0.187
2006	0.174	2.241	0.0228	0.048	0.0462	0.189
2007	0.163	2.174	0.0214	0.057	0.0438	0.214
2008	0.140	2.117	0.0201	0.052	0.0397	0.174
2009	0.146	2.059	0.0211	0.049	0.0472	0.169
观测值	31	31	31	31	31	31

注：表中报告了每万人发明专利申请量的 Moran's I。

五、基于省级数据的实证研究结果

（一）实证模型

本章是对第五章理论假设的进一步检验，是对第五章实证结果的补充。因此，实证模型与第五章中的模型基本一致。第五章中的实证模型是基于 Griliches（1990）的知识生产函数构建而成。知识生产函数是一个柯布—道格拉斯形式的生产函数，描述创新作为一项产品，其生产过程受到了人力资本投入、固定资本投入等因素的影响。

1. 截面模型

根据柯布—道格拉斯生产函数形式的知识生产函数，人力资本和心理资本影响区域创新的模型表示如下：

$$\ln patent = \beta_1 + \beta_2 HC + \beta_3 PsyCap + \beta_4 Z + \varepsilon \tag{6-1}$$

其中，$\ln patent$ 代表每万人发明专利申请量的对数，用来衡量区域创新。

HC 是衡量人力资本的变量，主要由两类变量组成。一类是初、中、高等教

育从业人员占总从业人员的比重，由“高等教育”、“中等教育”、“初等教育”分别代表。另一类是“平均受教育年限”，由公式“平均受教育年限=9×初等教育+12×中等教育+16×高等教育”计算得出。

PsyCap 代表心理资本，采用个人股票开户数的对数作为其衡量指标。

Z 是除了人力资本、心理资本之外的控制变量，包括人均固定资产投资的对数和就业人员总人数的对数。前者用以衡量创新的实物资本投入，后者用以衡量对创新的劳动力投入。在已有的研究中，学者们发现这两个因素与地区创新活动相关，应当在模型中进行控制（Miranowski and Monchuk，2004；Van Reenen，1997）。

检验研究假设 4：心理资本正向调节人力资本与创新活动间的关系。当心理资本越强时，人力资本与创新之间的关系越强。当心理资本越弱时，人力资本与创新活动之间的关系越弱。所提出的调节效应的模型可以表示为如下形式：

$$\ln patent = \beta_1 + \beta_2 HC + \beta_3 PsyCap + \beta_4 PsyCap \times HC + \beta_5 Z + \varepsilon \quad (6-2)$$

其中，$PsyCap \times HC$ 为心理资本与人力资本的乘积项，代表了心理资本对人力资本的调节作用。

2. 面板模型

面板模型是在模型中引入不可观测的异质性变量，不随时间变化而变化。根据这一变量的构造不同，又可以分为固定效应模型和随机效应模型。前者假设这一异质性变量对每个观测值而言固定不变，后者假设其由固定部分和随机部分组成。人力资本和心理资本对创新影响的面板模型表示如下：

$$\ln patent_{it} = \alpha_i + \beta_2 PsyCap_{it} + \beta_3 HC_{it} + \beta_4 Z + u_{it} \quad (6-3)$$

其中，α_i 为不可观测的异质性。$u_{it} \sim iid(0,\ \sigma_u^2)$，即 u_{it} 对不同的 i 和 t 都是独立同分布的。其他变量与式（6-1）中的变量一致。

心理资本的调节效应模型因此表示为：

$$\ln patent_{it} = \alpha_i + \beta_2 PsyCap_{it} + \beta_3 HC_{it} + \beta_4 PsyCap_{it} \times HC_{it} + \beta_5 Z + u_{it} \quad (6-4)$$

3. 空间面板模型

由于空间面板模型在面板模型中纳入了空间相关性，从而可以提供更为精确的估计（Elhorst，2003）。将面板模型向空间拓展有两种思路，一种是考虑空间特殊效应（spatial specific effects），另一种是考虑空间交互效应（spatial interaction effects），即将空间滞后效应和空间误差效应纳入模型。对于前一种思路，固定效应模型是为每一个空间单位引入一个虚拟变量，随机效应模型是将个体

效应 μ_i 看作随机变量，独立并服从均值为零，方差为 σ_μ^2 的分布，并且与 ε_{it} 互相独立。

面板数据的空间模型根据误差成分 ε 分解的不同可以分为固定效应和随机效应。空间随机效应模型的估计方法存在一定难度，还有进一步完善的空间。在目前的文献中对这一模型的应用相对较少，而空间固定效应模型已经得到了较为广泛的应用。同时，Baltagi（2005）也提出，当样本回归分析局限于一些特定的个体时（如中国的 31 个省级区划单位），固定效应模型是更好的选择。因此，本书采用固定效应的空间面板模型进行回归估计。空间固定效应模型中控制了两类非观测效应——空间特殊效应和时间固定效应，前者反映随区位变化但不随时间变化的背景变量（如经济结构和自然禀赋等）对稳态水平的影响；后者代表随时间变化但不随区位变化的背景变量（如商业周期和暂时性冲击等）对稳态水平的影响。

根据对空间交互效应模拟的不同，我们分别建立固定效应的空间面板误差模型和空间面板滞后模型。空间面板误差模型如下：

$$\ln patent_{it} = \eta + \delta + \beta_2 PsyCap_{it} + \beta_3 HC_{it} + \beta_4 \ln FCI\_cap_{it} + \beta_5 \ln employee_{it} + \varepsilon_{it}$$

$$\varepsilon_{it} = \lambda \sum_{j=1}^{N} W_{ij}\varepsilon_{jt} + \mu_{it} \tag{6-5}$$

其中，$\eta = i_T SF$ 代表了每个观测值的空间固定效应。$\delta = TFi_N$ 则代表了每个观测值的时间固定效应。SF 和 TF 分别为空间固定效应的 N 维列向量和时间固定效应的 T 维列向量。W_{ij} 为空间相邻加权矩阵中的元素。λ 是反映空间依赖对误差项影响程度的系数。其余变量与模型（6-5）中相同。

空间面板滞后模型如下：

$$\ln Innovation = \rho W \ln Innovation + \eta + \delta + \beta_2 PsyCap_{it} + \beta_3 HC_{it} + \beta_4 Z + \varepsilon_{it}$$

$$\varepsilon \sim N(0, \sigma^2) \tag{6-6}$$

模型中的主要变量和模型（6-7）相同，W 是 $n \times n$ 的空间加权矩阵，反映了不同省份在地理上的相邻关系。ρ 是反映观测值间空间依赖程度的系数。

心理资本对人力资本和区域创新的调节作用可以通过观察 $PsyCap \times HC$ 的回归系数检验。当 $PsyCap \times HC$ 的回归系数显著时，可以认为，除了心理资本和人力资本对区域创新的单独作用之外，两者间的交互作用对区域创新也有显著贡献，即心理资本较高时，人力资本对区域创新的作用更大，具体表现为一种调节机制。调节效应的两种空间面板模型表示为如下形式：

$$\ln patent_{it} = \eta + \delta + \beta_2 PsyCap_{it} + \beta_3 HC_{it} + \beta_4 PsyCap_{it} \times HC_{it} + \beta_5 Z + \varepsilon_{it}$$

$$\varepsilon_{it} = \lambda \sum_{j=1}^{N} W_{ij}\varepsilon_{jt} + \mu_{it} \quad (6-7)$$

$$\ln Innovation = \rho W \ln Innovation + \eta + \delta + \beta_2 PsyCap_{it} + \beta_3 HC_{it} + \beta_4 PsyCap_{it} \times HC_{it} + \beta_5 Z + \varepsilon_{it}$$

$$\varepsilon \sim N(0,\sigma^2) \quad (6-8)$$

（二）回归分析结果

1. 相关系数矩阵和多重共线性检验

表 6-4 报告了实证模型涉及变量的相关系数矩阵。从表 6-4 中可以发现，人均固定资本投资的对数与创新活动的相关性较高。考虑到可能存在的多重共线性问题，我们以模型（6-1）为代表进行方差膨胀因子检验（VIF）。从经验上来说，VIF 值大于 10，说明模型存在较为严重的多重共线性，不可接受；VIF 小于 5，模型设定可以接受。如表 6-5 所示，1997~2009 年、1997 年的模型均值 VIF 都在 3 左右，多重共线性对模型的影响在可以接受的范围内。2009 年的模型，VIF 值较高，达到了 7.00。因此，我们报告了对未控制人力资本的模型的 VIF 检验，通过对比，发现 2009 年模型的 VIF 值较高主要是由人力资本的变量与心理资本变量的相关性较高引起的。

表 6-4　模型主要变量的相关系数矩阵

	1	2	3	4	5	6	7
1. 每万人专利申请量的对数	1	—	—	—	—	—	—
2. 个人股票开户的对数	0.691	1	—	—	—	—	—
3. 人均固定资本投资的对数	0.815	0.485	1	—	—	—	—
4. 从业人员的对数	0.089	0.618	−0.098	1	—	—	—
5. 初等教育	−0.712	−0.697	−0.483	−0.210	1	—	—
6. 中等教育	0.558	0.684	0.354	0.351	−0.949	1	—
7. 高等教育	0.755	0.422	0.571	−0.210	−0.680	0.413	1

表 6-5　对代表模型的 VIF 检验

	1997~2009 年		1997 年		2009 年	
	VIF	1/VIF	VIF	1/VIF	VIF	1/VIF
模型（6-1）						
个人股票开户的对数	4.49	0.22	4.22	0.24	11.56	0.09
人均固定资本投资的对数	2.00	0.50	3.18	0.31	1.59	0.63
从业人员的对数	3.44	0.29	3.78	0.26	9.11	0.11
高等教育	2.19	0.46	2.36	0.42	5.74	0.17
均值 VIF	3.03	—	3.39	—	7.00	—
模型：不考虑人力资本						
个人股票开户的对数	3.10	0.32	4.07	0.25	3.09	0.32
人均固定资本投资的对数	1.93	0.52	2.41	0.41	1.58	0.63
从业人员的对数	2.43	0.41	3.56	0.28	2.73	0.37
均值 VIF	2.49	—	2.98	—	2.47	—

2. 截面回归模型结果

我们采用省一级 1997~2009 年的数据对人力资本、心理资本与区域创新关系进行截面估计，结果与第五章实证结果十分一致。为简明起见，结果报告在附录 A、附录 B 中。附录 A 采用 OLS，SEM 和 SLM 模型估计了人力资本对区域技术创新的影响。结果表明，从业人员的教育水平是解释一个省份创新水平的重要因素。这其中，高等教育水平的从业人员对创新活动的影响尤为明显，表现为所有年份高等教育对创新活动的回归系数都显著为正。附录 B 中的回归结果报告了心理资本对区域创新的正向影响，其中，心理资本代理变量的回归系数在多数年份都显著为正。在加入人力资本变量后，在一些年份，心理资本的回归系数变得不显著了，还有一些年份，心理资本的回归系数显著性下降，并且估计系数值变小。这表明人力资本中介了心理资本对区域创新的作用。

在附录 A、附录 B 中，OLS 估计与 SEM 和 SLM 的估计结果相对稳健，空间回归模型的数值略大于经典回归模型估计的数值，这意味着空间回归模型比经典模型更优。我们还对经典回归模型中的空间依赖度进行了更严格的诊断，空间误差和空间自相关的拉格朗日乘数和稳健的拉格朗日乘数报告在附录 A、附录 B 中。其中，大多数年份的检验值是显著的，这也说明了使用空间模型的必要性。此外，空间滞后模型的拉格朗日乘数明显大于空间误差模型，从统计上说明，空间滞后模型能够更好地模拟人力资本对创新的作用。这与回归结果中，空间滞后模型的对数似然值大于空间误差模型反映的事实相一致。

3. 面板估计结果

采用面板模型进行模型估计时，选择固定效应模型还是随机效应模型是一个值得探讨的问题。对于固定效应模型而言，特定个体效应的面板模型（相对混合模型而言）中每一个横截面都有不同的截距。在固定效应模型中，α_i 为不可观测的随机变量，其与自变量潜在相关。随机效应模型则假设 α_i 服从与自变量独立的分布，即不可观测变量 α_i 与残差项都是独立同分布的。但是在随机效应模型中，$E[\alpha_i \mid X_{it}]=\alpha$，固定效应模型中 $E[\alpha_i \mid X_{it}]$ 随 X_{it} 变化，因此对识别 $E[y_{it} \mid X_{it}]$ 造成困难（Cameron，2005）。

除了根据模型特征进行选择，目前实证研究广泛采用 Hausman 检验来检验固定效应模型或随机效应模型的估计差异。表 6-6 为未控制人力资本变量的模型（6-3）的固定效应模型和随机效应模型的 Hausman 检验。

表 6-6　固定效应模型和随机效应模型的 Hausman 检验

	固定效应估计系数 b	随机效应估计系数 B	系数差 b-B	标准误差
个人股票开户的对数	0.145	0.319	-0.174	0.016
人均固定资本投资的对数	0.737	0.836	-0.099	0.012
从业人员的对数	2.567	0.056	2.510	0.307

表 6-6 比较了固定效应模型和随机效应模型下的估计系数。Hausman 检验的零假设为：两个模型系数没有系统性差异。计算卡方检验值为 $\chi^2(3)=(b-B)'[(V_b-V_B)^{-1}](b-B)=114.2$，在1%的水平上拒绝零假设，说明选择随机效应模型能够更好地预测心理资本对创新的作用。

表 6-7 中报告了面板模型的估计结果。模型（1）中仅包含对创新的物质投入和劳动力投入两个因素。模型（2）考察了心理资本对创新的影响。模型（3）、（4）、（5）报告了加入了人力资本变量后，心理资本对创新的影响。在以上模型中，分别采用接受过高等、中等和初等教育的从业人员占总从业人员的

比重衡量人力资本。模型（6）中加入了人力资本和心理资本的交叉项，为了简明起见，人力资本的衡量变量仅采用了高等教育从业者比重指标。

从回归结果中，我们得到了几项重要发现，首先，在没有考虑人力资本的作用的模型（2）中，以A股个人开户数衡量的心理资本对区域创新活动的回归系数显著为正，证实了心理资本对区域创新有着显著的正向影响。值得注意的是，由于个人股票开户数是心理资本的代理变量，主要被用来比较地区间心理资本的差异，因此，估计系数的绝对值没有解释意义。

表6-7　心理资本、人力资本与创新的面板回归结果（1997~2009年）（随机效应）

因变量：每万人发明专利申请量的对数	模型（1）	模型（2）	模型（3）	模型（4）	模型（5）	模型（6）
人均固定资产投资的对数	1.012*** (0.029)	0.836*** (0.042)	0.777*** (0.041)	0.815*** (0.047)	0.757*** (0.045)	0.900*** (0.046)
就业总人数的对数	0.443*** (0.105)	0.056* (0.101)	0.229*** (0.086)	0.040 (0.104)	0.052 (0.098)	0.232*** (0.081)
A股个人开户数的对数	—	0.319*** (0.054)	0.147*** (0.053)	0.309*** (0.057)	0.217*** (0.057)	0.091* (0.049)
高等教育	—	—	0.087*** (0.009)	—	—	0.079*** (0.009)
中等教育	—	—	—	0.007 (0.005)	—	—
初等教育	—	—	—	—	-0.026*** (0.005)	—
个人开户数×高等教育	—	—	—	—	—	0.036** (0.018)
观测值	403	398	368	368	368	368
省份个数	31	31	31	31	31	31

注：《中国劳动统计年鉴》中没有2000年的从业者教育水平数据，因此，模型（3）、（4）、（5）、（6）的观测值为368个。系数估计中的***，**，*分别代表在1%，5%及10%的概率下的显著性水平。括号中为估计系数的标准误差。

其次，在加入人力资本的因素以后，人力资本对区域创新的影响显著，心理资本的回归系数下降了。人力资本对心理资本和区域创新的中介作用得到了检验。其中以高等教育从业人员比重衡量人力资本的模型，中介效应最明显。

在模型（3）中，心理资本的回归系数虽仍然显著，但回归系数值从模型（2）中的0.319变为0.147，下降了一半左右。这充分说明，心理资本对区域创新的很大一部分作用，是通过进行高等教育的人力资本投资实现的。因此，高等教育从业者比重，中介了接近50%的心理资本对区域创新的影响。相比较而言，一个地区心理资本越高，初等教育从业者越少，区域创新活动越频繁。因此初等教育以反向的作用中介了心理资本对区域创新的影响，心理资本的回归系数从0.319下降至0.217。然而中等教育水平的从业者对区域创新的影响并不显著，对心理资本的中介作用也很小。

最后，心理资本对人力资本和区域创新关系的调节效应得到了验证，表征心理资本对人力资本的调节作用的交互项“个人开户数×高等教育”的回归系数显著为正，这表明除了心理资本与人力资本对区域创新的独立作用以外，这两者间的交互作用也会对区域创新产生积极的影响。

值得说明的是，采用个人股票开户数作为衡量心理资本的指标的不足之处在于，除了心理特征会影响投资者行为之外，股市开户数可能受到一个地区资本市场发展程度、居民财富存量、投资交易便利性等因素的影响。认识到这一问题，我们控制了地区平均家庭收入水平进行回归估计，估计结果并没有显著差异，结果报告在附录C中。

4. 空间面板模型

我们通过空间地图和空间相关性指标Moran’s I表明了我国区域间的创新活动具有很强的相关性。此时，采用面板模型进行估计，结果可能存在误差。我们采用空间面板误差模型和空间面板滞后模型进一步检验心理资本对创新的作用。

表6-8报告了空间面板模型估计的心理资本对创新活动的影响。

空间模型的估计结果提供了进一步的证据支持心理资本对创新活动的显著正向作用。以个人股票开户数衡量的人力资本对每万人发明专利申请量的回归系数都在1%的水平上显著，并且为正。心理资本对人力资本和区域创新的中介效应也得到了验证，在加入人力资本的模型（2）~模型（4）、模型（7）~模型（9）中，心理资本的回归系数都所有下降。此外，人力资本与心理资本乘积项的回归系数显著为正，验证了心理资本的调节效应。

表 6-8　心理资本、人力资本与创新行为的空间面板回归结果（1997~2009 年）（空间固定效应模型，时间、空间异质效应）

因变量：每万人发明专利申请量的对数	面板空间误差模型					面板空间滞后模型				
	(1)	(2)	(3)	(4)	(5)	(6)	(7)	(8)	(9)	(10)
人均固定资产对数	0.780***	0.569***	0.744***	0.666***	0.813***	0.777***	0.556***	0.740***	0.658***	0.796***
从业人员对数	-0.280***	0.010	-0.279***	-0.211***	0.024*	-0.273***	0.012	-0.273***	-0.207***	0.026*
个人股票开户数的对数	0.471***	0.255***	0.400***	0.291***	0.174***	0.461***	0.243***	0.391***	0.283***	0.162***
高等教育	—	0.082***	—	—	0.071***	—	0.083***	—	—	0.072***
中等教育	—	—	0.011***	—	—	—	—	0.011***	—	—
初等教育	—	—	—	-0.019***	—	—	—	—	-0.019***	
股票开户数×高等教育	—	—	—	—	0.044***	—	—	—	—	0.039***
空间自相关系数	-0.209***	-0.232***	-0.202**	-0.194**	-0.198**	-0.049	-0.009	-0.039	-0.026	-0.033
观测值	310	310	310	310	310	310	310	310	310	310
省个数	31	31	31	31	31	31	31	31	31	31
对数似然值	-231.072	-171.315	-225.592	-208.239	-159.334	-233.864	-174.740	-228.362	-210.979	-163.221

注：模型（1）、（2）、（3）、（4）、（5）为面板空间误差模型估计结果，模型（6）、（7）、（8）、（9）、（10）为面板空间滞后模型估计结果。由于《中国劳动统计年鉴》中没有 2000 年的从业者教育水平数据，1997 年、1998 年的样本点不足 31 个，没有将这三年的数据纳入模型。系数估计中的 ***，**，* 分别代表在 1%，5%及 10%的概率下的显著性水平。

为了检验固定效应模型的稳健性，我们还对仅考虑空间固定效应的空间误差模型和空间滞后模型，以及不考虑空间、时间效应的混合面板空间误差模型和空间滞后模型进行了回归估计。附录 C 报告了仅考虑空间固定效应的两种模型的估计结果。

六、本章小结

作为对第五章截面数据实证检验的补充，本部分尝试以代理变量衡量心理资本，采用省一级的面板数据，对四个研究假设进行进一步的检验。本章实证分析主要有以下几点发现：

首先，1997~2007 年，我国创新活动的空间分布发生了变化。东北地区的创新活动密度下降，沿海和内陆城市创新活跃度上升，形成了两个区域创新带。

其次，人力资本对区域创新的作用得到了回归检验结果的支持。受过高等教育从业人员比重越大的省份，区域创新活动越密集。

最后，心理资本对创新的正向作用得到了进一步的支持。以 A 股开户人数衡量的心理资本，对区域创新的回归系数显著为正。面板随机效应模型和空间面板模型的估计结果十分一致。人力资本对心理资本影响创新的中介效应，以及心理资本的调节效应都得到了进一步的实证证据支持。当然，这些结果只是基于一个心理资本的代理变量估计得出，在未来，寻找更多的代理变量，构造一个心理资本测量指数，是值得进一步探究的方向。

第七章
团队心理资本对团队绩效与个体绩效的影响

本章我们在组织内的工作团队层面上讨论心理资本的积极影响，即心理资本对团队绩效和个体绩效的作用。在现有的研究中，针对团队心理资本的跨层次研究仍显得不足，对于团队心理资本影响团队和个体表现的机制也缺乏深入的探讨。

本章首先较为全面地综述了心理资本的跨层次研究。其次，从团队互动过程的融合—分化视角出发，构建了以团队行为整合和团队冲突为中介变量的双路径模型，来描述团队心理资本对团队/个体绩效的影响机制。我们采用跨层中介模型对搜集的 58 个工作团队的领导—员工互评问卷数据进行分析，通过分析我们发现：①团队心理资本正向作用于团队绩效和个体绩效；②团队行为整合与团队冲突在团队心理资本与团队绩效、个体绩效的关系中起到中介作用，但两者的影响方向相反。

一、对心理资本跨层次研究的介绍

（一）集体心理资本、领导心理资本对个体工作结果的影响

Walumbwa（2010）以 264 位警察及其直接领导为样本，使用 HLM 跨层次研究方法，将服务氛围与领导心理资本转化为团队层面变量，分三个时间段分别收集了领导心理资本自评问卷（调整后 PCQ-19）（Luthans，2007）和员工心理资本自评问卷（PCQ-24）、下属感知的服务氛围问卷（Schneider，1998）、

上级评定的下属工作绩效问卷（Walumbwa，2008）。其研究结果显示：①团队领导心理资本通过影响下属心理资本从而影响下属工作绩效；②团队服务氛围在下属心理资本与下属工作绩效的关系中起调节作用。

Story 等（2013）以全球领导（在多元化文化中，影响他人想法和行动以实现特定商业目标，同时在全球性队伍中承担领导责任的人）及其直接下属作样本，实证研究了领导心理资本对下属心理资本的影响。其实证结果显示：①全球领导心理资本通过影响领导成员关系从而正向预测下属心理资本；②领导心理资本调节了物理距离、交流频率与领导成员交换的关系。

吴清津（2012）针对我国服务团队探讨团队集体心理资本的影响因素及其作用机制，发现支持性氛围（员工对组织内部给予的支持的总体认识，包括主管支持、团队成员和谐互助）通过影响集体心理资本从而对个体层面的员工敬业度（活力、奉献和专注）、工作绩效、服务行为产生影响。其研究结果表明：①支持性氛围能够增强团队集体氛围；②服务团队集体心理资本直接影响成员敬业度，并通过影响员工敬业度影响其服务行为和工作绩效。

任皓（2013）以 10 个地区 66 个工作团队 369 名员工为调查对象，使用 HLM 模型分析团队领导心理资本与团队成员心理资本及其组织公民行为的关系。其研究结果发现：员工个体心理资本是领导心理资本与员工组织行为关系中的完全中介变量，即领导心理资本通过影响员工心理资本从而影响员工组织公民行为。朱瑜（2013）研究了领导心理资本对下属组织公民行为的作用机制和整合框架，认为领导心理资本对下属组织公民行为有直接影响，其中，组织层面的组织文化、组织凝聚力，团队层面的变革型、诚信领导行为，个体层面的下属心理资本起部分中介作用。

（二）高层次变量对个体心理资本的影响

1. 领导行为—下属心理资本—结果变量

（1）伦理型领导。

伦理型领导即讲道理有道德的领导。Trevino（2000）认为，伦理型领导不仅要求具有正直、诚实的自我道德，而且要求具有积极创造组织伦理氛围、关注影响下属道德行为的能力。

Walumbwa（2011）以社会交换理论、社会学习理论、社会认知理论为基础，选择制药合资企业的中国员工为样本，验证了伦理型领导与工作绩效之间的正相关关系。其实证结果发现：伦理型领导行为可通过影响员工自我效能感和组织认同感从而影响员工绩效。

（2）变革型领导。

变革型领导是指具有领导魅力、领导感召力、智力激发和个性化关怀特征的领导风格。现有研究倾向于认为变革型领导行为通过影响下属心理资本，从而影响员工绩效、工作态度和工作行为，但尚未证明变革型领导各维度均对下属心理资本的各维度有影响。

Gooty 等（2009）以美国中西部一所大学军乐队的 158 名乐队成员为样本的研究显示，变革型领导与下属心理资本正相关，下属心理资本属于完全中介变量，下属心理资本中介了下属对变革型领导的感知与下属的角色内绩效、组织公民行为之间的关系。李磊（2012）尝试在中国情境下以下属心理资本作中介研究变革型领导行为与下属工作绩效和组织承诺之间的关系，其研究结果表明：变革型领导行为通过影响下属的心理资本，从而提高下属的工作绩效和组织承诺。隋杨（2012）验证了我国情境下变革型领导行为与下属心理资本和工作结果之间的关系，其研究结果显示：下属的心理资本在变革型领导与下属工作绩效及满意度之间起部分中介作用，个体感受到的程序公平在变革型领导行为与下属心理资本的关系中起调节作用。

仲理峰等（2013）将绩效分为任务绩效和组织公民行为（关系绩效），研究了变革型领导、心理资本对员工工作绩效的影响，其研究结果显示：①下属的心理资本完全中介了变革型领导行为与下属任务绩效和组织公民行为之间的关系；②传统性高的下属，心理资本受变革型领导行为的影响更大。

（3）真实型领导。

真实型领导行为，是领导学发展到新型领导理论阶段提出的最具代表性的一种领导行为。Luthans 和 Avolio（2003）正式将真实型领导作为一个独立的领导理论提出。Walumbwa（2008）证实真实型领导是个高阶概念，包含自我意识、关系透明、内化道德观和信息平衡处理四个维度。现有研究倾向于认为真实型领导行为通过影响下属心理资本，从而影响员工的创造力及创新行为。

Rego（2012）调查了在葡萄牙企业工作的 201 位员工后，用实证方法证实了真实型领导能够正向预测员工的创造力。其研究结果表明：真实型领导行为能够通过提升下属心理资本从而提高员工创新行为，心理资本起部分中介作用。

Eid（2012）探索了真实型领导行为、下属心理资本与安全变量之间的关系。其理论研究表明：真实型领导通过影响组织安全氛围（重视安全、领导安全参与、安全生产、个人安全意识、安全系统概念）从而影响员工的安全行为（风险评估、安全遵守、安全参与、避免意外、附近小组报告）；真实型领导行为影响下属心理资本，下属心理资本调节组织安全氛围与安全结果之间的关系。

韩翼（2011）对我国297位领导及其直接下属的实证研究，探索了真实型领导行为、下属心理资本与员工创新行为之间的关系。其研究结果显示：①真实型领导行为、下属心理资本可以对员工创新行为进行显著预测；②心理资本在真实型领导和员工创新行为正向关系中起部分中介作用。

（4）服务型领导/仆人领导。

服务型领导也称仆人领导，是能够服务、扶持、激励和充分授权的领导风格，服务型领导者愿意放下身段，充分为组织和他人成长着想。

Walumbwa（2010）在探索真实型领导与心理资本的关系之外，也尝试验证服务型领导行为与自我效能、组织公民行为之间的关系，其实证研究表明：服务型领导行为能够通过影响员工的自我效能心理状态，从而影响员工组织公民行为。

（5）研发团队领导。

研发团队（R&D）指在科学技术领域，为增加知识总量（包括人类文化和社会知识），以及运用这些知识去创造新系统的创新团队，包括基础研究团队、应用研究团队、试验发展团队。

Gupta（2014）以印度研发团队领导及团队成员为样本，探索积极领导行为（行为特征：任务导向、了解并能鼓舞人心、团队建设）、员工心理资本与创新行为（问题识别、信息搜集、观点产生和观点执行）之间的关系，其研究表明：研发团队积极领导行为对员工创造行为有积极影响，员工心理资本起完全中介作用。

（6）战略领导力。

战略领导力是组织的高层领导者，他们制定并传递组织愿景，激励组织成员，并与组织成员进行战略支持性交换的过程。Boa1 等提出战略领导力整合模型，强调战略领导力包含管理智慧、吸收能力和适应能力三个特征。

孟瑶（2014）对创业团队的实证研究发现：团队战略领导力对下属心理资本具有正向显著影响，下属心理资本显著正向影响其工作绩效，下属心理资本是战略领导力与下属工作绩效的中介变量。

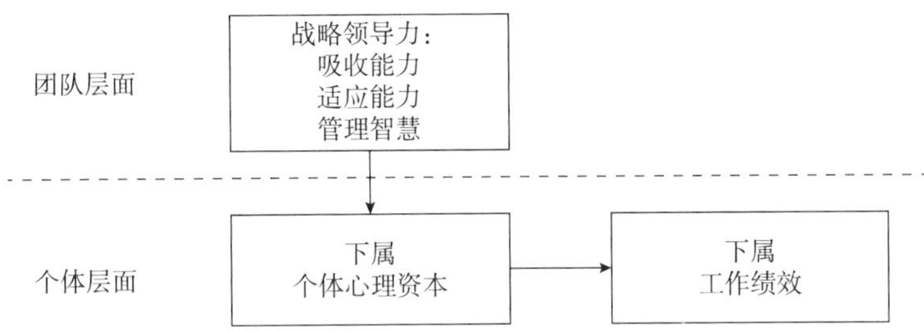

2. 人力资源管理—个体心理资本—结果变量

企业的管理，最终将落实到对人员的管理，心理资本的探索在企业人力资源工作的开展过程中，有重要指导意义。

苏勇（2011）以成都等地民营和国营企业为主的员工为样本，对工作设计、员工心理资本和知识共享行为的关系进行了实证研究，为增加员工知识共享行为提供了新的机制。其中，组织工作设计包括自主性、任务识别、反馈三个维度，用工作特征量表测量（Hackman，1976）；员工知识共享行为包括知识发送和接收，用知识共享量表测量（Hooff，2004）。其研究结果显示：员工心理资本在组织工作设计与员工知识共享的关系中起部分中介作用，但中介效应比例高，属关键驱动要素。

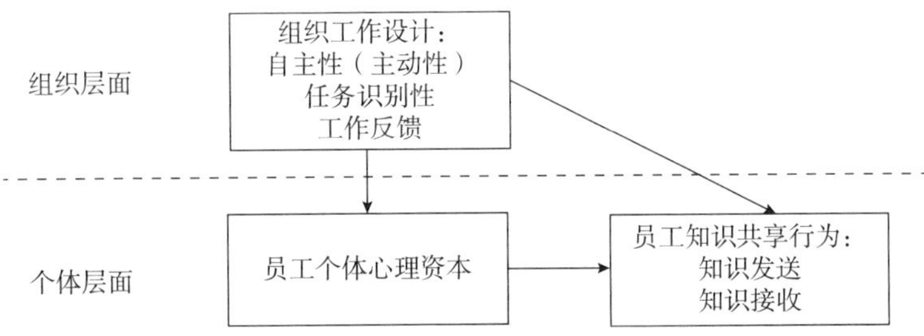

周菲（2012）实证研究了我国企业高绩效工作系统及其各维度对员工工作行为（角色内行为和组织公民行为）的影响，其中高绩效工作系统是企业为达到绩效优秀和持久竞争优势而在人力资源各板块进行的工作，包括六个维度。其研究结果显示：高绩效工作系统及其各维度对员工心理资本具有正向影响，员工心理资本在高绩效工作系统对员工工作行为的影响中起部分中介作用。

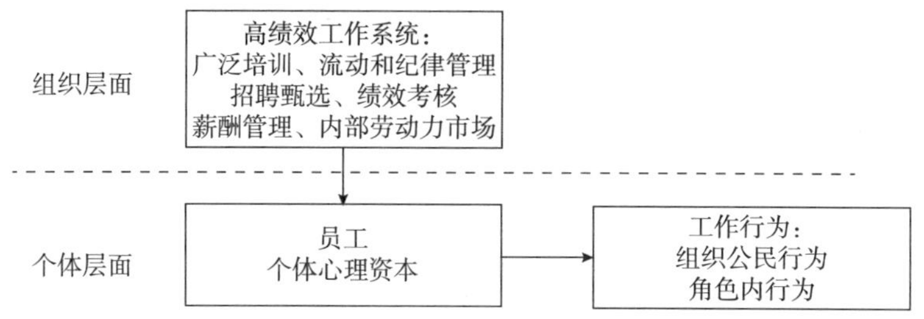

3. 组织氛围/文化—个体心理资本—结果变量

对组织氛围和文化的定义，大多是根据共享知识观点以主观角度感受和解释，体现员工感受的一致性。前期研究关注组织氛围对员工单个心理因素的影响：如培养型的组织环境（环境支持、同事帮助）会提高员工希望状态（Seligman，2000）。

Luthans（2008）分别选择一定数量的指定管理类学生、服务型（保险）公司员工、高科技制造企业员工为样本进行研究，其研究结果表明：心理资本在支持性组织氛围对员工绩效的影响关系中起完全中介作用。

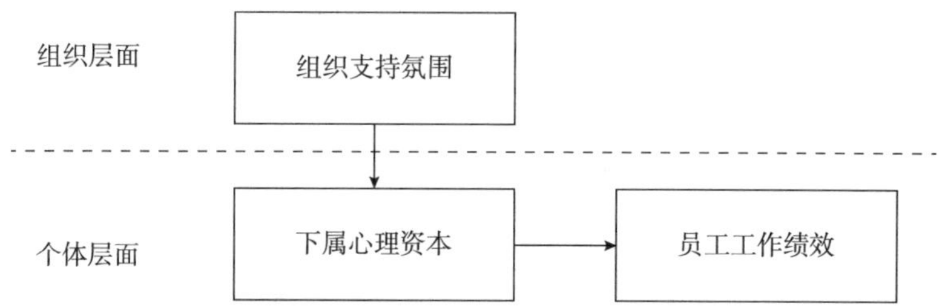

Woolley（2011）选择新西兰某公司员工为样本，测量了自我心理资本（Luthans，2006），上级真实型领导行为（Walumbwa，2008）和感知到的积极工作氛围（Avolio，2006），其实证结果显示：①真实型领导行为与下属心理资本正相关，积极工作氛围起部分中介作用；②性别价值调节真实型领导行为与积极工作氛围的关系，即若领导与员工性别一致性高，则真实型领导行为对积极工作氛围的影响更强烈。

李霞（2010）以企业管理者为研究对象，探索了组织文化与管理者心理资本之间的关系，测量了组织文化弹性、控制、内向、外向强度（郑清祥，1991），其研究结果表明：①组织文化能够影响工作绩效、职业满意度（正向）和离职倾向（负向）；②管理者个体心理资本部分中介组织文化与工作绩效、

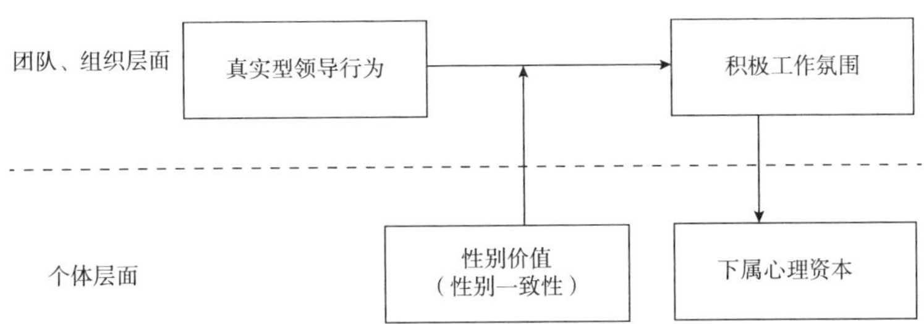

职业满意度之间的关系；③心理资本对离职倾向影响不显著，这与国内外诸多研究不一致。

甄美荣（2011）从理论上研究了组织创新氛围（员工对组织创新支持的一致性感知）与员工创新行为（创新构想产生和构想执行）之间的关系，提出员工心理资本在组织创新氛围和员工创新行为的关系中起中介作用。

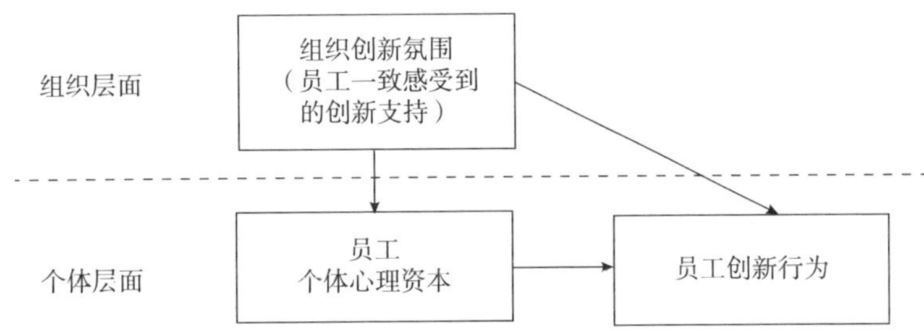

叶新凤（2014）对我国矿业企业安全氛围（员工对组织安全重视程度的认知）、员工心理资本和安全行为（安全遵守与安全参与）的关系进行了实证研究，使用自己开发的七维煤矿企业安全氛围量表和 PCQ-24 心理资本量表并用逐步回归的方法探索了安全氛围各维度对安全行为的影响，其研究结果显示：安全氛围中的管理者允诺、监督者行为、安全培训通过影响员工心理资本从而影响安全行为，其他四个维度起部分中介作用。

（三）集体心理资本对个体层面相关关系的调节作用

集体心理资本作为高层次变量，调节个体层次变量关系的研究显得不足。已有研究表明：积极的工作环境与组织气氛，能够调节个体层面变量关系，以提升个体的工作绩效、积极工作态度和行为；集体心理资本作为组织高层次变

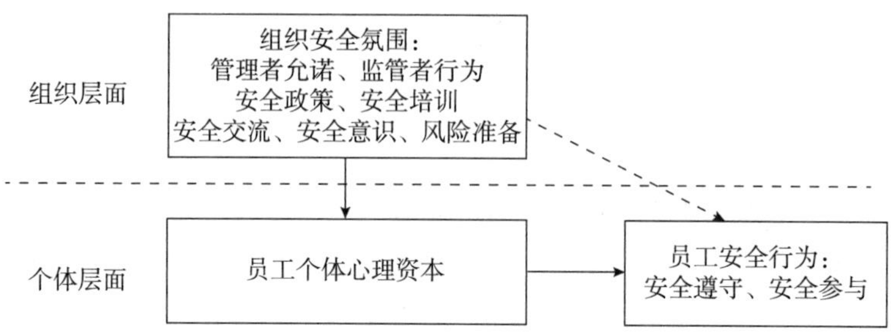

量，是促进积极工作环境和组织氛围的重要前因变量。由此可以推测，集体心理资本作为重要的调节变量，能够在一定程度上促进或抑制个体层次变量间的关系，即集体心理资本高的团队，个体层面变量在提升个体工作绩效、积极工作态度和行为时更容易发挥作用，在引起消极工作态度和消极行为时受到抑制。

（四）一致的多层次模型研究

杨燕（2010）的理论研究，从心理资本影响个体层面、团队层面和组织层面的学习出发，构建了不同层面的心理资本影响企业自主创新（团队创新与员工创造力）的路径模型。本书中的研究一方面基于组织学习的视角（组织为实现目标和愿景或适应不断变化的环境而不断学习的行为），另一方面基于知识流动理论（不同层面的学习行为互相影响相互转化）展开。本书的路径模型更倾向于出现在知识型的个体、团队和组织中，并且不同层面的心理资本对不同层面的创新的影响可能存在差异，还需要通过实证研究进行验证。

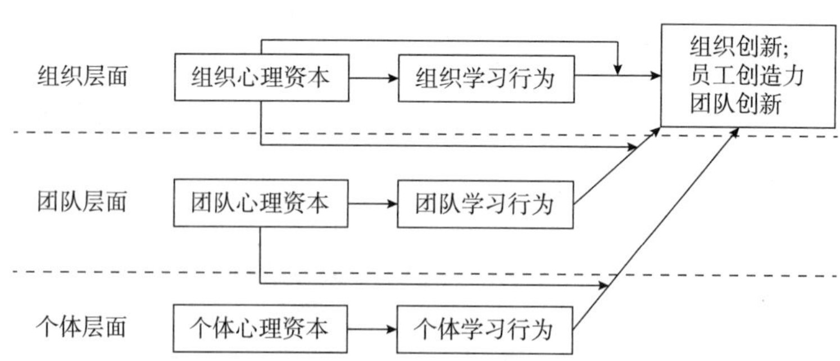

(五) 其他多层次模型研究

1. 低层次心理资本影响高层次变量

吴庆松（2011）使用HLM跨层次研究模型，探讨了组织创新氛围和员工心理资本对企业技术创新绩效的影响，其实证研究发现：①员工个体心理资本与组织创新氛围正向影响企业技术创新（低层次变量对高层次变量影响）；②组织创新氛围在员工心理资本对企业技术创新的影响中起调节作用。

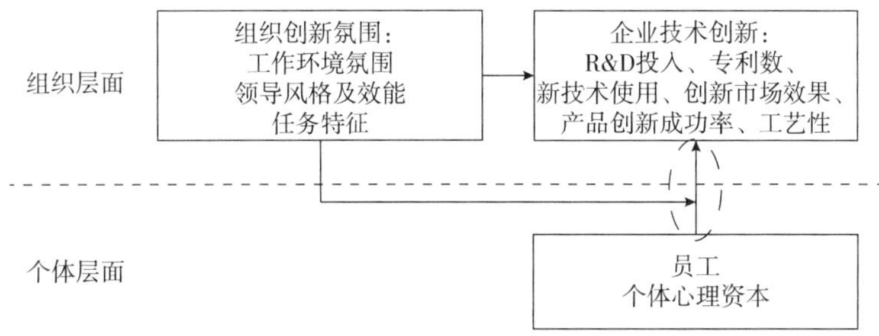

2. 个体心理资本作调节变量

汤涛（2013）研究了真诚型领导行为与下属工作绩效的相关性，其实证研究结果显示：①真实型领导行为、下属心理资本对下属工作绩效有影响但不显著；②下属心理资本在真诚型领导行为影响下属工作嵌入的过程中起调节作用。

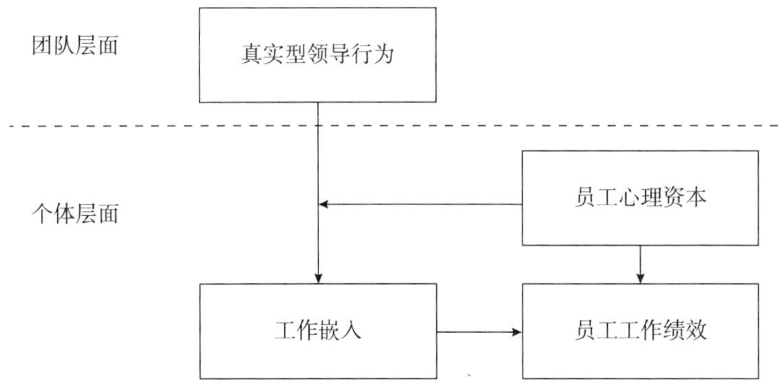

Wang（2014）将北京某物流公司员工及上级作为样本进行跨层次实证研究，其相关研究结论显示：真实型领导行为能够正向影响员工绩效，下属心理资本在此关系中起调节作用，即下属心理资本越低，真实型领导行为对下属绩效的影响越强。

3. 组织氛围与个体心理资本

滕少霞（2010）采用结构方程模型分析法，对600多位员工进行了实证研究，探讨了心理资本（希望、乐观、韧性）与组织气候（人际关系、管理风格、组织科层性）对员工组织承诺、工作满意和工作投入之间关系的影响，其研究结果显示：组织气候影响员工工作态度，员工心理资本中的乐观维度作部分中介变量（韧性和希望对组织气候影响不显著）。

陈璧辉（2013）从理论上研究了组织创新氛围、员工心理资本与员工创新行为之间的关系，其研究结果显示：组织创新氛围在员工心理资本与创新行为的关系中起调节作用。

图7-1展示了领导心理资本和团队心理资本跨层次的研究框架。

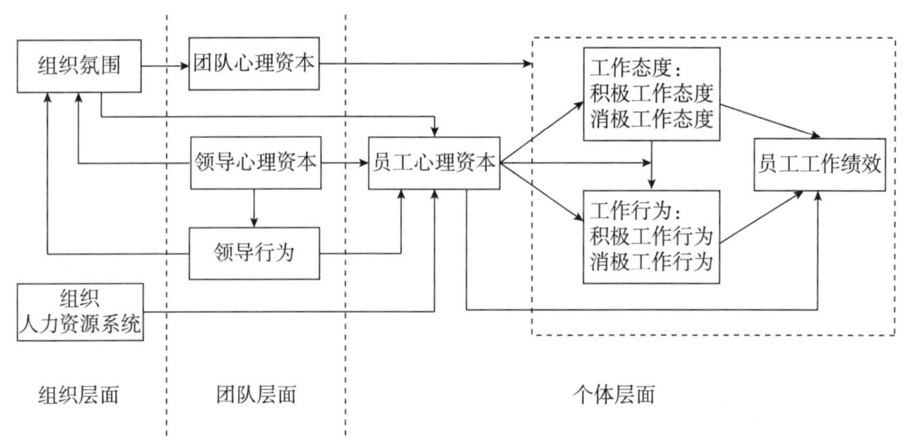

图7-1 领导心理资本和团队心理资本的跨层次研究框架

二、本章研究问题的提出

Dawkins等（2015）提出，团队心理资本是个体心理资本概念在团队层面的延伸，其形成于团队成员集体认知和行为互动的过程中，体现了团队成员心理资本的一致性程度。一些学者认为，根据社会感染理论，团队成员通过情感和信息的分享等团队互动行为，如团队对任务目标的计划和判断，从而形成团队心理资本（Dawkins et al.，2015；徐礼平、李林英，2016）。因此，团队心理资本是团队成员整体表现出来的一种积极心理状态。

团队心理资本作用于团队绩效的理论基础是积极组织行为学（Positive Organizational Behavior，POB）。按照 POB 的标准，心理资本的构成要素能够对工作绩效产生积极的作用。快速的技术革新、组织的变革、组织所面对的市场以及经济环境的变化都会给工作者带来心理不确定感、压力、焦虑以及随之而来的冲突。团队作为组织的重要单元，以一个整体的形象所面对的工作难度、环境不确定性都远高于个体（Salancik and Pfeffer，1978），因而团队作为一个整体是否拥有积极的心态就显得更为重要。

学者们对团队心理资本和团队结果的关系进行了初步探索，发现团队心理资本更高的团队，表现出更高水平的团队凝聚力、团队协作、团队信任、团队满意度（Clapp-Smith et al.，2009；West et al.，2009）。也有一些涉及团队心理资本和个体员工态度、行为的研究，这些研究主要将心理资本看作领导力（如真实性领导、变革型领导、谦卑型领导）影响员工个体行为的一个中介变量（Clapp-Smith et al.，2009；Peterson et al.，2011；Rego et al.，2017）。

总体来看，与管理实践中团队协作和管理日益重要的现实相比，对团队心理资本特别是中国情境下的团队心理资本的研究仍显得不足（Clapp-Smith et al.，2009；West et al.，2009；Peterson et al.，2011；Vanno et al.，2014；Rego et al.，2017）。要想理解团队心理资本对团队绩效和个体绩效产生的影响，不仅需要我们提供更丰富的实证证据，还需要深入地探索团队心理资本发挥作用的机制。

本章研究包括两部分工作：首先，采用跨层、两期的数据，检验了团队心理资本对团队任务绩效和个体任务绩效的直接效应。正如积极心理学所预期的那样，积极的心理资本不仅能够改善团队的绩效表现，也能提高团队中的个体绩效，但这种影响效果的强度存在差异。

其次，我们最关心的问题是，团队绩效心理资本是通过何种机制对团队绩效和个体绩效发挥作用的。Rego 等（2017）采用中国、新加坡和葡萄牙的调查样本，发现团队心理资本通过提高团队的任务配置效率影响团队绩效。不同于 Rego 等学者将视角落在团队工作任务的配置上，我们更关心团队心理资本是否会通过塑造团队的互动过程，进而改变团队的绩效以及个体的绩效。因此，我们提出在团队互动过程中可能存在两种共存但作用相反的力量——融合（convergence）和分化（divergence）。这两种力量此消彼长，共同对团队和团队中的个体产生影响。从这一视角出发，本书构建了团队心理资本影响团队绩效和个体绩效的双路径中介效应模型，探讨团队互动过程中的团队行为整合和团队冲突在其中的传导作用。其中，团队行为整合反映了团队心理资本如何促进团队的融合，从而提升团队和个体绩效；团队冲突则反映了团队心理资本如何抑制团队的分化，从而提升团队绩效和员工绩效。

三、研究假设

（一）团队心理资本与团队绩效和个体绩效

团队心理资本是团队成员整体表现出来的一种积极心理状态，形成于团队情感和信息交流的过程（Dawkins et al.，2015）。与个体心理资本结构一致，团队心理资本也包括乐观、希望、坚韧性和自我效能感四个维度，代表了团队成员共享的积极的心理资源（Dawkins et al.，2015）。一个心理资本水平高的人往往对未来充满希望，为了目标不断努力和坚持，遇到挫折也会迎难而上、不屈不挠，并且对自己能够成功应对挑战和困难充满信心（Luthans et al.，2015）。同样，作为团队共享的特质，团队心理资本高的团队对团队共同的愿景和目标保持着积极、乐观的态度，坚持不懈地追求目标，勇于面对困难和挑战，不屈不挠，对团队的能力和成功充满自信（Kozlowski and Klein，2000）。

团队心理资本作为一种积极的心理资源，对团队工作结果具有显著的影响（Clapp-Smith et al.，2009；Peterson et al.，2011；Rego et al.，2017）。一方面，团队的团队效能感会使团队对面临的任务更有信心，从而体现出实现目标的更强烈动机，更积极的工作投入或更频繁的有益于目标达成的人际交往，这些都有助于团队取得更好的绩效。目前，针对团队效能感—团队绩效关系的研究已经得出了较一致的结论（Bandura，1977；Gibson，1999；Tyran and Gibson，2008）。另一方面，从期望理论的视角，对整个团队未来充满积极预期的团队，更倾向于相信团队工作能够获得积极的结果，从而促使成员更积极地投入到工作中。根据对乐观的积极归因的定义，乐观的团队对团队成功的归因更多的是内部归因，即相信团队的成功是源自于努力、勤奋等内在的原因。这种倾向性使他们在未来的工作中更积极主动地对影响工作成果的过程、行为进行控制。此外，团队整体的坚韧性是使团队能够从失败、挫折和冲突中反弹回来的能力。在受到了外部冲突、风险和不确定性的冲击时，高坚韧性的团队不沉迷于消极情绪中，仍能保持较好的计划、执行和协作，迎接挑战，从而实现更好的团队绩效。这些都有利于团队工作的进行和完成（Clapp-Smith et al.，2009）。相反，当团队心理资本水平较低时，团队成员对自身是否能够成功完成各种工作事务没有信心，工作态度消极，最终影响团队绩效。因此，我们提出假设：

H1a：团队心理资本对团队绩效有显著的正向作用。

个体的工作表现不单单取决于自己的能力和努力，环境也是重要的因素（Chatman et al.，1998；Jin et al.，2003；Edmondson，1999）。Terrion 和 Ashforth（2003）指出，个体在团队情境下工作时，常会放弃个体的身份认同，转而以团队作为身份的认同。因此，团队的积极状态会成为影响团队成员以及成员间互动的重要环境因素，从而对团队成员的绩效表现产生影响。处于一个拥有积极心理资本的团队中，成员能够感受到团队自信、乐观、充满希望、不畏挫折的积极气氛，获得心理上的和实质上的帮助与支持，能够更主动地投入行动实现组织目标；在遇到挫折和失败时，成员仍能回复状态并付出努力，从团队成员那里获得鼓励和正面的支持，从而带来更高的工作绩效。也就是说，团队更高的心理资本为员工工作任务的完成提供了有利的情境，减少了不必要的心理资源消耗，从而提升个体绩效。因此，我们提出假设：

H1b：团队心理资本对个体绩效有显著的正向作用。

（二）团队心理资本与团队互动过程

根据团队互动的经典 I-P-O 模型（McGrath，1964），团队互动过程（包括冲突、协作、团队行为整合、信任、沟通、竞争等方面）（process）是影响团队特质（input）和团队结果（output）之间关系的中介要素（Salas et al.，1992；Lawrence，1997；Rosen et al.，2011）。在多种多样的团队互动过程中，不难观察到，一类团队互动过程指向团队的融合，其结果是更有凝聚力的团队、更有效的团队决策、更高的团队产出、团队对团队成员更大的影响力，这一类团队互动过程包括团队协作、团队行为整合、团队帮助、有效的沟通等（Anderson and Williams, 1996; Liu et al., 2015)。另一类团队互动过程指向团队的分化，其结果是分割的团队、团队一致决策达成困难、难以达成团队目标，团队对单个成员难以施加影响，这一类团队互动过程包括团队冲突、团队不信任、过度竞争等（张宏，2014；刘璇、张向前，2016）。这种分类描述了团队互动过程中的两种共存但相反的力量，即融合（convergence）和分化（divergence）。在一个团队中这两种力量此消彼长，共同对团队和团队中的个体产生影响。

从团队互动过程的融合—分化视角出发，我们认为，团队心理资本对团队绩效所产生的影响是通过两个路径实现的。一方面，积极的团队心理资本会促进团队的融合；另一方面，积极的团队心理资本能有效地减少团队的分化，从而对团队结果产生作用。当团队心理资本提高时，团队融合的力量就会增强、分化的力量就会削弱，从而表现出更为积极的团队结果。具体地，我们采用团队行为整合来描述团队过程融合的一面，采用团队冲突来描述团队过程分化的一面。

团队行为整合（Behavioral Integration）指的是团队成员集体互动的程度，包括信息交换的数量和质量、合作行为以及集体决策（Hambrick, 1994）。尽管目前很多研究都是在高阶梯队理论（Hambrick, 1994）的基础上，将团队行为整合用于研究高管团队问题（Hambrick and Mason, 1984; Hambrick, 1994; Li and Hambrick, 2005；成瑾、白海青，2013；成瑾等，2017），不过现在已经有研究将这一概念延伸到一般的工作团队中（Chiu et al., 2009; Magni et al., 2009；刘宁等，2012；Liu et al., 2015）。

积极心理资本让团队成员有了为实现光明的团队目标而努力的动力（Clapp-Smith et al., 2009; West et al., 2009）。当团队成员对团队达成目标的能力具有更多的信心时，他们更愿意加强合作和沟通互动，为了团队共同的目标而更有效地工作。贺立军等（2012）针对中国高校 101 个领导团队的研究发现，领导团队的集体效能感显著影响他们的团队行为整合。同样地，当团队成员都对团队的未来充满乐观和希望并深信团队具有很强的抗打击能力时，团队更有可能为团队共同的目标努力奋斗。在团队目标能够有效达成的积极预期的驱动下，整个团队更有动机积极地整合行为，充分交换信息、加强协作，以集体而非个体的方式做出决策。因此我们提出假设：

H2a：团队心理资本对团队行为整合有显著的正向影响。

团队冲突反映了团队过程分化的那一面。团队冲突包括任务冲突和关系冲突两个维度。任务冲突表示团队成员之间对于工作在观点、意见上存在分歧；

关系冲突表示团队成员之间存在人际矛盾，如关系紧张、烦恼（Jehn，1995）。Li 和 Hambrick（2005）发现，年龄、教育等人口统计因素的异质性让团队成员之间在任务的处理方式等观点上产生更多分歧，行为整合程度更低，同时情感冲突和任务冲突更强。然而对于一个团队来说，团队的成功比个人矛盾更重要。面对共同的目标和愿景，在团队心理资本高的团队中，团队成员更可能为了团队光明的未来而共同行动，缓解团队中的关系冲突，面对团队共同的任务和挑战时表现出更多的沟通和合作行为，任务冲突水平更低，更有利于团队工作的进行（Lent et al.，2006）。如果团队心理资本较低，团队成员对于团队的未来都很消极、没有信心、遇到困难一蹶不振，由此就会带来更多的工作压力和情绪低落。这些消极情绪会使人们出于资源保存的动机表现出更多不友善的行为（Du Rant et al.，1995）。因此，我们提出假设：

H2b：团队心理资本对团队冲突有显著的负向影响。

（三）团队行为整合和团队冲突的中介作用

根据团队互动过程的 I-P-O 模型，团队输入过程的因素将直接影响团队互动过程，再经由团队互动过程影响团队产出，也就是说，团队互动过程在团队输入因素和团队结果之间起到中介作用。

团队心理资本对团队的融合具有积极的作用。这是因为，团队心理资本是团队所具有的积极特质（Peterson et al.，2011），团队心理资本包含的四种资源协同一致，成为一种正向的输入从而影响团队的融合。当团队成员对团队的能力有信心、对目标达成十分乐观、对团队未来有希望，团队成员会被未来的良好结果所激励，为实现光明的目标而做出努力（Clapp-Smith et al.，2009；West et al.，2009）。深知团队融合重要性的团队更容易实现团队目标，团队成员将表现出更多的信息共享、积极协作、参与团队决策等有助于融合的行为，从而提高团队行为整合度。团队行为整合更好的团队，团队工作开展更顺利，决策质量更高、工作效率更高，从而实现更好的团队绩效。

团队互动过程的一个产出是团队对团队成员的影响力增加（Jewell and Reitz，1981）。当团队行为整合度更好，团队成员从行为到态度都更多地受到团队的影响时，他们会更积极地参与到团队信息交换、团队分工与合作以及团队决策等各种活动中来，因此促使团队绩效提升的作用机制也同样影响了个体绩效。此外，行为整合度更高的团队也会为身处其中的个体提供更多的信息、资源和帮助（刘宁等，2012），这都有助于个体工作绩效的提高。

基于以上分析，我们提出如下假设：

H3a：团队行为整合中介团队心理资本与团队绩效之间的关系，即团队心理资本越高，团队行为整合程度越高，团队绩效表现越好。

H3b：团队行为整合中介团队心理资本与个体绩效之间的跨层关系，即团队心理资本越高，团队行为整合程度越高，个体绩效表现越好。

与此同时，团队心理资本对团队的分化具有抑制作用。拥有更高心理资本的团队成员基于对要达成团队目标的可信预期，将更多地以团队目标和团队利益为出发点。这使得他们更能够容忍那些因为要实现目标而发生的与工作任务有关的意见分歧和摩擦，并付出努力化解可能导致冲突和矛盾的问题。同时，他们也更有可能为了一个共同的目标而搁置人际矛盾，因为这可能会对团队迈向目标的过程造成损耗。另外，积极的团队心理资本能够在团队中创造出一种积极的氛围，身处其中的团队成员能以更积极的心态应对工作和同事，感受到的压力更小，情绪能够得到更好的控制，这都将减少团队冲突的发生。

当团队分化过程受到抑制时，团队分化对团队绩效的负面作用也得以缓解。以往的许多研究都发现，当团队中的冲突较小时，团队成员的关系更为和谐（Jehn，1995），团队内部更不容易分化成为不同的子群体，造成团队成员间的隔阂，使团队的绩效受损（张新安，2009）。

团队心理资本对团队冲突的遏制同样有利于提高个体绩效。团队冲突带来的不良情绪和压力可能影响个体投入工作的状态（周明建，2014）。冲突还可能导致员工对团队和工作不满，产生工作倦怠（De Dreu and Weingart，2003）。此外，身处冲突频发的团队中，个体往往更为孤立，更难得到来自其他团队成员的帮助和信任，从而影响个体绩效。然而积极的团队心理资本通过减少团队冲突，使团队成员保持工作状态和工作积极性，为团队成员创造互助互信的氛围，提高个体绩效。

基于以上分析，我们提出如下假设：

H4a：团队冲突中介团队心理资本与团队绩效之间的关系，即团队心理资本越高，团队冲突越少，团队绩效表现越好。

H4b：团队冲突中介团队心理资本与个体绩效之间的跨层关系，即团队心理资本越高，团队冲突越少，个体绩效表现越好。

综上所述，基于I-P-O模型，从团队互动融合—分化视角出发，我们构建了团队心理资本影响团队绩效和个体绩效的理论模型，具体如图7-2所示。

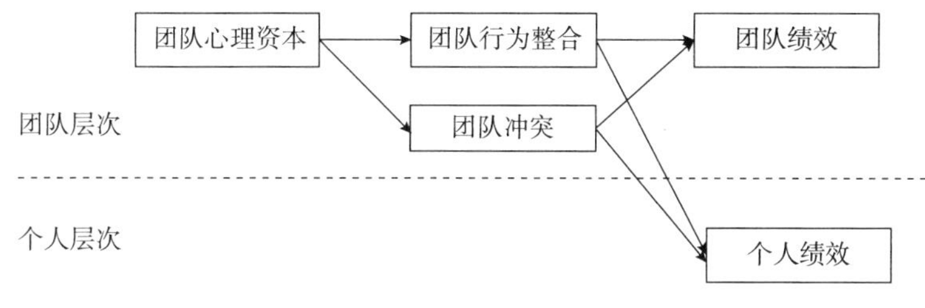

图 7-2　研究模型

四、研究方法

（一）研究样本与数据收集

本书同时关注了变量间的同层次和跨层次关系，我们采用问卷调查的方式在两个时间点上收集了数据。在一个时间点上，我们请员工回答了自己的团队心理资本，请领导回答了团队行为整合、团队冲突、团队绩效以及他们的人口统计变量的相关问题。在另一个时间点上，我们请同一批领导汇报了所有团队员工的个体绩效数据。调查对象来自浙江省内 4 个企业的 66 个团队 355 名员工。我们在调查前从人力资源部门获得了所有团队成员的名单，并对所有问卷进行了编码，以保证两次问卷可以较好地匹配。之后我们将问卷放在匿名信封中，并将之发放给各部门员工。剔除回答不合格的问卷（如团队成员少于 3 人、人口统计变量缺失等）后，我们最终回收了在两个时间点上的 58 个有效团队样本（有效回收率为 87.88%）和 274 份有效个体问卷（有效回收率为 77.18%）。团队平均拥有 7.7 名成员。成员的平均年龄为 37 岁，女性约占 73%，受过大学本科及以上教育的人占 55.11%，员工的平均工作年限为 11 年。

（二）测量工具

团队心理资本：我们对 Luthans 等（2007）提出的 24 条目问卷进行改编以

测量员工心理资本，并根据 West 等（2009）的建议，采用参照转移模型（Chan，1998）将量表条目调整到团队层面，由团队员工自我汇报。该量表具体包括四个维度：自我效能感、希望、适应力和乐观。示例题目如“我们团队（部门）相信自己能分析长远的问题，并找到解决方案”（自我效能感）、“如果我发现自己在工作中陷入了困境，我们团队（部门）能想出很多办法摆脱困境”（希望）、“在工作中遇到了挫折，我们团队（部门）能够从中恢复过来，并继续前进”（坚韧性）、“在工作中，我们团队（部门）总能看到事情光明的一面”（乐观）。本书中此量表的信度为 0. 95。

团队行为整合：我们改编了 Hambrick（1994）开发的 9 条目量表，对团队行为整合的测量在第一个时间点上开展，由团队领导汇报。该量表包括 3 个维度。其中决策参与的测量包括 3 个条目，示例问题如“团队内鼓励大家提出各自的不同意见”。开放沟通团队合作的测量也包括 3 个条目，示例问题如“团队成员决策时能充分分享相关信息”。团队合作的测量包括 3 个条目，示例问题如“某位成员忙时，其他成员都会帮助他分担工作任务”。本书中此量表的信度为 0. 92。

团队冲突：我们采用 Jehn（1995）编制的团队冲突问卷，请团队员工填写。改编后的问卷共包括 5 个测量条目，示例题目如“团队成员因工作而起的冲突很多”、“团队成员对于专业问题的观点差异很大”。本书中此量表的信度为 0. 95。

团队绩效：我们采用陈国权（2007）编制的团队绩效问卷。改编后的问卷由团队领导填写。示例题目如“团队成员能有效地工作”、“团队成员关心工作的质量”。本书中此量表的信度为 0. 83。

个体绩效：个体绩效的测量量表是由 Williams（1991）的量表改编而成。同时我们根据中国学者高日光（2009）所采用的适用于中国情景的中文版量表进行量表翻译与核对。该量表包括 5 个条目。示例问题如“能保质保量地完成分配任务”。本书中此量表的信度为 0. 92。

控制变量：根据以往研究，在个体层次上，我们控制了员工的性别、年龄、教育程度、在职年限以及工作复杂程度。其中，性别为虚拟变量，男性为“0”，女性为“1”；年龄为员工实际年龄，用数字表示；教育程度为分类变量，1~4 分别代表了“本科及以上”“大专”“中专”“高中及以下”；在职年限为员工截止到目前的工作年限，用数字表示；员工工作复杂程度由团队领导评价，使用单个条目（“这位员工目前所从事的工作的复杂程度”）进行测量。在团队层次上，我们控制了团队类型、团队规模和所在企业。其为分类变量，1~4 分别代表了“外派业务部门”“后勤部门”“管理部门”“本部业务部门”。

五、数据分析和假设检验

（一）验证性因子分析

验证性因子分析结果如表 7－1 所示。五因子模型对数据的拟合度较好（$\chi2/df=3.05$；CFI＝0.91；RMSEA＝0.084），而且它明显优于四因子模型、三因子模型、二因子模型以及单因子模型。这表明本书所涉及的构念有较好的区分效度。

表 7－1　测量模型比较

模型	χ^2	df	χ^2/df	RMSEA	CFI
单因素模型	4095.044	275	14.891	0.219	0.366
二因素模型	2467.423	274	9.005	0.166	0.636
三因素模型	2315.608	272	8.513	0.161	0.661
四因素模型	1008.484	269	3.749	0.098	0.877
五因素模型	809.195	265	3.053	0.084	0.910

注：N＝274。二因素模型：团队绩效+团队行为整合+团队冲突+个体绩效，团队心理资本；三因素模型：团队绩效+团队行为整合，团队心理资本+个体绩效，团队冲突；四因素模型：团队绩效+个体绩效，团队行为整合，团队冲突，团队心理资本；五因素模型：团队绩效、个体绩效、团队行为整合、团队冲突、团队心理资本。

（二）数据聚合检验

团队行为整合、团队冲突和团队绩效的测量都是以团队为参照点由团队领导直接评价，但是团队心理资本由员工个体进行汇报，再聚合至团队层面。因此我们需要检验其聚合到团队层次是否可行。我们主要采用 rwg、ICC（1）和 ICC（2）这三个常用指标对数据进行聚合检验。结果显示，员工团队心理资本的 rwg 均值为 0.98，高于 0.7 的内部一致性标准。对于组内相关系数 ICC（1）和 ICC（2），Lebreton 和 Senter（2007）提出，ICC（1）的值大于 0.01 可以被认为是效应较小，大于 0.1 被认为是效应中等，而 ICC（2）的值通常建议大于 0.7。结果显示，团队心理资本的 ICC（1）为 0.01，ICC（2）为 0.80，在临界标准之上。由于 ICC（1）所得结果的效应较小，我们还进一步进行了方差分析的检验。结果显示，团队心理资本（$F = 18.5$，$p < 0.01$）的均值在各组之间的差异显著，这说明有必要进行分组讨论。

（三）描述性统计分析

对于变量之间的描述性统计分析，我们将变量分为个体层次和团队层次分别进行检验。各变量的均值、标准差和相关系数如表 7-2 所示。从表 7-2 中可以发现，个体层次上个体绩效与任务复杂程度显著相关。团队层次上团队心理资本与团队绩效显著正相关，与团队行为整合显著正相关，与团队冲突显著负相关；团队绩效与团队行为整合显著正相关，与团队冲突显著负相关；团队规模和所在企业都会显著影响团队心理资本。

表 7-2 变量的均值、标准差和相关系数

变量	M	SD	1	2	3	4	5	6	7
个体层次									
1. 性别	0.27	0.44	—	—	—	—	—	—	
2. 年龄	37.05	8.83	0.20***	—	—	—	—	—	—
3. 教育程度	1.66	0.87	0.10	0.33***	—	—	—	—	—
4. 在职年限	11.35	8.71	0.03	0.68***	0.22***	—	—	—	—
5. 任务复杂程度	3.22	1.07	0.01	-0.10*	-0.07	0.02	—	—	—
6. 个体绩效	4.32	0.64	-0.09	-0.05	-0.07	0.02	0.17***	(0.92)	—
团队层次									
1. 团队类型	2.06	0.83	—	—	—	—	—	—	—
2. 团队规模	8.12	3.52	0.26***	—	—	—	—	—	—
3. 所在企业	2.43	1.07	0.20***	0.19***	—	—	—	—	—
4. 团队心理资本	3.80	0.37	0.02	-0.37***	-0.12**	(0.95)	—	—	—

续表

变量	M	SD	1	2	3	4	5	6	7
5. 团队行为整合	4.25	0.66	−0.10	0.11*	0.02	0.18***	(0.92)	—	—
6. 团队冲突	2.07	0.84	0.16***	0.00	0.06	−0.26***	−0.31***	(0.95)	—
7. 团队绩效	4.21	0.50	0.04	−0.01	0.32***	0.15**	0.64***	−0.25***	(0.83)

注：$N_{个体}=274$；$N_{团队}=58$；* 表示 $p<0.1$，** 表示 $p<0.05$，*** 表示 $p<0.01$，对角线上的括号内数值为内部一致性系数（Cronbach alpha）。

（四）假设检验

为了检验团队心理资本对员工个体绩效行为的跨层次影响，以及团队行为整合和团队冲突在其中的中介作用，我们在本书中采用多层次线性模型（HLM）来进行数据分析。根据廖卉和庄瑗嘉（2008）的建议，我们在检验前对团队层次和个体层次的变量都进行了总均值中心化处理。我们采用线性回归对均值中心化后的团队层次数据进行团队层次中介效应的检验，再采用多层线性模型检验跨层中介效应是否存在。

1. 团队层次中介效应检验

首先，我们以团队绩效为因变量对团队层次的中介效应进行检验。从表7-3模型1中可看出，团队心理资本与团队绩效显著正相关（$\gamma=0.41$，$p<0.05$）。假设1a得到验证。同时团队心理资本与团队行为整合显著正相关（$\gamma=0.45$，$p<0.10$）（模型4），但与团队冲突显著负相关（$\gamma=-0.69$，$p<0.05$）（模型5）。假设2a和假设2b都得到了证明。其次，我们分别将团队心理资本与团队行为整合、团队心理资本与团队冲突放入以团队绩效为因变量的模型中。结果显示，团队心理资本与团队行为整合加入模型2后，团队行为整合与团队绩效显著正相关（$\gamma=0.53$，$p<0.01$），而团队心理资本不再与团队绩效具有显著相关性，随后的Sobel检验显示，间接效应显著（$z=1.74$，$p<0.1$）；团队心理资本与团队冲突加入模型3后，团队冲突与团队绩效显著负相关（$\gamma=-0.21$，$p<0.05$），而团队心理资本不再与团队绩效具有显著相关性，同时，Sobel检验结果为$z=1.65$，$p<0.1$，间接效应显著。这说明团队行为整合和团队冲突都中介了团队心理资本和团队绩效之间的关系，假设3a和假设4a得到了支持。

表 7-3 团队层次中介效应分析结果

变量	团队绩效		团队行为整合		团队冲突
	模型 1	模型 2	模型 3	模型 4	模型 5
截距项	1.11	-2.42***	-2.07**	1.62	-2.40
控制变量					
性别	-0.17	-0.10	0.05	-0.14	1.03**
年龄	0.03	0.06**	0.04	-0.05	0.07*
教育程度	-0.11	-0.11	-0.13	-0.01	-0.09
在职年限	-0.05	-0.04*	-0.06*	-0.02	-0.04
工作复杂程度	0.18*	0.15*	0.16	0.06	-0.12
团队规模	-0.00	-0.02	-0.01	0.03	-0.04
所在企业	0.30***	0.23***	0.32***	0.13	0.09
团队类型	-0.01	0.06	0.03	-0.13	0.21
自变量					
团队心理资本	0.41**	0.17	0.26	0.45*	-0.69**
中介变量					
团队行为整合	—	0.53***	—	—	—
团队冲突	—	—	-0.21**	—	—
F 值	2.02	6.91	2.50	1.99	2.77
R^2	0.28*	0.60***	0.35**	0.27*	0.34***

注：$N_{个体}=274$；$N_{团队}=58$；* 表示 $p<0.1$，** 表示 $p<0.05$，*** 表示 $p<0.01$。

2. 跨层中介效应检验

首先，我们设定了以个体绩效为结果变量的零模型，用以考察因变量的组间方差和组内方差。结果显示，其组内方差（σ^2）和组间方差（τ）分别为 0.20 和 0.27，卡方检验的结果为 $\chi^2=85.60$（$p<0.01$），故 ICC（1）= 0.43，组间方差占总方差的 43%。由此可知，个体绩效具有显著的组间方差，可以进行下一步的假设检验（温福星，2009）。

其次，我们检验自变量对因变量个体绩效的跨层次直接效应。由表 7-4 可知，团队心理资本与个体绩效显著正相关（$\gamma=0.37$，$p<0.05$）。假设 1b 得到支持。根据表 7-3 的结果，自变量（团队心理资本）对中介变量（团队行为整合和团队冲突）的直接效应都是显著的。

最后，我们应检验当自变量和中介变量同时对因变量进行回归时，中介变量是否显著，而同时自变量是否变为不显著或显著性水平降低。分别加入了团队行为整合和团队冲突这两个中介变量的模型 2 和模型 3 显示，当团队心理资本和团队行为整合同时对个体绩效进行回归时，团队行为整合的回归系数正向显著（$\gamma=0.55$，$p<0.01$），而团队心理资本的系数不再显著；当团队心理资本和团队冲突同时对个体绩效进行回归时，团队冲突的回归系数为负向显著（$\gamma=-0.28$，$p<0.01$），而团队心理资本的系数同样不再显著。这表明，团队行为整合和团队冲突在团队心理资本与个体绩效的关系中起完全中介作用。假设 3b 和假设 4b 得到了验证。

表 7-4 多层次线性模型（HLM）分析结果

变量	个体绩效			
	零模型	模型 1	模型 2	模型 3
截距项	-0.04	-1.28	-2.21***	-2.01**
控制变量				
性别	—	-0.11	-0.09	0.18
年龄	—	0.01	0.04**	0.03
教育程度	—	0.02	0.03	-0.02
在职年限	—	-0.02	-0.02	-0.04
工作复杂程度	—	0.16*	0.12*	0.13***
团队规模	—	0.03	0.01	0.02
所在企业	—	0.21***	0.15***	0.24***
团队类型	—	-4.67	0.06*	0.06
自变量				
团队心理资本	—	0.37**	0.14	0.19
中介变量				
团队行为整合	—	—	0.55***	—
团队冲突	—	—	—	-0.28***
组内方差（σ^2）	0.20	0.20	0.15	0.06
组间方差（τ）	0.27	0.19	0.20	0.20
R^2	—	0.30	0.26	0.26
Log Likelihood	-221.56	-213.53	-193.60	-199.98

注：$N_{个体}=274$；$N_{团队}=58$；* 表示 $p<0.1$，** 表示 $p<0.05$，*** 表示 $p<0.01$。表中个体绩效模型均为跨层次模型，R^2 的计算公式为 $R^2=$（τ of Null model−τ of the model）/ τ of Null model.

六、讨论

（一）研究结论与理论贡献

我们之所以进行这项研究，主要是因为在目前的文献中，关于心理资本的研究多局限在个体层面，我们对团队心理资本是否影响团队绩效和个体绩效，以及这一影响机制是如何发生的等问题缺乏足够的认识。我们通过多期、多来源、跨层次的实证研究发现：①团队心理资本能够对团队绩效和个体绩效产生积极的影响；②团队行为整合和团队冲突在团队心理资本和团队绩效、个体绩效的关系中起到中介作用。具体来说，团队心理资本会促进团队行为整合、抑制团队冲突，从而提高团队和个体的绩效。

我们的研究主要在以下三个方面做出了理论贡献：首先，我们推进了将个体层面的心理资本问题向团队层面推广的尝试。一方面，我们提供了进一步的实证证据，支持团队心理资本对团队绩效的积极作用。另一方面，我们的跨层次研究充分说明，团队心理资本对个体绩效也同样存在积极的作用，这在以往团队心理资本的研究中还未有讨论（West et al.，2009；Clapp-Smith et al.，2009；Peterson et al.，2011；Rego et al.，2017）。

其次，我们提出了团队心理资本影响团队绩效和个体绩效的一种重要机制，即团队心理资本对团队绩效和个体绩效的影响是通过影响团队互动过程实现的。具体来说，团队互动过程存在两个不同的类别。一类指向团队融合，而另一类指向团队分化，将对团队结果施加相反的作用。团队心理资本有利于促进团队融合、抑制团队分化，通过这两个路径，团队心理资本对团队和个体的工作结果产生影响。

最后，我们的研究发现了影响团队互动过程的新的前因变量，拓展了我们对团队心理资本与团队运用过程的关系的认识。不论是经典的 I-P-O 理论（McGrath，1964），还是其他团队过程的描述模型（Jewell and Reitz，1981），都在尽力探索影响团队互动过程的输入因素（INPUT），学者们研究了团队结构、团队异质性、团队行为规范、团队凝聚力、团队包容性等一系列因素（葛宝山等，2012），但团队共享的积极心理资源如何对团队互动过程产生影响，仍是一个理论空白。基于积极组织行为学（POB）的理论，我们论证了积极心理资本对团队行为整合和团队冲突的相反作用，并在实证上进行了验证。

（二）实践启示

我们的研究有望对管理实践提供帮助。首先，我们的研究表明，开发团队心理资本是一种提升团队绩效和员工绩效的有效途径。由于团队心理资本形成于团队成员集体认知和行为互动的过程中，以往研究表明，团队成员通过情感和信息的分享等团队互动行为，能够相互影响，形成团队心理资本（Dawkins et al.，2015；徐礼平、李林英，2016）。因此，企业应在团队绩效互动过程中注意引导，培育积极的情感和交流正面的信息，从而提高团队心理资本，提高团队绩效和个体绩效。

其次，我们的研究还揭示出，团队心理资本影响绩效的过程是通过促进团队行为整合和减少团队冲突这两个途径实现的。这一发现一方面强调了团队管理中团队成员共享信息、坦诚合作、参与决策、减少团队冲突的重要性；另一方面则反映出，如果团队领导能够培育出具有高水平团队心理资本的团队，团队成员的行为整合度将自然提高，团队冲突也将相应减少。可以说，开发团队心理资本更加“治本”。

（三）研究不足与展望

不可否认，我们的研究也存在局限性。首先，尽管我们的研究框架描述了团队心理资本分别对“融合”与“分化”两种不同的团队互动过程产生相反的影响，从而作用于团队绩效和个体绩效。但受限于数据采集能力的有限性，我们仅采用了团队行为整合和团队冲突两个变量作为融合和分化的团队互动过程的代表形式，没有将其他的团队互动过程变量，如团队帮助、团队沟通、团队不信任、过度竞争等因素（葛宝山等，2012）纳入本书。在未来的研究中，我们应当纳入更多的团队过程变量，以验证我们理论模型的解释力。

其次，尽管分两阶段收集数据，并由上级对员工的任务绩效进行评价，排除了个体绩效模型同源方差的影响，但由于前因变量和结果变量都由领导评价，团队层面的模型仍有可能受到同源方差问题的干扰。此外，团队绩效和个体绩效的数据都是主管评价，如果我们能够采用客观数据衡量团队绩效和个体绩效，无疑将进一步提升本书的说服力和应用价值。

此外，本书的 58 个团队、274 个样本虽然来自于四家不同的组织，但仍然集中于同一个行业。这虽然有助于我们排除行业差异给研究结论带来的干扰，提升了研究的内部效度（internal validity），但也使得研究结论无法排除行业特征所带来的影响，在某种程度上牺牲了研究的外部效度（external validity）。因此，在我们的研究被认为普遍适用之前，尚需在其他不同的行业或企业的情境中做进一步的检验。

第八章
心理资本趋同：概念、测量与理论模型

本章构建了心理资本趋同这一全新的概念，以描述团队成员间的积极心理资本扩散和传播的一种机制，即在有新成员加入的团队中，新成员进入团队后，新成员和原团队的心理资本趋近（差距缩小）了。基于从众理论中的信息性社会影响效应和社会学习理论，我们对心理资本趋同的产生机制及三个维度进行了阐述，并构建了心理资本趋同的两个测量指标，提出了研究假设。

一、研究问题的提出

关于积极心理资本的研究在近年来方兴未艾（Avey，Luthans and Youssef，2010；Avey et al.，2011；Luthans et al.，2008；韩翼、杨百寅，2011；柯江林、孙健敏、李永瑞，2009；任皓等，2014；周文霞等，2015）。管理者立足于实践，他们所关心的问题是：如果心理资本确实是有价值的因素，那么应该如何管理它和开发它呢？心理资本管理和开发的方式有两种：①心理资本培训、干预，即通过正式的培训方式开发员工心理资本。②心理资本的感染和扩散。这是一种非正式的开发，更加具有普遍性和日常性。除了提供心理资本培训、干预之外，我们还应该向管理者们揭示，心理资本作为一种积极正面的状态，就如同“正能量”一般，可以通过人与人的交往进行传播和扩散。我们一旦掌握了心理资本在团队中的扩散机制，就可以有目的地对其进行引导和管理，提高团队成员的心理资本，从而获得更好的工作结果。

积极心理资本的扩散效应和传播效应，已经进入了学者们的研究视野，但总体来看，相关方面的研究还处于起步阶段。目前的研究已经讨论了团队领导积极的心理资本会通过感染员工或通过员工的主动学习和模仿，向团队成员扩散（Walumbwa，Peterson，Avolio and Hartnell，2010）。团队领导是团队中最重要和特殊的角色，因此对领导心理资本如何在团队中扩散进行研究具有合理性和可操作性。然而，心理资本有没有其他的团队扩散机制呢？比如说，当一个新成员进入团队，他是否会在融入这个团队的过程中，受到团队心理资本的影响，而相应地调整和改变自己的心理资本？

我国作为一个集体主义国家，这种个体向团队心理状态趋同的现象，可能经常发生。在集体主义文化氛围下，个体保持和集体的态度、观点一致的思维更加深入人心，个体向集体的趋同本身就是一种社会现象，在紧密合作的工作群体中，这种现象更加常见。本书对心理资本趋同这一概念的开发、测量和模型化，不仅有助于捕捉团队内部心理资本扩散的一种重要机制，而且有助于对我国企业中团队内集体心理资本扩散的现象进行有力的解释。

二、从心理资本到心理资本扩散

（一）心理资本

在积极心理学和积极组织行为学的理论框架下，“积极心理资本”的概念由 Luthans 等（2004）提出，是“个体一般积极性的核心心理要素，具体表现为符合积极组织行为标准的心理状态”，包含希望、乐观、坚韧性和自我效能感四个维度，强调了人的积极心理力量。诸多研究证明，拥有积极心理资本的员工的工作态度（如组织承诺、心理幸福感）更积极（田喜洲、谢晋宇，2010），他们也表现出更多的组织公民行为和更好的绩效表现（Luthanset et al.，2005；隋杨等，2012；张宏如，2013；周浩，2011）。学者们也指出，心理资本不是一成不变的，而是一种可以后天调节的、动态的因素（Peterson et al.，2015）。

值得说明的是，心理资本是一个整体概念、高阶因子。其包含的要素具有共同特性，并且相互关联（Carver and Scheier，2002；Luthans et al.，2006），心理资本的各维度对结果变量的整体效果大于各要素的效果之和（Luthans et al.，2010）。与四个变量单独预测相比，集体心理资本作为一个整体，对员工态度的预测效果更强（Larson and Luthans，2006）。

此外，心理资本是可以开发的。心理资本反映一个人在特定时刻的心理状态，是由过去的经历、个性特征与以前的心理状态相结合的产物，因而也可以受到新的经历影响而改变。已有研究分析和讨论了如何投资和开发心理资本的过程（Luthans，Vogelgesang and Lester，2006；Seligman，2002）。

（二）集体心理资本

Dawkins 等（2015）指出，团队心理资本是个体心理资本的概念在团队层面的延伸，形成于团队成员集体认知和行为互动的过程中，体现了团队成员心理资本的一致性程度。徐礼平和李林英（2016）认为，根据社会感染理论，团队成员通过情感和信息的分享等团队互动行为，如团队对任务目标的计划和判断，从而形成团队心理资本。因此，团队心理资本是团队成员整体表现出来的一种积极心理状态。

与个体心理资本结构一致，团队心理资本也包括乐观、希望、坚韧性和自我效能感四个维度，代表了团队成员共享的积极的心理资源（Dawkins et al.，2015）。一个心理资本水平高的人往往对未来充满希望，为了目标不断努力和坚持，遇到挫折也会迎难而上、不屈不挠，并且对自己能够成功应对挑战和困难充满信心（Luthans，Youssef and Avolio，2015）。同样，作为团队共享的特质，团队心理资本高的团队表现出以下特点：对团队共同的愿景和目标保持着积极、乐观的态度，坚持不懈地追求目标，勇于面对困难和挑战，不屈不挠，对团队的能力和成功充满自信（Kozlowski and Klein，2000）。

学者们对团队心理资本和团队结果的关系进行了初步探索，发现团队心理资本更高的团队，表现出更高水平的团队凝聚力、团队协作、团队信任、团队满意度（Clapp-Smith，Vogelgesang and Avey，2009；West，Patera and Carsten，2009）。也有一些涉及团队心理资本和个体员工态度、行为的研究，这些研究主要将心理资本看作领导力（如真实型领导、变革型领导、谦卑型领导）影响员工个体行为的一个中介变量（Clapp-Smith et al.，2009；Peterson，Zhang and Carpenter，2011；Rego et al.，2012；韩翼等，2011；隋杨等，2012）。

对团队集体心理资本的测量，李林英和李健（2011）总结和归纳了三种方法：①个体心理资本总和法，即用团队成员心理资本评价的总和来评估团队心理资本；②个体评估平均法，即用团体成员对团体能力评价的均值来评估团队心理资本；③团体讨论法，即以团体成员在互动和讨论的基础上得出的一致意见来评估团队心理资本（Whiteoak，Challp and Hort，2004）。

（三）心理资本的扩散

针对心理资本的扩散效应和感染效应的研究还集中于讨论领导者心理资本对下属心理资本的影响，对团队中其他成员以及团队整体心理资本影响个体心理资本进行研究的视角还没有受到应有的重视。其中，比较具有代表性的研究是：Walumbwa 等（2010）在研究领导心理资本和成员绩效时讨论了领导者心理资本对员工的心理资本的影响；Hodges（2010）对心理资本的感染效应进行了第一次正式的检验。我们在本书的第三章对这两项研究进行了介绍。

通过梳理第三章对心理资本的开发进行研究的大量文献，我们发现，现有研究还很少讨论过群体互动对积极心理资本的相互传导的影响，这正是本章试图分析的问题。我们首先对企业员工心理资本趋同的访谈进行研究；其次，正式提出心理资本趋同的概念，并辨析其理论基础；最后，讨论对心理资本趋同的测量，并提出一系列的研究假说。

三、对我国企业员工心理资本趋同的访谈研究

（一）访谈目的及访谈设计

在对心理资本趋同的概念进行理论构建的基础上，我们对我国企业员工进行访谈，以了解在真实的工作场景中，组织或团队中是否会发生心理资本趋同这一现象，以及心理资本趋同发生的机制、影响因素。我们综合考虑了访谈样本的代表性和访谈的配合程度，选择了 15 位来自不同行业、不同企业的员工进行访谈。在样本选择中，我们选择了较多新加入部门和工作团队的员工，以更好地观察这些新员工由于和新的领导以及工作团队接触所导致的心理资本的变化。访谈的内容主要包括以下几个方面：

1. 员工个人的心理资本水平及其影响因素

访谈的具体问题包括：

（1）您对出色完成自己日常的工作任务以及应对可能的挑战具有信心吗？

（2）您对自己未来十年的工作和生活充满希望吗？

（3）您是一直抱有这样的心态，还是最近心态发生过变化？

如果有变化：

工作中有谁影响了您的这种心态变化吗？是如何影响的？有什么标志性的事件吗？

生活中有谁影响了您的这种心态变化吗？是如何影响的？有什么标志性的事件吗？

如果没有变化：

您觉得工作中的同事/上级为什么不会对您的心态产生影响？

您觉得生活中的家人/朋友为什么不会对您的心态产生影响？

2. 具有典型心理资本水平的同事/上级对心理资本趋同的影响

访谈的具体问题包括：

（1）在你部门中有没有比你更加（公认比较）正/负能量的人？他的正/负能量体现在哪里？

（2）你和正/负能量的这位同事的私下交往多吗？能具体描述一下吗？

（3）你和正/负能量的这位同事因为工作打交道的时候多吗？能具体描述一下吗？

（4）你认为这位同事的正/负能量有没有感染你？

如果有：

这种感染/影响十分明显吗？能简单描述一下或举个例子吗？

从你和他接触多久开始，你发觉你受到了感染？

你能回忆起来这种感染具体是怎么发生的吗？有什么关键性的事件吗？

他对你的这种影响持续时间有多长？你觉得为什么持续时间这么短/长？

如果没有：

为什么你没有受到他的影响？

（5）你觉得你的直接领导属于正能量还是负能量的人？能举例说明吗？

他的这种特点是否影响到了你？在哪些方面影响到了你，让你也变得正能量/负能量了？能具体描述一下吗？

如果换成是其他部门的同事，你觉得会受到影响吗？

3. 团队内部心理资本趋同

访谈的具体问题包括：

加入这个团队后，你有感觉自己和身边同事的心态、处事态度越来越像了吗？

如果是：

是更积极了，还是更消极了？

是你影响他们更多，还是他们影响你更多？

你觉得，为什么是你影响他们更多（他们影响你更多），而不是反过来？

这种越来越相像，对你的工作来说，是好事还是坏事？为什么呢？

如果不是：

为什么你没有受到他们的影响，或他们没有受到你的影响呢？

你有感觉在这个团队中有一点格格不入吗？

你觉得现在这种情况（没有和同事的态度、心态变得更像），对你的工作来说，是好事还是坏事？为什么呢？

（二）访谈对象

表 8-1 呈现了受访对象的基本信息，包括性别、年龄、学历、工作单位、部门、岗位职责、工作时间、部门任期和工作单位所在地。

本轮访谈对象共 15 人。其中，女性 10 人，男性 5 人；在校生（参加社会实习）6 人，社会工作者 9 人；高中及以下 1 人，本科 10 人，研究生及以上 4 人。受访对象来自各种不同的行业（包括零售业、酒店旅游业、房地产、信息通信、法律、汽车制造、能源、航空航天等），从事不同的工作（包括技术、职能管理、销售市场、会计财务等），这有助于我们了解不同行业及工作特点团队中的心理资本趋同现象。同时，在受访对象中，有 12 位为刚步入职场的新生代员工（工作时间≤1 年），3 位（M、Z、J）为已工作一段时间的员工（工作时间>1 年）。

（三）访谈内容总结

1. 某大型超市收银员 C 女士

C 女士为某重点大学的在校本科生，她利用假期时间在上海某大型超市做兼职收银员。总体而言，C 女士对自己未来工作的能力并不自信，自我效能感较低。但因为自己的本科院校为重点院校，所以对未来仍充满希望。C 女士并

表 8-1　受访对象基本情况

序号	代号	性别	年龄	学历	工作单位	部门	岗位职责	工作时间	部门任期	地点
1	C	女	21	本科在读	某大型超市	收银	收银	1 个月	1 个月	上海
2	X	女	21	本科在读	某五星级酒店	礼宾司	提供旅游咨询，预定活动	4 个月	4 个月	三亚
3	H	男	30	博士	某房地产公司	工程	工程项目管理	1 个月	1 个月	重庆
4	L	女	21	本科在读	某五星级酒店	市场	处理订单，完成手续	1 年	6 个月	成都
5	O	男	21	本科在读	某五星级酒店	前厅	引导客人，维护秩序	4 个月	4 个月	三亚
6	S	女	33	中专	某健身房	销售	销售健身卡	—	6 个月	成都
7	M	女	29	研究生	某国际律师行驻华代表处	行政	接待客户，处理案件	3.5 年	6 个月	广州
8	Z	男	29	研究生	某通信信息行业国企	技术研发	技术研发	5 年	5 年	成都
9	J	女	27	研究生	某汽车制造行业国企	技术研发	技术研发	1.5 年	1.5 年	上海
10	Y	男	22	本科在读	某知名娱乐传媒公司	外联	外联活动，剪辑节目	0.5 年	6 个月	北京
11	I	女	22	本科在读	某制药行业国企	行政人事	招聘培训	3 个月	3 个月	成都
12	A	女	24	本科	某民营公司门店	综合办	考勤、社保等	8 个月	8 个月	深圳
13	U	女	24	本科	某新能源行业民企	财务管理	财务管理	8 个月	8 个月	惠州
14	P	男	24	本科	某知名航空公司子公司	人事管理	薪酬绩效	8 个月	8 个月	海口
15	W	女	23	本科	国有大型建筑集团子公司	人事管理	薪酬管理	1 年	8 个月	成都

不认为同事或家人会影响自己的心态，但她承认自己的心情明显被负能量的主管影响，以至于会提高出错率，影响个人工作绩效。该访谈中心理资本趋同并不明显，这可能源于大型超市的收银工作具有较高的独立性，产生心理资本趋同的前提条件应当是员工有足够的时间交流沟通，甚至相互影响。

2. 某五星级酒店礼宾员 X 女士

就读于重点大学的在校本科生 X 女士已在三亚某五星级酒店实习礼宾员 4 个月。她自身具有较高的心理资本水平，对未来充满希望，而这段成功的工作经历以及领导对 X 女士积极的工作评价也进一步提高了她的心理资本水平。

在影响因素方面，X 女士的心态明显受到与同事，尤其是与领导和客户的人际互动的影响；同时，具有负能量的同事也会导致压抑的工作氛围。虽然 X 女士本人积极地融入部门，但由于酒店工作需要的团队合作较少，X 女士并未显现出心理资本趋同。但她认为，相似的心态会促进团队沟通，提升组织认同和团队归属感。

3. 某房地产公司工程项目经理 H 先生

H 先生为某房地产公司的新晋工程项目经理。他的高心理资本水平主要来源于其高学历以及知识水平。H 先生的领导具有正能量，在他的主导下，所在部门的氛围轻松活跃，团队工作积极性普遍较高。领导的正能量也明显促进了 H 先生个人积极的心态。

除此之外，时间变量是心理资本趋同的重要控制变量。H 先生仅在该房地产公司工作一个月，并未产生与其他同事心态、处事方式趋同的现象。另外，人格因素也将影响心理资本趋同的程度。H 先生独立性及自主性较高，也更倾向于维持自己的个性，避免与他人一致。

4. 某五星级酒店市场专员 L 女士

L 女士为重点大学的本科在读学生，目前在某五星级酒店实习市场专员。她自信，对未来的看法积极乐观，面对困难坚韧不拔，具有较高的心理资本。成功的实习经历也提升了她的自我效能感。领导对 L 女士自信心的影响十分重大。前任领导使得她充满了挫败感，而现任领导却帮她重建了自信。尤其是现任领导对待工作积极的态度使她产生了有意识的模仿行为。L 女士同时认为，虽然心态和处事方法的趋同有利于团队沟通，但同时会抑制创造力，减少团队创新，甚至不利于建言行为。

5. 某五星级酒店前厅服务员 O 先生

就读于重点大学的在读本科生 O 先生目前在某五星级酒店实习前厅服务员。他的自信心不强，并且对未来抱有消极态度。在某五星级酒店实习前厅服务员的工作经历也加剧了这一态度的形成。首先，工作缺乏成就感；其次，领导负能量较高，辱虐式管理严重影响了 O 先生的情绪和心态；最后，团队氛围较差，同事们有较多的退缩行为。同时，O 先生报告自己有心理资本趋同现象，即自己的心态变得和同事一样越来越消极。值得注意的是，O 先生在日常工作交流的基础上，还经常与具有负能量的同事有工作之外的交际活动。这种工作友谊关系可能也促进了 O 先生的心理资本趋同现象。

6. 某健身房销售人员 S 女士

S 女士为某健身房的销售人员。她具有较高的心理资本水平，自我效能感强。她打算创业，对未来预期良好。S 女士的家人、朋友均具有乐观积极的心态。在遇到同事有负能量的时候，她也会主动影响改变他们。在工作中，据 S 女士报告，可能是由于大家都热爱运动，同事和部门领导都较为阳光。经过合作，团队的心态和处世态度也越来越相似，有利于合作。

7. 某国际律师行驻华代表处行政人员 M 女士

M 女士目前任职于某国际律师行驻华代表处。总体而言，M 女士基本自信，对未来充满希望，性格情绪均较为稳定。相对于工作中的同事和领导，M 女士的心理资本更多地受到家庭成员的影响。尤其是在工作中遇到挫折时，也更倾向于对家人进行倾诉，获得解决问题的方法。M 女士虽然与一位具有正能量的同事存在工作内外的密切交往，但并未明显受到其心态的影响，仅加深了对他看法的肯定。值得注意的是，一方面，M 女士在职场上抱有“对事不对人”的看法，有很强的自尊，也相信自己能通过改变处理好工作；另一方面，M 女士所在企业为外企，鼓励员工秉持个性，行为规范也相对宽容。

8. 某通信信息行业国企技术研发专员 Z 先生

Z 先生具有技术研发工作者的典型性格和心理状态。一方面，他心理资本较高，对自己的能力富有自信，对生活和工作都充满希望。另一方面，他的自主性、独立性较强，心理状态和处世态度不易受到外界（如领导、同事甚至家人）的影响。在 Z 先生的自我报告中，他认为，工作中并未出现心理资本趋同的现象。但实际上，他和团队中的大多数成员都存在早退的退缩行为。

9. 某汽车制造行业国企技术研发专员 J 女士

J 女士已在某汽车制造行业单位国企技术研发专员岗位工作 1.5 年。她的心理资本水平较高，具体表现在自信心强，对待生活积极乐观。J 女士认为，自她工作以来，受到同事积极的评价和成功的项目加强了她的乐观心态。同时，J 女士团队中的领导也促进了她心理资本的趋同。这位领导勇于承担责任，支持信任下属，不计回报，并且通过活动增加团队凝聚力，不仅影响了下属的工作态度和处事方法，也营造了积极的团队氛围。J 女士认为，心理资本的趋同将有利于团队之间的高效合作。

10. 某知名娱乐传媒公司外联专员 Y 先生

就读于重点大学的本科在读生 Y 先生目前在某知名娱乐传媒公司实习外联专员。他原本具有很高的心理资本，但近期工作幻想的破灭以及遭遇房东骗钱，造成了他心理资本的降低，自信心和生活的积极态度的减弱。自 Y 先生加入该公司起，他的心理资本水平呈现出先升高、后降低的趋势。升高的原因在于相信领导对公司现状过分乐观和夸大的估计，下降的原因在于认清岗位现实。Y 先生报告自己仍有心理资本趋同的现象，但更多的是与部门中的“小团体”心态相似。同时，他认为，心理资本的趋同需根据趋同的方向来判定作用。

11. 某制药行业国企行政人事专员 I 女士

I 女士的心理资本较高。在工作中，领导和同事正面的反馈也加强了其心理资本。另外，I 女士的领导也对她产生了积极的影响，例如，培养阅读行业最新资讯的习惯、分享人生经历等。I 女士报告经过一个月的时间，她与该领导有行为和处事态度的趋同。但她并未与部门同事相似，这可能源于她实习时间不长，以及与同事的相处时间有限。

12. 某民企门店行政人事专员 A 女士

A 女士自身性格积极向上，具有较高的心理资本水平。她所在单位的工作氛围也相对积极，从客观上有利于促进其形成乐观的心态。A 女士的领导对她来说是工作的榜样，但暂时并未对她产生影响。总体而言，A 女士的心理资本变动并不明显。她也更倾向于认为心态是在成长经历中潜移默化地形成的，现在工作生活所遭遇的问题并不能影响其态度和处事方式。虽然 A 女士并未受到他人的影响，但实际上她积极的态度却在影响着周围的同事，引导同事学习和探索问题。

13. 某新能源行业民企财务专员 U 女士

相对而言，U 女士心理资本不高，具体体现在对自己的能力不够自信，有时对未来的看法也不够乐观。她的情绪波动较大，对未来也仍然较为迷茫。虽然随着工作时间的增加，有经验的同事的指导使她的职业发展规划变得清晰，工作经验的积累也增强了资金安全。但总体来看，U女士并未完全融入团队，受到同事的影响也相对较少。虽然领导具有正能量，但U女士并未感到自己的心态趋同于领导。

14. 某知名航空公司子公司人事专员P先生

P先生较为理性，对自己的能力基本自信，对未来的看法比较乐观，是内控型人。同时，他是一个“慢热”的人，这也意味着他并不容易受到外界对他的影响。对于身边的人和事可能会有短暂的情绪上的感触和波动，但他会下意识地调整到原来的状态，因为他觉得以前的还是最适合自己的状态。当然，在有经验的同事的指导下，他对工作和职场生活的态度变得更加从容；领导的鼓励也让他提升了自信心，但这种影响也只是短暂的。因此，他并未感受到心理资本趋同的现象，更倾向于认为团队内部存在独立性却彼此相容。

15. 某国有大型建筑骨干企业集团子公司人事专员W女士

W女士因为工作经验不足，目前尚处于学习阶段，对职业发展没有太大信心，但总体上对未来还是比较乐观的。她会参考具有正能量的同事，主动学习他们正确的行为，促进个人能力的进一步提升。正能量的同事也促进W女士的工作积极性和学习主动性。W女士报告自己与团队的心态和处事态度越来越相似，并且认为频繁的接触会加强这种感染。

（四）访谈汇总及分析

本轮访谈调查是对我国企业员工心理资本趋同的一次探索性研究。根据15位受访对象的访谈记录，我们进行了分析汇总，具体内容呈现在表8-2中。

从表8-2中我们可以看到，受访对象普遍具有较高的心理资本（自信和乐观）。相比之下，仅有4人对自己的能力不自信（O、U、P一般，W较低），2人对未来比较迷茫（O较低，U一般）。

通过对比受访对象的公司类型和近期心态变化，我们发现，在外资、民营和国企中，受访对象的心态变化没有表现出特定的模式，即不同企业所有制类型不会对员工的心理资本变化产生影响。心理资本趋同现象更有可能直接受到团队层面，而非企业层面因素的影响。

表 8-2 访谈内容汇总

访谈对象	C	X	H	L	O	S	M	Z
公司类型	外资	外资	民营	外资	外资	民营	外资	国企
行业	零售	酒店旅游	房地产	酒店旅游	酒店旅游	体育	法律	信息通信
性格特点	—	—	独立自主	易受影响	—	易受影响，冲动	稳定	稳定，独立自主
工作独立性	较高	较高	较低	较低	较高	较高	较低	较高
工作满意度/成就感	较低	较高	较高	较高	较低	较高	较高	一般
人力资本	一般	一般	较高	一般	一般	较低	较高	较高
心理资本（自信）	较低	较高	较高	较高	一般	较高	较高	较高
心理资本（乐观）	较高	较高	较高	较高	较低	较高	较高	较高
近期变化	降低	提高	持平	提高	降低	持平	持平	持平
影响因素（领导）	一位领导批评谩骂，另一位领导鼓励宽容	—	正能量：主动指导，乐于助人	正能量：积极工作，表扬员工，保持良好状态，以身作则	负能量：情绪不稳定，批评指责，拖延下班时间	正能量：分享心得，相互帮助	—	无典型
是否趋同	心情明显受到影响	决定自身状态	否	是	影响状态	是	—	否
交往程度	工作	—	—	—	—	—	—	工作
影响因素（同事）	—	负能量：抱怨	无典型	无典型	无典型，普遍偷懒	—	正能量：心态成熟，看法客观；负能量：抱怨，气馁	负能量：偷懒

续表

访谈对象	C	X	H	L	O	S	M	Z
是否趋同	—	使人压抑	—	—	是	—	否	—
交往程度	—	避免交往	—	—	工作及生活交往	—	正能量：工作及私人	
影响因素（家人/朋友）	尊重，支持	—	—	—	—	尊重，支持	引导	—
感染发生的时间	—	—	—	—	“没多久”	—	—	—
团队氛围	疲惫，脾气暴躁	—	轻松愉悦	紧张、压力	压抑，偷懒	阳光，热爱运动	—	—
团队融入程度	较低	较低	较低	—	较高	—	—	—
是否产生团队趋同	否	否	否	是	是	是	是（无明显差别）	否
趋同方向	—	—	—	积极	消极	积极	积极（无明显差别）	—
趋同主导者	—	—	—	同事	同事	同事	同事	—
对团队趋同的评价	正面	正面	区别看待	正面	正面	正面	—	—

续表

访谈对象	J	Y	I	A	U	P	W
公司类型	国企	民营	国企	民营	民营	民营	国企
行业	汽车制造	娱乐传媒	医药	—	能源	航空航天	建筑
性格特点	稳定，独立自主	—	—	—	易受影响，情绪波动	“慢热”，独立	—
工作独立性	较低	较低	一般	较高	较高	较高	较高
工作满意度/成就感	较高	较低	较高	较高	一般	一般	一般
人力资本	较高	一般	一般	一般	一般	一般	一般
心理资本（自信）	较高	较高	较高	较高	一般	一般	较低
心理资本（乐观）	较高	较高	较高	较高	一般	较高	较高
近期变化	提高	降低	持平	持平	波动	持平	持平
影响因素（领导）	正能量：承担责任，促进团结，以身作则	最初正能量，之后负能量：盲目夸大	正能量：积极培养，关照下属	正能量：勇于承担，工作积极	正能量：争取利益，规划蓝图	正能量及负能量：工作认真负责，领导力差	正能量：有责任感，敢于担当
是否趋同	是	是	是	否	是	—	是
交往程度	工作及私人	工作	工作	—	工作	—	工作
影响因素（同事）	—	—	—	正能量：乐于助人，工作积极	正能量：积极工作，认真负责	正能量：积极工作，加班加点	正能量：有责任感，工作富有激情

续表

访谈对象	J	Y	I	A	U	P	W
是否趋同	—	—	—	否	是	是（最初）	是
交往程度	—	—	—	—	—	工作（较少）	—
影响因素（家人/朋友）	—	—	—	家人、朋友及成长经历起主要作用	—	—	—
感染发生的时间	2个月左右	—	半个月	—	—	—	—
团队氛围	—	—	—	自在	—	—	—
团队融入程度	—	—	较低	较高	—	较低	—
是否产生团队趋同	是	是	否	是	是	否	是
趋同方向	积极	积极	—	积极	积极	—	积极
趋同主导者	相互	同事	—	自身	同事	—	同事
对团队趋同的评价	—	正面	—	正面	正面	区别对待	正面

工作独立性和受访对象个人性格特点与心理资本的变化与趋同相关。工作独立性较高的受访对象中产生心理资本趋同现象的占 55.56%。在工作独立性较低时，这一比例则上升到 80%。有 4 位受访对象（H、M、V、P）认为自己心态平和稳定，对团队心理资本趋同的态度相对模糊。这 4 人均未感受到自己的心态和处事态度与他人趋同，也倾向于维持个性，关注团队中的相容性。

在近期心态的变化方面，8 位受访对象报告自己的心态一直保持较为稳定的状态，3 位（X、L、J）认为自己因为最近的工作经历而变得更加积极，3 位（C、O、Y）心态更趋向于消极，受访对象 U 则报告自己的心态波动起伏较大。

领导在心理资本的影响因素中起决定性作用，并且员工的状态和心情明显与领导趋同。12 位受访对象报告，随着领导传递出积极工作的正能量，并对其抱以信任和激励的态度，他们也会更加自信和乐观。另外，受访对象 C 和 O 认为，领导的负能量不仅影响个人的状态，还导致了团队消极的工作氛围。与此同时，我们还关注了具有正能量或负能量的同事，即具有典型心理资本水平的同事，对受访对象的影响。但同事的影响程度明显小于领导，并且会受到交往程度等方面的限制。

在团队心理资本趋同方面，9 位受访对象感受到自己与团队或其他同事的心态及处事态度越发相似。其中，大多数（8 位）心态变得更加积极，仅有 1 位（O）报告自己更消极；7 位受访对象认为自己受到的影响更多，1 位（J）认为团队中的影响是相互的，受访对象 A 则会以自己乐观、善于学习的态度引导同事；报告自己发生趋同的受访对象（7 位）基本对团队心理资本趋同抱有正面的评价。然而在另外 6 位未感受到趋同的受访对象中，2 位强调需要区别看待团队相似的心态和处事态度。

此外，当交往程度和团队融入程度具有差异时，受访对象所受的感染程度以及持续时间也会随之改变。例如，根据受访对象 O 和 J 的描述，他们与同事或领导均存在工作以外的私人交往，因此相比之下呈现更高的感染程度。受访对象 P 性格“慢热”，始终与他人保持一定距离，他所受到的感染也相对短暂。

通过以上整理分析，针对我国企业实践中员工心理资本状态及趋同的探索，我们有以下发现：

首先，在本书的定义中，心理资本是一个包括自我效能、控制点、乐观、坚韧性和自尊的集合概念。我国员工在心理资本的不同维度上存在着趋同和差异。在本次访谈中，受访对象普遍乐观，但自我效能感却各不相同。

其次，本书第四章的实证研究证明，心理资本对个体收入的影响是一种间接效应，而人力资本则内生传导了这种机制。本次访谈则验证了人力资本对心理资本的影响，即当员工具有更高的教育水平，或更强的专业能力时，其心理资本也会更高（访谈对象 H、M、Z）。

再次，导致心理资本变化的因素可能是多方面的。在工作中，领导和特定的同事起主导作用。当领导积极乐观、对待工作认真负责时，下属往往也受到鼓励，并以领导为榜样；相反，当领导情绪化并对下属进行辱虐式管理时，员工明显受到感染，消极工作，团队氛围紧张压抑。此外，具有心理资本水平很高/很低的同事也在一定程度上影响员工的心态，但这种影响是有限的。根据受访对象 Y、U、Z 等的描述，相对于固定的领导，员工会主动选择影响自己心态和行为的来源和程度。当然，心理资本也可能会因为生活（如家人和朋友等）而发生改变（访谈对象 C、Y、M），但这并不在本书的考虑范围内。

最后，通过本次访谈，我们发现，心理资本趋同普遍存在于团队和组织之中，并且积极的心理资本趋同将有利于团队沟通合作，提高效率。但其传递机制以及影响仍有待进一步的实证研究。

除此之外，研究心理资本的前因和趋同，还应当考虑一系列的控制因素：第一，员工的人格特点将会决定其心理资本是否易接受工作中同事、领导或团队的影响。第二，工作独立性意味着员工在工作中对团队合作的需求。工作独立性、团队融入程度、交往程度均为产生影响和趋同的前提条件。第三，由于访谈对象有多位新生代员工，我们得以探索其心理资本变化的独特表现。相比之下，初入职场的新员工更容易发生心理资本趋同，而工龄较长的员工更倾向于保持自己的个性。因此，未来可以针对新生代员工进行纵向的深入研究。

四、心理资本趋同的概念、理论基础及维度

（一）心理资本趋同的概念

在团队互动过程中，团队成员间的相互影响，并不局限于团队领导的作用。心理资本趋同描述的是，在团队成员间的互动过程中，不同成员的心理资本相互影响的一种机制。

前人的研究表明，人们常会被与自己观点相同的人吸引，团体的运作方式

会促使成员越来越像（Ireland et al.，2011）。团队成员的观点、态度、行为模式确实会向团队的其他成员靠拢。一项研究发现，个体的语言模式都会向所处群体中的其他成员趋近（Harkins and Petty，1982）。现实中，我们观察到成员积极或消极的态度也会有向团队靠拢的倾向。比如，加入到乐观向上、朝气蓬勃的群体之后，个体也变得更加乐观开朗；加入到曾攻克重大难关、取得辉煌胜利的团队中，个体也变得更加无惧困难。这些都是个体心理资本向团队心理资本趋同的表现。

我们将新成员进入团队后，新成员和原团队的心理资本趋近（差距缩小），叫作心理资本趋同。我们之所以将这一概念命名为心理资本趋同，是因为趋同这一词语描述了少数人的行为、态度、心理等变得和多数人一致的过程。在东方集体主义文化中，少数人向多数人趋近、少数人被多数人同化是一种更为普遍的现象。

（二）理论基础

心理资本趋同的机制有以下两种：信息性社会影响和社会学习理论。这两种机制都能够描述为何在一个团队会出现成员间心理资本的汇聚。

目前还不能对心理资本理解趋同机制的概念进行准确定义，理解趋同心理的概念对我们理解心理资本趋同的概念会有所帮助。最为直观地解释团队中的个体向群体趋同的心理机制是从众（conformity）心理（Aarts，Dijksterhuis and Custers，2003；Kiesler，1963）。从众心理是个人的观念或行为由于群体的引导和压力而产生的一种合群倾向，这种心理使得个体产生放弃自己与群体意见或规范相抵触的意识倾向，并向与多数人相一致的方向变化的现象。

导致人们向多数人的行为表现靠近的一个重要内部原因是信息压力。信息压力指的是一般人在模糊的情境下会认为多数人提供的信息，其正确性概率要大于少数人，基于这种信念，个人会将其他人看作指导自己如何表现的信息源，从而在态度、行为等方面向他人趋近。Cialdini 和 Goldstein（2004）将这种效应称为信息性社会影响。这种影响最大的特点就是它能导致人们真诚地做出向他人的顺应，也就是私下接纳（privateacceptance）。当“行事正确”对群体中的人们很重要而情境的信息模糊程度很高时，这种信息性社会影响的效应更大，人们行为、态度的趋同发生得更为迅速，呈现传染效应（contagion effect）（Fowler and Christakis，2008；Hatfield，Cacioppo and Rapson，1993）。

另一个导致群体的行为、态度、心理状态呈现趋同和收敛的原因是群体中的个体向某一个榜样学习和模仿（Woodward，1982；Mischel，1973；Zimmerman，2001），进而出现了群体表现的一致性。积极的心理资本是一种正面积极的心理状态，在人际互动的过程中，具有这种积极状态的个体更容易吸引其他人向其学习和模仿。Seligman 提出的习得性乐观就描述了个体通过学习将悲观的归因方式转向乐观的归因方式（Seligman，1991）的过程。Bandura（1982）研究总结的四种提高个体自我效能的方式中，替代性经验（即通过观察他人而获得的替代性经验）实际上也描述了这种通过向他人学习，从而提高自身自我效能的过程。当群体中的个体都向具有更高心理资本的个体学习时，群体会表现出更为一致的心理状态，即心理资本趋同。

（三）心理资本趋同的三个维度

我们从心理资本趋同的方向、效果和速率三个维度，对心理资本趋同的概念进行更进一步的剖析。这三个维度分别反映了当心理资本趋同发生时：①谁的心理资本向谁趋同；②趋同发生后心理资本是提高了还是降低了；③趋同这一过程发生的快慢。

1. 心理资本趋同的方向

信息性社会影响和社会学习理论可以解释心理资本趋同发生的两种不同情况。第一种情况是新加入团队的员工向原团队的心理资本趋同。信息性社会影响反映出其他人的行为成为指导个体行为的信息来源。这种情况在个体处于信息模糊的情境下更容易产生。当新员工进入团队，新员工对团队运作情况不了解，更倾向于将他人的行为、态度作为自己的信息来源，更有可能向团队的心理资本趋同。比如，如果其他成员表现得对团队能够成功完成目标深具信心，对团队的未来表现十分乐观、充满希望，新员工很容易持有同样的看法、表现出类似的积极心理状态。反之，当团队已有成员表现出对团队的目标达成失去信心，对团队的未来悲观和丧失希望，陷入到挫折中一蹶不振，新员工也很可能受到影响，处于消极的心理状态下。

第二种情况是团队已有成员的集体心理资本向新成员趋同。根据社会学习理论，团队向新成员进行学习和模仿，从而使团队集体心理资本向个体趋同的原因可能有二：一是因为新成员的“新”，二是因为新成员的权威身份。新成员的加入会带来新的信息、资源，以及新的行为方式和看待问题的新角度。这可能打破团队已有的、静态的状态，从而引起团队已有成员的反思，引发向新员工的学习和自我调整。这种机制，会促使团队已有成员的心理资本向新员工的心理资本趋近。人们口中的“他的加入给我们带来了‘正能量’”描述的就是这种情况。另外，新进入团队的成员，如果具有权威的身份，比如是团队的领导或者是权威专家，他们更容易成为团队中已有成员学习和效仿的对象。其心理状态或行为表现更容易受到团队成员的模仿，出现团队集体心理资本向新成员趋同的情况。我们常会观察到，如果团队的新领导表现出对团队目标实现信心不足，或对团队前景进行了消极的判断，会影响全队成员的士气。

总结上述分析，我们定义了心理资本趋同的第一个维度，即心理资本趋同的方向。它描述了新成员与原有团队双方的心理资本相互作用的两种截然相反的方向。一种是新成员向团队现有成员的集体心理资本趋同，我们称为正向趋同；另一种是团队现有成员的心理资本向团队新进入的成员趋近，我们称为反向趋同。

具体而言，心理资本的正向趋同可以表示为：

$$\Delta 新成员心理资本 - \Delta 原成员心理资本 > 0 \quad (8-1)$$

即新成员进入团队后心理资本变化的幅度大于原成员心理资本变化的幅度。

心理资本的反向趋同可以表示为：

$$\Delta 新成员心理资本 - \Delta 原成员心理资本 < 0 \quad (8-2)$$

即新成员进入团队后心理资本变化的幅度小于原成员心理资本变化的幅度。

采用这两个公式能够更准确地捕捉心理资本趋同方向的实质。社会影响理论告诉我们，在人际互动过程中，互动的双方或多或少都会受到他人的影响，进而改变自己的态度、行为和心理状态。决定心理资本趋同最终方向的，是趋同双方的心理资本变化孰大。当正向趋同发生时，团队新成员的心理资本更多地受到团队已有成员心理资本的影响，从众效应的效果大于学习效应的效果，表现出新成员的心理资本变化幅度大于团队已有成员的心理资本变化幅度，这就是正向趋同。

同样地，心理资本反向趋同的实质是团队已有成员的心理资本变化幅度大于新成员心理资本的变化幅度。此时，学习效应的效果大于从众效应，表现出团队已有成员心理资本向新成员心理资本靠近的反向趋同。

2. 心理资本趋同的效果

心理资本趋同的方向，描述了心理资本趋同过程中的双方谁向谁靠拢，但它无法反映出心理资本趋同过程的最终效果。我们关心的是，团队新成员进入团队后心理资本趋同的发生过程，团队最终的集体心理资本是提高了还是降低了。因此我们定义了心理资本趋同的第二个维度，即心理资本趋同的效果。

心理资本趋同的效果描述的是心理资本趋同发生的实际效果。我们将新成员进入团队后，新团队的集体心理资本提高了，称为趋同的正效果；将新成员进入团队后，新团队的集体心理资本降低了，称为趋同的负效果。

我们采用了如下的公式对心理资本趋同的效果进行更为准确的描述。心理资本趋同的正效果可以表述为：

$$\Delta\text{团队集体心理资本}>0 \tag{8-3}$$

即新成员进入团队后的团队集体心理资本高于新成员进入团队前的团队集体心理资本，也就是趋同后团队整体心理资本提高了。

心理资本趋同的负效果可以表示为：

$$\Delta\text{团队集体心理资本}<0 \tag{8-4}$$

即新成员进入团队后的团队集体心理资本低于新成员进入团队前的团队集体心理资本，也就是趋同后团队整体心理资本下降了。

我们绘制了如下包含了心理资本趋同方向和心理资本趋同效果表格，对心理资本趋同的四种情形进行了划分（见表 8-3）。

表 8-3　心理资本趋同的方向和效果的关系

	趋同方向（正）	趋同方向（负）
趋同效果（正）	正向趋同、正效果	负向趋同、正效果
趋同效果（负）	正向趋同、负效果	负向趋同、负效果

情形一：心理资本正向趋同，趋同达到正效果。这种情况发生是由于原团队成员的心理资本水平更高。此时，新成员向原团队成员的心理状态靠拢。一方面，新成员往往属于团队的少数，他们在信息模糊的状态下，更容易以现有员工的状态、行为和态度作为参考而进行自我调整。另一方面，新员工积极的心理资本作为一种正面的状态，个体出于自我提升和自我完善的需求，也会主动地比较自己与团队的心理资本差距，从而进行反思和改变。这种力量超过了个体影响群体负向社会学习的力量，最终表现为新团队整体心理资本的提高。

如果新成员不具有权威身份，这种情况将更有可能发生。

情形二：心理资本正向趋同，趋同达到负效果。这种情况发生是由于原团队成员的心理资本水平与新成员相比更低。此时，新成员向原团队成员的心理状态靠拢，是从众效应发挥了主要作用，即使个体知道自信程度低、悲观、缺乏希望是负面的，但当团队中的多数成员（现有成员）作为重要的信息来源对工作结果和团队整体能力提供了积极乐观的判断，新员工的个体信念也会发生改变，作出对自己能力的判断和工作结果的预期调整。这种个体向低水平心理资本靠拢的从众效应超过了新员工的积极心理资本可能引发的群体学习效应，最终表现为新团队整体心理资本的降低。如果新成员不具有权威身份，这种情况将更有可能发生。

情形三：心理资本负向趋同，趋同达到正效果。这种情况的发生是由于新加入成员的心理资本水平更高。此时，原团队成员心理资本向新成员靠拢，新进入者为过去相对消极、自信程度低、容易缺乏希望和陷入挫折阴影中的团队带来了一种新鲜的、积极的心理影响。这种与团队已有氛围格格不入的积极心理状态和与之相关联的正面视角、积极行为可能引发现有团队成员的反思，从而进行自我调整和改变。这种力量超过了新员工遵从信息性社会影响的力量，最终表现为新团队整体心理资本的提高。如果新成员具有权威身份，这种情况更有可能发生。

情形四：心理资本负向趋同，趋同达到负效果。这种情况的发生是由于新加入成员的心理资本水平更低。此时，高心理资本的团队向低心理资本的新成员趋近，负向的学习效应超过了正向的从众效应。这种情况的发生并不多见，往往见于新进入的成员具有十分权威的身份，比如很高的工作地位（领导）或专业上的高度权威性（专家）。在这种情况下，领导或权威专家进入团队后，可能引发很强烈的学习效应，团队成员在适应或模仿新成员的行为、态度及工作作风的过程中，也受到其影响，认为以往的自信、乐观是“过度的”“不恰当的”，从而对自己的心理状态进行调整。这种情形的心理资本趋同最终表现为新团队整体心理资本的降低。

3. 心理资本趋同的速率

心理资本趋同的第三个维度是心理资本趋同的速率，它反映的是心理资本趋同这一过程发生的快慢。我们关心的是，心理资本趋同这一过程完成到达到稳定的团队集体心理资本需要多长的时间，换言之，在一定时间内，心理资本趋同的速度是快是慢。趋同速度越快，新成员和团队已有成员的心理资本越能够以更快的方式实现趋同，从而使新团队更快地达到一个稳定的集体心理资本状态。

我们采用了如下的公式，表述心理资本趋同的速率：

$$心理资本趋同的速率=(|\Delta新成员心理资本|+|\Delta原团队成员心理资本|)/观测时间 \quad (8-5)$$

即在单位时间内，新成员和团队已有成员在心理资本趋同前后心理资本变化的幅度之和。

在式（8-5）中对趋同双方的心理资本前后变化幅度取绝对值，是因为新成员和原成员的心理资本趋同的方向可能是相反的。这一表述方式消除了趋同方向的影响，也不关注心理资本趋同的最终效果，而是关注心理资本趋同双方各自发生的心理资本变化的程度。

根据这一公式，在一定观测时间内，如果趋同双方的心理资本变化的幅度越大，则认为心理资本趋同越迅速。换言之，为了实现同样程度的新老团队成员的心理资本变化量，所用的时间越短，心理资本趋同的速率越高。

五、心理资本趋同的测量

（一）测量公式

通过对心理资本趋同的三个维度进行界定，并采用公式对这三个维度进行描述，我们可以在此基础上对心理资本趋同进行测量。心理资本趋同的测量包含两个方面：第一，心理资本趋同的效果；第二，心理资本趋同的速度。

1. 心理资本趋同的效果

$$心理资本趋同的效果=\Delta新团队集体心理资本-\Delta原团队集体心理资本 \quad (8-6)$$

这一计算公式测量的是心理资本趋同前后团队集体心理资本的变化。根据这一计算公式，心理资本趋同的效果可能为正，也可能为负，也就是前边讨论的心理资本趋同的正效果或负效果。趋同效果的取值大小反映了团队在经历了心理资本的趋同后，集体的心理资本发生了多大的改变。新团队的集体心理资本与原团队的心理资本的差值越大，心理资本趋同的效果越明显。

2. 心理资本趋同的速度

心理资本趋同的速度和式（8-5）相同，描述了心理资本趋同的快慢。式（8-5）取值越高，心理资本趋同越快。

（二）测量心理资本趋同的工具

为了获得对心理资本趋同的测量值，我们需要对团队进行多期观测，收集在观测期内，新团队和原团队的集体心理资本，以及新成员的心理资本。采用 Luthans（2004）的 24 点心理资本量表，分别对团队中的新成员和已有成员的心理资本进行多起追踪，即可测量出心理资本趋同的效果和速率。

需要进行说明的是，在构建和测量心理资本趋同的过程中，应当采用将团队中个体心理资本进行聚合的方式对集体心理资本进行衡量。如果采用参照点转换（referent-shift approach）的方式衡量集体心理资本，反映的是个体对团队整体效能感、整体乐观水平的判断，这一衡量方式虽然能够更好地反映团队心理资本趋同的程度，但却无法捕捉心理资本趋同的速度。因为后者需要我们对趋同双方心理资本的各自变化进行测量。

六、研究假说

基于我们对心理资本趋同的概念、理论和三个维度的分析，我们提出了一系列的研究假说来讨论心理资本趋同三个维度的主要影响因素。

（一）新成员组织地位与趋同的方向

首先我们提出，心理资本趋同的方向受到了新成员组织地位的显著影响。正如前文所讨论的那样，当团队新成员具有更高的组织地位时，学习效应更有可能发挥作用。当新进入的成员具有很高的工作地位时，比如领导或专业上的权威人士，可能引发强烈的学习效应，团队成员在适应或模仿新成员的行为、态度及工作作风，接受新成员的观点和思维模式的过程中，也容易受到其心理状态影响。当高工作地位的新成员的心理资本水平更高，个体会观察比较自己与其的差距，反思自己的“缺乏自信”、“不够乐观”，从而产生自我的心理状态调整。当高工作地位的新成员心理资本水平更低时，个体基于对权威的认同，同样会观察比较自己与新成员的差距，认为以往的自信、乐观是“过度的”、“不恰当的”，从而对自己的心理状态进行调整。这两种情况，都表现出团队心理资本向个体心理资本的反向趋同。

当团队新成员不具有更高的组织地位时，心理资本趋同两种机制中的另一种，即信息性社会影响的作用则开始显露。新成员往往属于团队的少数，他们在信息模糊的状态下，更容易以现有员工的状态、行为和态度作为参考而进行自我调整，出现从众现象。当团队集体心理资本水平高，新员工感受到了心理资本的积极力量，个体出于自我提升和自我完善的需求，也会主动地比较自己与团队的心理资本差距，从而进行反思和改变。当团队集体心理资本水平低，新成员由于对团队的情况并不熟悉，也会倾向于认同多数团队成员的判断和观点，产生类似“这些老员工都无法完成这项工作任务，我作为一个新人应该也无法完成”的心理状态调整。这两种情况，都表现出个体心理资本向团队心理资本的正向趋同。

由此，我们提出如下假说：

假说1：新成员组织地位显著影响趋同的方向。新成员组织地位越高，越可能发生负向趋同。新成员组织地位越低，越可能发生正向趋同。

（二）新成员心理资本相对高低与趋同效果的正负

根据上一部分的讨论，心理资本趋同的效果最终表现是正是负，最根本的影响因素是新成员心理资本和原团队心理资本相对高低。具体来说，当新成员的心理资本水平高于原团队，趋同会表现出正效果。当新成员的心理资本水平低于原团队，趋同会表现出负效果。

我们可以从“势差”的角度来理解这一关系。原有的团队作为一个封闭的系统，当有新成员进入时，打破了原有的团队成员心理资本的稳定状态，带来了新的“势差”。然而新形成的稳定状态是高于原状态还是低于原状态，则取决于“势差”的正负。正向“势差”带来新状态高于原状态，负向“势差”导致新状态低于原状态。

具体到心理资本趋同，只要趋同发生，新成员和原团队的心理资本就在互相趋近。当新成员的心理资本相对于原团队的心理资本更低时，不论是新成员向团队趋同，还是团队向新成员趋同，趋同完成后形成的新团队心理资本都无法超过原团队的心理资本水平。反之，当新成员的心理资本相对于原团队的心理资本更高，此时，不论是新成员向团队趋同，还是团队向新成员趋同，趋同完成后形成的新团队心理资本都不会低于原团队的心理资本水平。由此，我们提出假说：

假说2：新成员与原团队心理资本的相对高低决定了心理资本趋同效果是正还是负。

根据上述两个假说，我们对影响心理资本趋同方向和趋同效果的两个因素的共同作用进行了总结，具体如表8-4所示。当新成员的组织地位低，心理资本相对高，心理资本趋同表现出正向趋同和正效果；当新成员的组织地位高，心理资本相对高，心理资本趋同表现出负向趋同和正效果；当新成员的组织地位低，心理资本相对低，心理资本趋同表现出正向趋同和负效果；当新成员的组织地位高，心理资本相对低，则心理资本趋同表现出负向趋同和负效果。

表8-4 心理资本趋同的方向和效果的影响因素

	新成员的组织地位低	新成员的组织地位高
新成员心理资本相对高	正向趋同、正效果	负向趋同、正效果
新成员心理资本相对低	正向趋同、负效果	负向趋同、负效果

（三）新员工集体主义倾向和趋同速率

集体主义和个体主义是文化的主要维度之一，是指个人与集体之间关系的性质或者是自我实现与集体目标间的不同（于米，2012）。对集体主义倾向的员工而言，能够更好地融入团队、成为团队的内部人显得尤为重要，这也使得他们更乐意与团队的目标、氛围以及积极心理状态保持一致，将自己的心理资本向集体心理资本水平趋近。此外，还有研究表明，集体主义倾向的人认为自己是容易改变的，并随时准备去适应（Norenzayan et al.，1999）。这使得这样的团队成员改变自己的心理资本状态，向集体的心理资本状态趋近的过程更加快速。另外，新员工具有更高的集体主义倾向，他认为个体与集体保持一致是正常的和自然的。这样的新员工更不倾向于保持自己的状态不调整、更少采取行动影响原有的团队，团队心理资本向个体心理资本趋同的速度会因此而放缓。

由此，我们提出如下假说：

假说3：在不同的趋同方向下，趋同速率受到了新员工集体主义倾向的不同影响。正向趋同时，新员工集体主义倾向对趋同速率的影响为正；反向趋同时，新员工集体主义倾向对趋同速率的影响为负。

（四）团队共享心智模型和趋同速率

共享心智模型是指团队成员共享的知识结构、态度、信念，它可以使团队成员在工作过程中对问题的界定、对情境做出的反应以及对未来的预期表现出协调一致性（Cannon and Salas，1990；Klimoski and Mohammed，1994）。这样的团队，心理状态本身更为一致和稳定，当有新成员进入时，团队稳定的心理状态即使受到新成员的冲击，也需要更长的时间来调整和改变团队成员已经普遍认同和共享的、既有的信念和看法。对这样的团队来说，改变团队心理资本，向新员工趋同都需要更长的时间。反过来，当团队中发生了个体向团队的正向心理资本趋同时，共享心智模型高的团队，会通过其高度一致性的规范、观念对新成员产生强有力的作用，从而使趋同的过程加速。由此，我们提出如下假说：

假说4：在不同的趋同方向下，趋同速率受到原团队共享心智模型的不同影响。正向趋同时，原团队共享心智模型对趋同速率的影响为正；反向趋同时，原团队共享心智模型对趋同速率的影响为负。

七、总结

这一章我们从实践观察出发，构建了心理资本趋同这一全新的概念，以描述和定义在团队互动过程中，成员间的积极心理资本扩散和传播的一种机制，即在有新成员加入的团队中，新成员进入团队后，新成员和原团队的心理资本趋近（差距缩小）了。

基于从众理论和社会学习理论，我们对心理资本趋同产生的两种机制进行了阐述，并构建和阐明了心理资本趋同的三个维度：心理资本趋同的方向、心理资本趋同的效果以及心理资本趋同的速率。此外，我们构建了心理资本趋同的两个测量指标，并探讨了可能的测量工具和方法。

此外，我们开发了理论模型，对心理资本趋同的几个重要的前因变量进行了讨论，分析了新成员组织地位、新成员相对心理资本高低、新成员集体主义倾向和团队共享心智模型对心理资本趋同的方向、效果以及速率的影响。

本章对实践中如何进行心理资本的开发提供了启示。我们的研究揭示出，心理资本作为一种积极正面的状态，就如同“正能量”一般，可以通过人与人的交往进行传播和扩散。心理资本趋同正是这样一种扩散机制。了解了心理资本的趋同机制，管理者就可以通过有目的地引入新员工，并引导和管理团队互动过程，提高团队成员的心理资本，获得更好的团队结果。

当然，本章所进行的分析仍然只是探索性的理论研究，我们还没有能够对提出心理资本的理论假说进行实证检验。除此之外，我们的理论中还没有涉及心理资本趋同会如何影响团队和团队成员的工作态度和工作表现。这都是我们未来研究的方向。

第九章
心理资本在团队氛围和员工建言中的作用

本章从团队氛围的概念出发，探讨了两种类型的团队氛围——团队合作氛围与团队制裁氛围对员工建言行为的影响，以及个体心理资本在上述影响关系中的中介作用。我们以来自 4 个组织、58 个团队中的 274 名下属为研究对象，在两个时间点上收集了问卷调查数据。跨层次分析的结果表明：①团队合作氛围对员工促进性建言和抑制性建言均具有显著的正向影响；②团队制裁氛围对员工促进性建言具有显著的负向影响；③员工的心理资本在团队氛围与建言行为的关系中起中介作用，即在团队合作氛围与促进性建言和抑制性建言的影响关系中，员工心理资本起完全中介作用，而在团队制裁氛围与促进性建言的负向影响关系中，员工心理资本同样起完全中介作用。

一、研究背景

员工建言行为是指个体自愿表达的、有助于组织改进完善的意见和建议（LePine and Van Dyne，1998）。以往的研究揭示出，工作团队是影响团队成员的态度、塑造团队成员行为的重要因素（Chatman et al.，1998；Choi et al.，2003；Edmondson，1999）。理解团队因素如何促进或抑制员工建言具有重要的理论意义和实践意义。

尽管学者们进行了大量的研究探索影响建言的因素，已有研究主要集中于讨论员工个体因素或团队领导因素的影响（LePine and Van Dyne，2001；Frazier and Fainshmidet，2012；Liang et al.，2012；Detert and Trevino，2010；Liu et al.，

2010)，其他的团队层面的建言影响因素包括团队规模和结构（LePine and Van Dyne，1998；Islam and Zyphur，2005）、群体信念（Morrison and Milliken，2000）、团队支持（Eisenberger et al.，1990）以及团队氛围（Morrison et al.，2011；Frazier and Fainshmidt，2012；Wang and Hsieh，2013）等。总体而言，目前我们对驱动员工建言的团队因素仍所知有限，有待进一步探索。

Kozlowski 和 Ilgen（2006）的元分析表明，团队氛围是塑造个体行为的重要刺激源（stimuli）。具体到员工建言行为，Morrison 和 Milliken（2000）指出，当一个组织的员工共享一种“沉默氛围”（a climate of silence）或处于一种“不能容忍不同意见”（intolerant of dissent）的组织环境中时，沉默就成为员工普遍的行为（Argyris，1977）。Morrison 等（2011）构建了团队建言氛围这一概念，包括组织建言安全感（group voice safety）和团队建言效能（group voice efficacy）两个维度。他提出，当个体所在的工作群体具有有利于建言的氛围时，员工一致认同“建言是安全且有价值的”，因而更容易向团队建言。Wang 和 Hsieh（2013）研究了伦理氛围对员工建言的影响。总体来看，对团队氛围影响员工建言行为的研究仍显得不足，并且关注的是具有特殊性的团队氛围。

本书将对员工建言的文献进行扩充，将更一般性的两种团队氛围（团队合作氛围和团队制裁氛围）作为员工建言的前因变量，考察其对员工建言行为的影响。我们的研究发现，团队合作氛围将正向作用于员工建言行为，而团队制裁氛围将对员工建言行为产生负向影响。

本书的另一个研究目的是力图深入分析团队氛围如何影响员工建言行为。以往的研究表明，通过社会互动过程，群体因素可能会改变个体的动机（Latane et al.，1979）、态度（Brauer et al.，1995）以及行为（Schlenker and Weigold，1992）。Choi 等（2003）讨论了团队氛围通过影响个体在团队中的积极体验的积累从而塑造个体的自我效能感的过程。Luthans 等（2008）专门论述了组织层面的支持氛围对员工心理资本的塑造。本书将从目标导向理论的视角出发构建一个跨层次中介效应模型，描述团队合作氛围和团队制裁氛围通过塑造团队成员的心理资本从而影响员工建言行为的作用机制。我们的实证结果发现，员工心理资本完全中介了团队合作氛围和团队制裁氛围与员工建言的关系。这为解释建言行为的发生机制提供了新的理论视角。

二、理论基础与研究假设

（一）团队合作氛围和团队制裁氛围

氛围这一构念反映的是一个群体成员间共享的对于群体情况或环境的感知（James and Jones，1974）。学者们认同氛围是一种以认知为基础的，对未成文的群体特征、事件和过程的个体诠释和感知（Ostroff et al.，2003；Forehand and Von Haller，1964）。尽管这种感知来自于个体，但由于组织战略或文化的持续影响、领导对成员感知的过滤和引导，以及群体内成员的社会互动、感知共享和集体观念塑造等一系列过程，将会形成组织、团队一致认同的、与个体感知相区别的集体氛围（Rentsch，1990；Kozlowski and Klein，2000）。这种团队一致的集体认知向团队成员提供关于他们特定的行为会得到团队支持和奖励的信息，从而塑造团队成员的行为（Reichers and Schneider，1990）。大量的实证研究证实了群体氛围对个体的自我效能工作绩效、安全行为、创新行为、工作退缩行为等的影响（Choi et al.，2003；Reichers and Schneider，1990）。

与 Morrison 等（2011）的研究相比，我们构建了两种更为普遍的团队氛围，即团队合作氛围和团队制裁氛围。团队合作与团队制裁源于 Varella 等（2012）的研究。在该研究中，他们定义了团队不同心理过程所导致的两类团队行为：一是以互惠、集体行为（如肯定、互相帮助）为特征的团队合作行为；二是以对不相容的成员施以惩罚和控制为特征（如排斥、不提供支持）的团队制裁行为。侧重两类行为的团队呈现出截然不同的团队氛围，团队合作氛围传递给成员鼓励、彼此信任、互惠互利、支持和帮助的信息，使团队成员就这些积极行为所能获得的奖励或认可达成共识；团队制裁氛围传递的信息是强调成员间监督和服从群体要求或规范，否则就施以强制性举措。尽管有研究表明，同伴监督和制裁能够加强团队的稳定、提高团队结果的可预见性（Loughry and Tosi，2008），但由于团队成员间的信任不足（Costa et al.，2001），以及对自己在他人面前自曝其短受到团队制裁的担忧，身处这种团队氛围下的成员更不愿意与他人互动、寻求帮助（Varella et al.，2012）。

(二) 团队合作氛围、团队制裁氛围与员工建言

根据社会认知理论，团队氛围影响成员行为的机制是团队氛围通过传递与特定行为有关的信息影响成员对特定行为的认知，从而影响个体行为（Kozlowski and Ilgen，2006）。合作的团队氛围释放给团队成员的信息是彼此信任、互惠互利、支持和帮助，这使得团队成员间的信任水平更高，个体所认知的团队是一个能够提供心理安全感的积极环境，在这样的环境中，成员间交换意见、提供反馈等信息交流都更为频繁且开放（Edmondson，1999）。

研究建言的学者们一致认为，个体决定是否进行建言是一个认知过程（cognitive process），个体在决定采取建言行为之前，会对所处群体的建言情境进行充分评估，对比建言的成本与收益（Morrison，2011）。建言对员工工作结果和人际关系造成不利影响的潜在风险是建言的成本，建言为组织带来的改进、为个人带来的积极工作结果（Stamper and Van Dyne，2001；Thompson，2005）构成了建言的收益。如何评判建言的成本和收益与个体对建言结果的认知和预期有关。合作的团队氛围为员工创造了彼此信任支持的环境，这种环境对批评和不同意见相对宽容，从而一方面降低身处其中的员工所感知到的建言所可能造成的负面影响，另一方面提高他们对建言积极结果的预期，从而使员工更容易做出建言决策。

根据 Liang 和 Farh（2012）构建的建言两维度模型，促进性建言强调为了提高组织效能而表达的创新性建议，而抑制性建言则强调的是针对阻碍组织发展的问题而表达的预防性建议。其中，抑制性建言因为有望解决团队发展的困难或避免团队危机，对团队整体利益有利，但由于抑制性建言往往以批评的方式呈现，因而可能导致工作风险和人际风险。促进性建言仍是具有挑战性和风险性的人际互动行为，可能改变现有团队运转顺畅的现状、打破团队成员既有的工作模式，从而招致团队其他成员的不满。合作的团队氛围为员工建言所提供的心理安全感和低风险预期，提高了员工对建言收益的判断、降低他们对建言风险的预期，从而促使两类建言行为发生，合作的团队氛围对员工的促进性建言和抑制性建言都表现为正向作用。基于以上分析，我们提出如下假设：

H1a：团队合作氛围对员工促进性建言有显著的正向影响。

H1b：团队合作氛围对员工抑制性建言有显著的正向影响。

与合作的团队氛围相反，制裁的团队氛围向员工传递出的信息是成员间监

督和强制性服从，这导致团队成员行为更为独立、成员间信任程度相对较低，员工难以从所处的团队环境中获得足够的心理安全感（Costa et al.，2001）。处于心理安全感不足的工作环境中，员工对建言风险的预期提高，不利于成员做出建言决策；同时，受到成员间监督的压力，个体更关注自己的行为表现是否符合其他人预期（Varella et al.，2012），害怕自己的建言行为不符合预期可能招致他人不满，这使个体放大建言的不利后果、减少建言行为。

除此之外，那些受到了团队排斥、得不到团队支持的团队成员，还会对团队感到不满和缺乏认同（段锦云、田晓明，2011）。此时，员工进行建言的另一重要动机——因对团队负有义务而进行建言（Van Dyne et al.，2003）——将被削弱，从而更少表现出建言的行为。综合而言，团队制裁氛围对个体建言行为起负向作用。

如前文所述，促进性建言往往不是解决团队明显的危机或问题，却会改变正常运转的团队过程，因而员工的促进性建言容易被其他成员看作是一种破坏团队的规范或规则的行为，从而引发团队成员的不认同，触发团队对其的制裁行为。抑制性建言的不利后果则主要表现为建言方式所可能引发的人际风险，可能因此受到他人的排斥、反感，甚至惩罚。因此，处于团队制裁氛围中的成员对两类建言都做出更高的风险评估，从而做出减少促进性建言和抑制性建言的行为。基于以上分析，我们提出如下假设：

H2a：团队制裁氛围与员工促进性建言呈负相关关系。

H2b：团队制裁氛围与员工抑制性建言呈负相关关系。

（三）心理资本在团队氛围和员工建言行为中的中介作用

本书基于目标导向理论（goal-orientationtheory）来理解团队氛围如何塑造个体积极的心理状态。群体是一个塑造个体成员动机、态度、行为的最直接的社会环境（Hackman，1992；Schlenker and Weigold，1992）。根据目标导向理论（Deweck and Legett，1988），倡导不同目标导向（学习目标导向和绩效目标导向）的不同环境会培育出个体不同的反应模式（patternofresponding），这种反应模式包括对自我能力的判断是肯定还是否定、乐观或悲观、更常展现正面还是负面的情感，以及在面对困难时更容易坚持还是放弃。此外，学者们早已证明，工作场所和家庭一样，都是这种影响个体心理状态的环境（Brunson and Matthews，1981；Bell and Kozlowski，2003）。

具体而言，当个体身处重视过程、看重学习和成长的学习目标导向（learninggoal）的环境之中，个体更容易形成掌握取向（mastery-oriented）的反应模式，具体表现为：①他们看重努力的价值，因此更倾向于将成功积极归因于自身的努力（乐观），也对自我能力展现出更多的信心（自我效能）；②他们相信能力是可以塑造的，因此积极迎接挑战、对目标锲而不舍（希望），当面对困难时展现出更积极的情绪并能持之以恒（坚韧性）。与之相反，当身处重视结果、倾向于对能力做出评判的绩效目标导向（performancegoal）的环境之下时，个体更容易形成无助取向（helpless-oriented）的反应模式，具体表现为：①个体更关注如何从外界获得对自我能力的肯定评判、规避负面评价，从而更容易将失败归因于自我能力的不足（不乐观）、对自己的能力缺乏自信（自我效能感低）；②个体往往将自己的能力看作是固定不可变的，因此躲避挑战，在面对困难时难以坚持（希望不足）和更多地陷入负面情感（缺乏坚韧性）（Diener and Deweck，1978，1980；Deweck and Legett，1988）。

团队氛围反映了群体成员间共享的对于群体情况或环境的感知。前人的研究指出，团队氛围与领导者个人风格和管理意图息息相关，会释放出领导及团队所偏好的目标导向，促使团队成员形成与之相应的反应模式，进而塑造员工的心理状态（Dragoni，2005）。

合作的团队氛围向员工释放出团队重视成长和学习的信息，其实质上是一种强调学习目标导向的氛围。成员间更多的帮助和支持使个体能够更好地掌握完成工作的技能并取得较好的工作结果，成员间的交流以合作为目的，更少的评价和批评创造了一种宽容支持的环境。一方面，团队成员有他人支持，更易获得积极的工作结果，从而使他们对自己完成工作的能力更具信心，形成更高的自我效能感（Choi et al.，2003），对团队其他成员较高的信任感和实际获得的来自成员的帮助塑造了个体对未知的工作任务或事件的乐观态度（Luthans et al.，2008）；另一方面，由于不担心独自承担不利的工作结果，团队成员更积极地面对挑战，即使遇到困难，也始终保持希望和坚韧（Luthans et al.，2007）。简而言之，合作的团队氛围能够通过塑造成员形成掌握导向反应模式，提高员工的心理资本。

团队制裁氛围实质上是一种绩效目标导向的团队氛围，强调成员的工作结果要达到预期，成员间的互相监督和评价是常态，并对未达目标或犯错的成员以冷淡、排斥、批评、拒绝支持等方式进行制裁。一方面，员工担忧其他成员对自己的评价和惩罚，常常处于各自孤立和自我保护的状态下（Choi et al.，

2003)，成员间缺乏信任、难以获得同伴的帮助，使员工更容易感觉到悲观和缺乏希望；另一方面，制裁氛围下的团队成员得到的反馈往往是负面的，这使得他们倾向于将不利的工作结果归因于自我能力，从而造成更低的自我效能感；当遭遇到困难时，他们也更容易深陷自我怀疑、难以振作并坚持下去。综上所述，团队合作氛围和团队制裁氛围会对员工心理资本的四个组成部分，即自我效能、乐观、希望、坚韧性产生影响，我们提出如下两个假设：

H3a：团队合作氛围与员工心理资本呈正相关关系。

H3b：团队制裁氛围与员工心理资本呈负相关关系。

社会认知理论认为，自我效能影响个体认知加工偏好与情感反应（Bandura，1982）。高自我效能者对自我信念和行为具有更高的确定性，对自己的能力更加自信，对自己行为的控制感较高，面对高风险的建言行为有更积极的预期，进而表现出建言行为（Morrsion，2014；Svendesen et al.，2016）。另外，根据期望理论，对取得积极结果的预期越高，动机就越强。心理资本强的个体，对建言的后果有更为乐观的预期，因而更容易做出建言决策；此外，心理资本更高的个体，具有更高的坚韧性，即能够更快从挫折或负面反馈中回复状态，因而对建言过程及建言决策后所可能遇到的麻烦挫折有更强的承受能力。以往的研究也证实，心理资本更高的个体更倾向于以建言而非沉默的方式应对工作中遇到的问题（柯江林等，2015）。

综合上述分析，我们提出，团队氛围影响成员建言的一种机制是：团队合作氛围能够塑造更为积极的个体心理资本，使员工对建言行为更有自信、对建言结果的预期做出更乐观的估计，并帮助建言者以更坚韧的态度应对建言为其带来的个人风险和人际风险，从而对员工建言产生积极的作用。此时，心理资本在团队合作氛围和员工建言的正向关系间起到中介作用。团队制裁的氛围不利于个体心理资本的提升，抑制员工的自信、乐观、希望和坚韧性，使员工在进行建言这一风险行为时更为保守，对员工建言产生负面的作用，即心理资本中介了团队制裁氛围和员工建言间的负向关系。我们因此提出以下假设：

H4a：心理资本在团队合作氛围与员工促进性建言、抑制性建言的关系中起中介作用。

H4b：心理资本在团队制裁氛围与员工促进性建言、抑制性建言的关系中起中介作用。

研究模型的整体理论框架如图 9-1 所示。

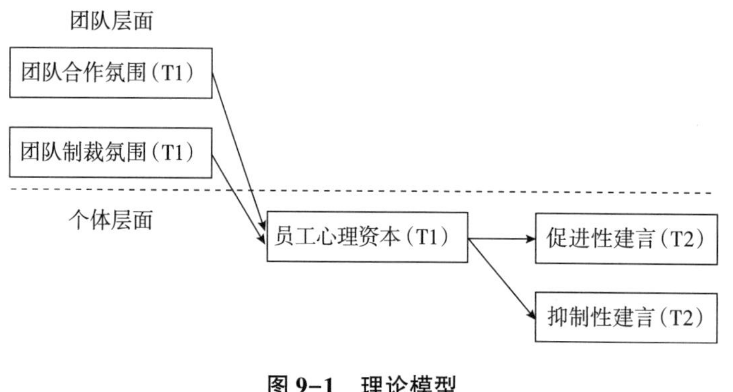

图 9-1 理论模型

三、研究方法

（一）研究样本与数据收集

本书关注变量间的跨层次关系，因此我们以工作团队为调查单元，采用现场问卷调查的方式。为避免共同方法偏差，我们在两个时间点上收集了数据。在第一个时间点上，我们请员工回答了团队合作、团队制裁、心理资本以及人口统计变量的相关问题。两个月后，我们请同一批员工汇报了他们的建言行为数据。调查对象来自浙江省内 4 个企业的 66 个团队 355 名员工。我们在调查前从人力资源部门获得了所有团队的名单，并对所有问卷进行了编码，以保证两次问卷可以较好地匹配。剔除回答不合格的问卷（如团队成员少于 3 人、两次调查的员工信息不匹配等）后，我们最终回收了在两个时间点上的 58 个有效团队样本（有效回收率为 87.88%）和 274 份有效个体问卷（有效回收率为 77.18%）。团队平均拥有 4.7 名成员，成员的平均年龄为 37 岁，女性约占 73%，受过大学本科及以上教育的人占 55.11%，员工的平均工作年限为 11 年。

（二）测量工具

团队合作氛围：我们采用 Varella 等（2012）编制的团队合作问卷，在第一个时间点上由团队成员填写。量表共包括 8 个问题，示例题目如“即使没有人要求我们，我所在团队里的各成员也能够主动地互相帮助”、“即使可能对个人目标产生负面影响，我所在团队里的各成员也要为团队目标工作”。在本书中，量表的内部一致性系数（Cronbach’s α）为 0.93。

团队制裁氛围：我们采用 Varella 等（2012）编制的团队制裁问卷，在第一个时间点上请团队员工填写。问卷共包括 7 个测量条目，示例题目如“我所在团队里的各成员会公开批评那些不遵守团队规范的成员”、“我所在团队里的各成员会不理睬那些没有尽义务帮助他人的员工”。本书中此量表的信度为 0.92。

心理资本：我们对员工心理资本的测量，采用 Luthans 等（2007）提出的 24 条目问卷，由员工在第一个时间点上自我汇报。具体包括四个维度：自我效能感、希望、适应力和乐观。示例题目如“（自我效能感）我相信自己能分析长远的问题，并找到解决方案”、“（希望）如果我发现自己在工作中陷入了困境，我能想出很多办法摆脱困境”、“（适应力）在工作中遇到了挫折，我能够从中恢复过来，并继续前进”、“（乐观）在工作中，我总能看到事情光明的一面”。本书中此量表的信度为 0.96。

建言行为：我们对员工建言行为的测量在第二个时间点上开展（与第一次测量间隔两个月），由员工自我汇报，采用 Liang 等（2012）开发的 10 条目量表。促进性建言的测量包括 5 个条目，示例问题如“我会在公司发展问题上主动地献计献策”。抑制性建言的测量也包括 5 个条目，示例问题如“即便遭到反对，我也会指出可能会给公司造成损失的问题”。本书中此量表的信度为 0.96。

控制变量：根据以往研究，在个体层次上，我们控制了员工的性别、年龄、教育程度和在职年限。其中，性别为虚拟变量，男性为“0”，女性为“1”；年龄为员工实际年龄，用数字表示；受教育程度为分类变量，取值 1、2、3、4 分别代表了“本科及以上”“大专”“中专”“高中及以下”；在职年限为员工截止到目前的工作年限，用数字表示。在团队层次上，我们控制了团队类型。其为分类变量，取值 1、2、3、4 分别代表了“外派业务部门”“后勤部门”“管理部门”“本部业务部门”。

四、数据分析和假设检验

（一）验证性因子分析

在进行团队层面变量的聚合之前，我们首先对个体层面的变量进行了验证性因子分析，以确保变量的区分效度和结构效度。首先，我们检验了 4 个变量的因子载荷值。结果显示，团队合作所有测量条目的因子载荷均在 0.61 以上，团队制裁测量条目的因子载荷均在 0.58 以上，心理资本测量条目的因子载荷均在 0.56 以上，建言行为所有测量条目的因子载荷均在 0.70 以上，均超过了 0.55 的标准值。此外，我们也进行了模型拟合优度的比较。表 9-1 的结果表明，四因素模型对数据有较好的拟合度（$\chi^2=3253.376$，RMSEA=0.081，CFI=0.825），其他模型的拟合度均低于此模型，因此四因素模型是最佳的模型。

表 9-1　测量模型比较

模型	χ^2	RMSEA	CFI
单因素模型	7915.751	0.145	0.435
二因素模型	6388.248	0.127	0.563
三因素模型	4560.52	0.103	0.716
四因素模型	3253.376	0.081	0.825

注：N=274。二因素模型：团队合作氛围+团队制裁氛围+建言行为、心理资本；三因素模型：团队合作氛围+团队制裁氛围、心理资本、建言行为；四因素模型：团队合作氛围、团队制裁氛围、心理资本、建言行为。

（二）数据聚合检验

尽管团队合作与团队制裁的测量都是以团队为参照点，但由于数据是从个体水平获得的，我们需要检验其聚合到团队层次是否可行。我们主要采用 rwg、ICC（1）和 ICC（2）这三个常用指标对数据进行聚合检验。对于内部一致性系数 rwg，我们通常将取值大于 0.70 作为临界标准（James et al.，1984）。结果显示，团队合作和团队制裁的 rwg 均值分别为 0.98 和 1.02，均高于 0.7 的标准，说明能够满足团队内部一致性的要求（张志学，2006）。对于组内相关系数 ICC（1）和 ICC（2），LeBreton 和 Senter（2007）提出，ICC（1）的值大于 0.01 可以被认为是效应较小，大于 0.1 可以被认为是效应中等，而 ICC（2）的值通常建议大于 0.7。结果显示，团队合作的 ICC（1）为 0.03，ICC（2）为 0.89；团队制裁的 ICC（1）为 0.02，ICC（2）为 0.82，均在临界标准之上。由于 ICC（1）所得结果的效应较小，我们还进一步进行了方差分析的检验。结果显示，团队合作氛围（$F=1.39$，$p<0.1$）和团队制裁氛围（$F=1.78$，$p<0.01$）的均值在各组之间的差异显著，这说明有必要进行分组讨论。

（三）描述性统计分析

各变量的均值、标准差和相关系数如表 9-2 所示。从表 9-2 中可以发现，个体的性别与促进性建言显著正相关，受教育程度与促进性建言和抑制性建言显著负相关。员工心理资本与促进性建言、抑制性建言显著正相关，而团队合作氛围与团队制裁氛围显著负相关。

（四）假设检验

1. 主效应检验

为了检验团队层面的合作氛围和制裁氛围对员工个体建言行为的跨层次影响，以及员工心理资本在其中的中介作用，我们在本书中采用多层次线性模型（HLM）来进行数据分析（见表 9-3）。根据廖卉和庄瑗嘉（2008）的建议，我们在检验前对团队层次和个体层次的变量均进行了总均值中心化处理。

首先，我们分别设定了以促进性建言和抑制性建言为结果变量的两个零模型，用以考察因变量的组间方差和组内方差。结果显示，促进性建言的组内方差（σ^2）和组间方差（τ）分别为 0.63 和 0.08，卡方检验的结果为 $\chi^2=4.45$（$p<0.05$），故 ICC（1）= 0.11，组间方差占总方差的 11%；抑制性建言的组内方差（σ^2）和组间方差（τ）分别为 0.46 和 0.05，卡方检验结果也是显著的（$\chi^2=3.19$，$p<0.05$），故 ICC（1）= 0.098，组间方差占总方差的 9.8%。由此可知，促进性建言和抑制性建言均具有显著的组间方差，可以进行下一步的假设检验（温福星，2009）。

表 9-2　变量的均值、标准差和相关系数（N=58）

变量	*M*	*SD*	1	2	3	4	5	6	7
个体层次									
1. 性别	0.27	0.44	—	—	—	—	—	—	—
2. 年龄	37.05	8.83	0.20***	—	—	—	—	—	—
3. 教育程度	1.66	0.87	0.10	0.33***	—	—	—	—	—
4. 在职年限	11.35	8.71	0.03	0.68***	0.22***	—	—	—	—
5. 员工心理资本	3.65	0.61	0.03	0.02	-0.04	-0.00	(0.96)	—	—
6. 促进性建言	3.18	0.84	0.11*	-0.07	-0.12**	-0.03	0.27***	(0.96)	—
7. 抑制性建言	3.35	0.71	0.10	0.03	-0.10*	0.03	0.24***	0.78***	(0.91)
团队层次									
1. 团队类型	2.06	0.83	—	—	—	—	—	—	—
2. 团队合作氛围	3.68	0.36	-0.19***	(0.93)	—	—	—	—	—
3. 团队制裁氛围	2.56	0.51	-0.05	-0.25***	(0.92)	—	—	—	—

注：$N_{个体}=274$；$N_{团队}=58$；* 表示 $p<0.1$，** 表示 $p<0.05$，*** 表示 $p<0.01$，对角线上的括号内数值为内部一致性系数（Cronbach's alpha）。

表 9-3　多层次线性模型（HLM）分析结果

变量	促进性建言					抑制性建言				个体心理资本	
	零模型	模型 1	模型 2	模型 3	模型 4	零模型	模型 1	模型 2	模型 3	模型 1	模型 2
截距项	0.02*	0.17	0.21	0.22	0.22	0.02*	-0.28	-0.27	-0.22	-0.09	0.02
个体层次											
性别	—	0.22*	0.22*	0.24**	0.23**	—	0.12	0.12	0.13	-0.01	0.04
年龄	—	-0.01	-0.01	-0.01	-0.01	—	0.00	0.00	0.01	0.003	0.01
教育程度	—	-0.13**	-0.11*	-0.12*	-0.11*	—	-0.15***	-0.14***	-0.14**	-0.04	-0.03
在职年限	—	0.01	0.01	0.01	0.01	—	0.00	0.00	0.00	0.002	-0.003
个体心理资本	—	—	0.34***	—	0.35***	—	—	0.24***	—	—	—
团队层次											
团队类型	—	0.10	0.09	0.06	0.08	—	0.14**	0.14**	0.11*	0.01	-0.06
团队合作氛围		0.37**	0.15	—	—	—	0.36***	0.20	—	0.62***	—
团队制裁氛围	—	—	—	-0.21*	-0.12	—	—	—	-0.08	—	-0.25***
方差分解											
组内方差（σ^2）	0.63	0.63	0.59	0.62	0.58	0.46	0.46	0.43	0.45	0.32	0.34
组间方差（τ）	0.08	0.03	0.03	0.05	0.03	0.05	0.01	0.02	0.04	0.0002	0.02
R^2	—	0.63	0.63	0.54	0.63	—	0.88	0.75	0.50	0.99	0.5
LogLikelihood	-337.16	-330.4	-322.27	-331.37	-322.08	-393.42	-330.42	-279.64	-288.28	-234.33	-246.97

注：$N_{个体}=274$；$N_{团队}=58$；* 表示 $p<0.1$，** 表示 $p<0.05$，*** 表示 $p<0.01$，对角线上的括号内数值为内部一致性系数（Cronbach's alpha）。表中所有模型均为跨层次模型，R^2 的计算公式为 $R^2=$（τof Nullmodel−τof the model）/τof Nullmodel。

假设 1 预测团队合作氛围对员工建言行为的跨层次直接作用，回归结果如表 9-3 所示。以员工促进性建言为因变量的模型 1 结果显示，团队合作氛围对促进性建言具有显著的正向影响（$\gamma=0.37$，$p<0.05$）；以员工抑制性建言为因变量的模型 1 显示，团队合作氛围对抑制性建言同样具有显著的正向影响（$\gamma=0.36$，$p<0.01$）。另外，我们对两模型的回归系数进行了 T 检验，发现两者间的差异不显著（$t=0.22$，$p=0.82$），因此我们的 H1a，即团队合作氛围对促进性建言具有正向影响得到验证；H1b 得到部分验证，即团队合作氛围对员工抑制性建言具有显著的正向影响，但此影响效应和其对促进性建言的影响效应间并没有显著差异。

假设 2 预测了团队制裁氛围对员工建言行为的跨层次直接作用，回归结果如表 9-3 所示。以促进性建言为因变量的模型 3 显示，团队制裁氛围对促进性建言具有显著的负向影响（$\gamma=-0.21$，$p<0.1$）；以抑制性建言为因变量的模型 3 显示，团队制裁氛围对抑制性建言的影响虽为负向，但并不显著。据此我们的 H2a 得到验证，H2b 未得到支持。

2. 中介效应检验

假设 3 和假设 4 预测了团队合作氛围和团队制裁氛围对员工心理资本的影响，以及心理资本在团队合作、团队制裁与员工建言行为关系中的中介作用。此研究模型是跨层次中介效应低层中介模型（cross-level mediation-lower mediator），即 2-1-1 跨层模型。如前所述，我们已在进行中介效应分析前进行了均值中心化处理。具体而言，我们按照如下步骤进行跨层次中介效应检验：

第一，我们检验自变量对因变量的跨层次直接效应。由前文所得结果可知，团队合作氛围对员工促进性建言和抑制性建言均具有显著的正向影响（H1a 和 H1b 已得到验证），而团队制裁氛围仅对员工促进性建言具有显著的负向影响（H2a 得到验证）。

第二，我们应检验自变量对中介变量的跨层次直接效应。由表 9-3 可知，以心理资本为因变量的模型 1 和模型 2 显示，团队合作氛围的回归系数为正向显著（$\gamma=0.62$，$p<0.01$），而团队制裁氛围的回归系数为负向显著（$\gamma=-0.25$，$p<0.01$），据此 H3a 和 H3b 得到支持。

第三，我们应检验当自变量和中介变量同时对因变量进行回归时，中介变量是否显著，而同时自变量是变为不显著还是显著性水平降低。由表 9-3 中的结果可知，当心理资本和团队合作同时对促进性建言进行回归时（模型 2），心理资本的回归系数仍正向显著（$\gamma=0.34$，$p<0.01$），而团队合作氛围的回归系

数变为不显著；当心理资本和团队合作同时对抑制性建言进行回归时（模型2），心理资本的回归系数为正向显著（$\gamma = 0.24$，$p < 0.01$），而团队合作氛围的回归系数同样变为不显著。这说明，心理资本在团队合作氛围与员工促进性建言、抑制性建言的关系中起完全中介作用。为进一步验证中介作用的稳健性，我们进行了 Sobel 检验，结果显示，团队合作氛围通过员工心理资本影响促进性建言和抑制性建言的两种间接效应分别为 0.21（$p<0.01$）和 0.15（$p<0.05$），因此假设 H4a 得到支持。同样地，我们也以促进性建言为因变量，在模型 2 中同时加入了团队制裁和心理资本，结果发现，员工心理资本的回归系数为正向显著（$\gamma = 0.35$，$p<0.01$），而团队制裁的回归系数变为负向不显著，这说明员工心理资本在团队制裁氛围与员工促进性建言的关系中也起到完全中介作用。由于团队制裁氛围对个体抑制性建言的主效应并不显著，我们并未进行中介效应检验。为进一步验证中介作用的稳健性，我们同样进行了 Sobel 检验，结果显示，团队制裁氛围通过员工心理资本影响促进性建言的这一间接效应为 -0.09（$p<0.05$），因此我们的 H4b 得到部分验证。

五、结论与讨论

（一）研究结果与理论贡献

本章讨论的问题聚焦于员工建言行为的团队驱动因素。基于来自 4 个组织、58 个团队的 274 名员工在两个时间点上的调查数据，我们构建了一个跨层次模型考察心理资本在团队合作氛围和团队制裁氛围与员工建言的关系中所发挥的传导机制。

我们获得了以下发现：首先，团队合作氛围和团队制裁氛围会对员工的建言行为产生影响。具体而言，团队合作氛围对员工的促进性建言和抑制性建言均具有显著的正向影响；团队制裁氛围仅对员工促进性建言具有显著的负向影响，对抑制性建言的负向影响不显著。这一发现说明，团队如果形成相互支持、认可互助的合作氛围，将有助于鼓励员工做出更多的建言行为，而团队形成以同伴监督、强制认同为特征的制裁氛围时，则会抑制员工的促进性建言行为。其次，本书还发现了个体心理资本在团队氛围和员工建言行为关系中的跨层次中介作用。具体来说，个体心理资本在团队合作氛围与员工促进性建言、抑制性建言的关系中起完全中介作用；个体心理资本在团队制裁氛围与员工促进性建言的关系中起完全中介作用。这一发现说明，团队氛围通过影响员工的心理资本从而对员工建言产生促进或抑制作用。

本章的发现推进了心理资本领域的研究：

首先，基于目标导向理论，我们构建了模型描述并验证了团队工作氛围如何塑造员工的个体心理资本。关于员工积极心理资本的研究在近年来引起了许多学者的关注（Avey et al.，2011；Peterson et al.，2011；Peterson et al.，2015），但对心理资本团队层面的前因变量的探讨仍显得缺乏，并且主要局限于讨论领导行为的影响（Rego et al.，2012）。本书发现了团队合作氛围与团队制裁氛围对员工个体心理资本的积极作用和消极影响，并采用了目标导向的视角，在理论上论述了团队工作氛围塑造员工心理资本的机制。这一研究结果将关于心理资本前因变量的研究进一步向前推进，为我们进一步了解个体心理资本的形成和开发提供了证据。

其次，本书将员工心理资本和建言行为关联了起来。以往的研究分别讨论了自我效能感、乐观、控制点等积极的心理因素与建言的关系，很少有研究直接检验员工心理资本和建言行为间的关系。本书探讨了员工积极心理资本影响建言的机制：个体积极的心理资本会提高员工对建言收益的预期、降低员工对建言风险的预期，从而促进员工进行建言决策。我们的实证结果也支持了心理资本与建言的正向关系。以上发现使我们对心理资本和建言的关系有了更进一步的了解。

最后，我们还发现了员工建言行为的团队层面新的驱动因素。团队集体所共享的工作氛围是影响个体行为的一个重要因素（Kozlowski and Ilgen，2006），特别是对于处在以高集体主义为特征的东方文化背景下的组织而言，工作氛围对员工的影响往往更加明显。目前针对团队氛围影响建言以及沉默行为的研究还仅探索了少数、特定的氛围（建言氛围、伦理氛围）（Frazier and Fainshmidt，2012；Morrison，2011；Wang and Hsieh，2013），而我们所关注的团队合作氛围和团队制裁氛围是更为一般性的工作氛围，普遍存在于工作场所中，往往能够通过管理者有意识的干预进行塑造。这一发现进一步丰富了个体建言行为的团队影响因素的理论文献，拓展了我们对团队氛围跨层次作用于个体建言的理解。

（二）实践意义

本章的发现对组织管理者具有一定的实践指导意义：

本章的研究表明，团队合作氛围对个体心理资本具有显著的积极作用。这意味着相互支持、认可互助的团队氛围是促进员工保持积极乐观的心理资本的重要影响因素。因此，在组织的日常管理实践中，管理者应注重对团队合作氛围的培养，提供更多的机会和激励方式鼓励员工合作，从而提升员工的心理资本。

本章的研究还揭示出团队制裁行为对员工心理资本具有抑制作用。这说明以相互监督和强制认同为特征的制裁氛围会对员工的积极心理资本产生负面的影响。因此管理者应在团队管理中更谨慎地采用制裁行为为主的管理方式，关注团队成员间的互动规范，引导团队避免形成制裁的团队氛围。

根据本章研究揭示出的员工心理资本在团队氛围与建言行为之间的传导作用，我们建议组织可以通过良好团队氛围的塑造，让员工在工作中提升自身的效能感、保持乐观、不畏挫折，遇到困难时因为能从团队中获得支持和帮助，而保持乐观和看到希望，进而愿意在组织中做出更多的建言行为。

（三）不足与未来的研究方向

本章研究当然存在不足之处，未来尚需在数据收集、变量测量等方面进一步完善。第一，虽然我们在两个时间点上收集了纵向数据，并有效解决了共同方法偏差的影响问题，但我们建议在未来可以进一步丰富数据来源，从员工、领导和企业客观数据等多个层面进行数据收集。第二，本书对团队氛围的衡量是由员工的评价在团队层面聚合而成的。Brown 等（1996）指出，团队共享、认同、达成共识的氛围应当是一个实质现象（substantive phenomenon），而不仅仅是统计上对员工感知到的团队氛围的加总，因此在未来的研究中，我们需要对团队氛围的测量进行进一步的改进。第三，本书找到了团队合作氛围与团队制裁氛围影响员工建言的证据，以及心理资本在其中的中介效应，但对影响这一中介模型的情境因素尚未讨论。因此，我们在未来的研究中可以加入对情境因素的探讨，从而更深刻地揭示团队氛围影响员工建言的作用机理。

第十章
总结与展望

一、总结

（一）本书研究内容总结

当今社会快速变革、充满挑战，人们普遍感受到压力、紧张和不确定性，这影响着人们各项工作行为和工作结果。个体心理资本的正面作用已经得到大量研究的证实，然而个体心理资本作为一项“资本”，是否能够为个体带来具有经济价值的回报，仍有待进一步研究。同时，学术界和管理者们对团队乃至一个地区的群体所共享的集体心理资本的价值还认识不足。本书主要回答了四个问题：第一，个体心理资本是否影响以及如何影响个体的工作表现及收入水平？第二，区域层面的集体心理资本能否贡献于区域创新？如果能，这其中的机制是怎样的？第三，集体心理资本对团队绩效和员工个人绩效是否有影响？如果有，影响机制是什么？第四，团队集体心理资本如何在团队内扩散？通过对上述四个问题的探讨，本书较为全面地展示了开发积极心理资本对于个体、团队、组织以及一个区域所能够产生的回报，深化了我们对心理资本这一积极心理因素的认识和了解。

在辨析心理资本的概念、系统整理心理资本现有文献的基础上，围绕着这四个问题，本书的核心部分分为四个研究模块。研究模块一：个体心理资本的回报研究（第四章、第九章）；研究模块二：区域心理资本的创新效应研究（第五章、第六章）；研究模块三：集体心理资本的团队效应与跨层次效应研究

(第七章)；研究模块四：集体心理资本的扩散机制研究（第八章）。

围绕着这四个研究模块，我们进行了一系列的调查研究工作，包括文献整理、二手数据采集、问卷调查、访谈调研。综合运用质性、实证的分析方法，我们获得了一些新发现：

第一，我们发现了心理资本（乐观）对于个体收入的提高是一种间接效应。采用 CGSS 的大规模社会调查问卷，我们利用个体对成功归因的自陈式量表构建了反映个体乐观程度的变量。采用回归分析，我们没有发现乐观对收入的直接效应，但发现了乐观者会增加人力资本积累从而提高个体收入水平的间接效应的支持证据。

第二，发现了区域心理资本对区域创新的显著正向影响。通过引入人力资本作为中介变量，我们发现人力资本中介了心理资本对区域创新的作用。心理资本通过影响人力资本投资贡献于创新的机制得到了验证。此外，我们还发现了心理资本通过促进人力资本的作用发挥，从而调节人力资本与区域创新的机制。

第三，揭示了团队心理资本对团队整体绩效和个体绩效产生积极的影响。通过对集体心理资本的团队效应进行研究我们发现：团队集体心理资本能够提升团队的凝聚力，从而贡献于团队绩效水平。集体心理资本对团队凝聚力的影响程度取决于团队心理资本的差异程度。如果团队内成员间的心理资本差异很大，集体心理资本对团队凝聚力的提升效应就会受到削弱。集体心理资本对团队成员个体的效应体现在：积极的团队集体心理资本有助于提高团队的凝聚力，身处更高凝聚力的团队中，团队成员受到成员间互相合作、相互吸引、乐于帮助的正面工作氛围影响，团队认同程度更高，这促使个体将团队的目标作为自己的目标为之付出更大的努力，从而带来更高的工作绩效。

第四，发现了个体心理资本向集体心理资本的趋同是积极心理资本在团队中扩散的一种机制。我们通过质性访谈，总结提炼了心理资本趋同的概念。这一概念描述了因从众效应和学习效应的存在，个体和团队心理资本相互趋近，从而实现积极心理资本在团队内部扩散的过程。具体来说，心理资本趋同表现为个体受团队影响向团队心理资本的正向趋同，或个体影响团队心理资本向其靠拢的反向趋同，并以不同的速度最终实现团队整体的心理资本提高或下降。我们还讨论了团队工作氛围、团队成员认同、个体和集体心理资本“势差”以及团队共享心智模型等影响心理资本水平/心理资本趋同的前因变量。

（二）本书的理论贡献

本书的研究所做出的理论贡献集中在以下三个方面：

首先，本书的研究成果丰富了集体心理资本的相关文献。其一，本书提供了集体心理资本对团队绩效和团队成员绩效的积极作用及实现机制的新证据；其二，本书提出了团队成员团队心理资本趋同的新构念，探索了集体心理资本向团队成员扩散的新机制；其三，本书揭示了对心理资本的水平和趋同产生影响的团队、个体因素，包括个体工作地位、团队工作氛围、团队成员对团队的认同、个体和集体心理资本"势差"以及团队共享心智模型等，这些影响心理资本的前因变量在以往的研究中还鲜有讨论。这些研究发现弥补了现有心理资本文献中缺乏集体心理资本相关研究的不足，使学者和管理者们能够更好地从团队层面理解心理资本的作用和机制。

其次，本书首次将心理因素纳入区域创新研究。心理因素对个体行为和经济结果的影响受到了越来越多的重视。心理因素与失业、收入、教育结果、个人行为态度的关系得到了日渐深入的研究。然而，在对创新影响因素的研究中，心理因素的作用长期以来受到了忽略。这使得：在理论上，影响创新的一个重要因素没有得到充分研究；在实证上，创新产出、创新效率模型的估计存在普遍的变量遗漏误差；在实践中，创新人员心理素质的培育开发没有得到重视。本书将心理因素引入区域创新的研究中，提供了研究区域创新的一个全新视角，并通过完善心理资本、集体心理资本的定义，为心理因素的模型化奠定了基础。本书实证分析的结果表明，心理因素对创新这一经济活动确实存在显著作用。这一发现，为将来在区域研究中纳入心理变量提供了支持。

最后，本书首次采用代理变量对集体心理资本进行了测量。不同于采用自陈式心理量表对心理资本进行测量的方法，我们尝试探索采用代理变量来测量积极心理资本的主要维度，如自我效能和乐观。采用代理变量测量能够最大程度地控制自陈式量表的主观性，使得采用大规模的社会调查数据、统计调查数据进行心理资本问题的研究成为可能。当然，采用代理变量测量心理资本可能会面临内容效度偏低的问题，但这仍然是一个值得继续推进的研究方向，以使心理资本问题的研究进入更宏观的层面。

（三）本书的实践启示

本书的研究能够为政策制定者、组织管理者、劳动者个人提供一些实践启示，具体包括：

首先，政策制定者们应重视心理资本的培育与开发。在本书中，心理资本对个体收入、团队工作绩效、区域创新的作用都得到了验证。但长期以来，我国对培育和开发积极的心理特征不够重视，对心理问题的关注还停留在心理卫生、心理健康的层面，只重视预防和治疗心理疾病。本书对心理资本和集体心理资本概念的进一步阐述，有助于提高人们对积极心理特征是个体有价值的资本的认识，使人们重视对积极心态的培育和开发，从而在经济活动包括创新活动中取得更好的成果。

目前国外已有研究讨论如何采用科学的方法培育儿童以及成人的心理资本，其中在家庭、学校和工作场所的环境中，都可以建立一系列规范，帮助塑造积极的心理特征，建立个人自尊、引导内控型的价值判断标准。这其中涉及了许多具体的建议，如在日常生活中根据努力而非能力对个人做出评价（Schunk，1983；Schunk and Gunn，1986）；又如对教育者提前进行自尊和责任感的预培训、更早提供真实生活相关的课程、实施低收入人群的社会福利改进项目、在工作场所建立相互肯定的工作环境等（Cole et al.，2009；Cole，2006）。我国还有学者从拓展创新教育入手，讨论个性化的学校教育氛围的形成（顾晓虎、高远，2008），以及企业的科技创新团队心理资本的开发流程等（张晓燕，2011）。

其次，重视人力资本和心理资本的相互作用，注重在早期教育阶段有意识地进行心理资本的开发与培育。本书提供了证据支持心理资本能够有效地促进个体接受更多的教育、提高人力资本，也提供了证据支持心理资本能够促进人力资本在创新中的作用发挥。这些发现揭示出，心理资本的有意识开发如果能够在儿童早期教育阶段进行，就能够有效地提高儿童人力资本的积累，而知识、技能水平更高的个体，更容易在学习与工作中获得自信，进一步提升积极心理资本，这就形成了高心理资本→高人力资本→更高心理资本的上升螺旋。反之，如果儿童的心理资本水平较低，其更难接受挑战、主动学习，更无法有效地积累人力资本。知识、技能水平的不足将进一步伤害个体的自信、乐观，造成低心理资本→低人力资本→更低心理资本的下降螺旋。因此，对心理资本的开发应该向前延伸到儿童的早期教育中，以期塑造一个高心理资本、高人力资本的国民群体。

再次，本书为企业管理者提供了正式培训手段之外的、对员工进行心理资本开发的工具。我们的研究揭示出，心理资本作为一种积极正面的状态，就如同“正能量”一般，可以通过人与人的交往进行传播和扩散。心理资本趋同正是这样一种扩散机制。了解了心理资本的趋同机制，管理者就能够在引入正式的心理资本培训之外，构建一个具有正向心理资本“势差”的团队，利用心理资本的趋同机制，实现团队心理资本的整体提升。

其他的具有实践意义的心理资本开发管理工具还包括：提高团队成员认同、避免员工产生工作地位低下的感知、构建宽容合作的团队合作氛围、避免以监督和惩罚为主的团队制裁氛围等。

最后，为劳动者积极心态的自我管理和自我提升提供依据。对心理资本收入效应的分析揭示出，在同等人力资本水平下，良好的心理状态能够带来收入水平的额外提升。这证明了积极的心理状态是一种有价值的“资本”，在劳动者的自我提升过程中应当受到重视。

二、不足与研究展望

（一）研究不足

作为一项对跨越区域、团队、个体多个层次的心理资本问题的研究，本书在体现了创新性的同时，也不可避免地存在许多不足：

首先，本书关于心理资本对创新的作用机制的探索，主要是从个体的视角出发，对区域层面心理因素的相互影响、示范学习效应的讨论不足。心理资本是个体过去的经历、所处环境、感受到的外界反馈综合作用的结果。一个地区受到共同的文化熏陶、经历共同的历史事件、人与人之间遵守共同的行为规范，这些都可能使一个地区的人们具备接近或者共同的心理特征，从而在区域层面上表现出心理资本的相似性。这一机制，在本书中没有得到充分的讨论。

其次，对心理资本代理变量的选择有改进的空间。由于分地区、跨时期的面板数据往往难以获得，我们选择的心理资本的代理变量在内容效度方面并不高。

最后，我们还未能采集到足够多期的数据，对心理资本趋同进行实际测量，并检验主要的前因变量对其的影响，使得这部分的讨论还停留在理论推演阶段，没有能够得到实际数据的检验。

（二）研究展望

尽管存在诸多不足，我们仍然为这本书中进行的研究所取得的成果感到鼓舞。有许多未来可能的研究方向涌现了出来：

1. 理论模型的拓展

（1）个体层面。

首先，在心理资本的概念被正式提出后，个体心理资本的相关研究在数量和质量方面都取得了不小的成绩。现有研究尤其关注个体心理资本与工作成果之间的关系，对心理资本结果变量的探索，显示了心理资本的重要理论意义和实践意义。今后的研究应该探索个体心理资本与其结果变量间的中介变量和调节变量，从而寻找底层影响机制，并确定相应的边界条件，使研究框架更加系统。

其次，心理资本作为重要的积极心理状态，在提升企业效率和竞争力方面比经济、人力、社会资本更有效。因此，研究需要更加关注心理资本的开发，探索影响心理资本的变量，如前因变量，这为心理资本的开发提供了理论依据。

最后，还要关注重点人群的心理资本调节与开发。例如，知识型员工、高技术型人才、新生代员工，他们是企业盈利和企业未来的“中流砥柱”，心理资本作为正能量，往往比专业知识培训和薪酬福利更有价值。

（2）组织与团队层面。

组织层面的研究主要集中在创业型（新创）企业和高科技企业的企业家心理资本与企业绩效、企业创新之间的关系；团队层面的研究主要侧重于团队领导心理资本、团队心理资本和团队态度、行为、绩效方面的研究，研究数量和研究维度都比较有限，尚未形成明确的体系和高度一致的结果。然而，集体心理资本相对于个体心理资本而言更加稳定，相对于企业绩效、竞争力提升、团队建设等而言更加直接和快速。集体心理资本的概念和量表的出现，为未来高层次研究提供了基础和依据，集体心理资本的研究也将成为热点和重点。对高层次的相关研究，可以模仿个体层面的研究方法，探索集体心理资本对团队和组织层面工作成果的积极影响，以及这种影响下的内在机制（中介变量）和边界条件（调节变量），而对集体心理资本的开发（前因变量探索），不仅要研究新创企业和高科技企业，还要拓宽现有研究，探寻普适性。

(3) 区域研究层面。

首先，心理资本在区域间的溢出效应仍值得我们进一步探索。在本书中，遵从经济学通常的微观问题宏观化的处理方法，我们将微观的个体心理资本影响创新的机制简单加总，得到了区域层面的结论，即一个地区的个体心理资本越高，则地区的集体心理资本越高。集体心理资本是否具有不同于个体心理资本之和的特征，区域与区域之间的心理资本是否可能相互影响、是否存在溢出效应，是未来值得研究的一个方向。

其次，区域心理资本影响创新的其他间接机制值得进一步研究。在本书的理论框架中，为说明心理资本如何影响创新，我们讨论了心理资本对创新的作用机制，包括心理资本直接影响创新的机制，以及心理资本通过影响人力资本间接影响创新的机制。在心理资本影响创新的间接机制中，通过人力资本作用于创新只是其中的一种机制。在下一步的研究中，我们可以进一步探索心理资本通过其他因素影响创新的间接效应。

(4) 跨层次研究。

心理资本现有跨层次研究主要集中在领导行为、人力资源管理、组织文化氛围通过影响下属心理资本从而影响其他结果变量的模型，以及团队心理资本、领导层心理资本影响工作结果的模型。这两个模型在研究范式、理论模型建立上都显得不够规范，可能的原因有：①高层次变量的统一概念和量表的提出相对滞后；②跨层次研究方法和多层次理论模型尚不被熟悉；③在控制变量的过程中，少控制了体现个体特征的变量或多控制了影响群体结果的变量。

在未来的研究中，需要追求研究的严谨性和深入性，关注集体心理资本调节个体层次变量的关系。已有研究表明：积极的工作环境与组织气氛能够调节个体层面变量的关系，以提升个体的工作绩效、积极工作态度和行为；集体心理资本作为组织高层次变量，是促进积极工作环境和组织氛围形成的重要因素。由此可以推测，集体心理资本作为重要的调节变量，能够在一定程度上促进或抑制个体层次变量间的关系，即集体心理资本高的团队，个体层面变量在提升个体工作绩效、积极工作态度和行为时更容易发挥作用，在引起消极工作态度和消极行为时受到抑制。

(5) 本土化和跨文化研究。

我国现有心理资本相关研究，理论假设的提出多基于国外理论，量表选择也以国外量表为主，仅样本来自中国本土。尽管国外许多量表已经通过实证研究证明其信度和效度良好，如 PCQ-24，但是本土化解释能力较弱，研究中已经出现过本土实证研究结果与国外研究不一致的现象，因此开发自己的测量量表，分析我国的文化背景，考虑我国所处的国内外环境，进行中国本土化特色的心理资本相关研究势在必行。

经济全球化的日益增强，跨国企业、外资企业和合资企业数量的不断增加与心理资本跨文化研究相对滞后形成鲜明对比。跨文化研究，一方面，为跨文化组织建设提供新的思路与方法，另一方面，能够促进心理资本理论的全面和完善。2014 年 Dollwet 等开发了跨文化心理资本量表，为跨文化的组织与个体的心理资本研究和开发提供了新的基础。宽视野的跨文化研究，有助于多元文化融合，未来跨文化研究也将成为研究热点。

（6）心理资本与创新、创造力。

近年来，对创新与创造力的研究持续升温。目前，我国提出建设创新型国家的新方向，社会经济结构正在经历着多重的、复合性的变化，整个社会的主导产业正由资源型、能耗型产业向知识型、智力型产业过渡。学者认为，创新是提升企业竞争力、促进企业实现目标的重要环节；在复杂而充满竞争的环境中，创新是有效的变革方式，是组织生存和胜出的有效策略，员工创造力通常是创新的起点。员工创新活动是组织创新的核心要素，组织创新气氛是影响员工创新行为的重要环境因素之一。

现有心理资本与创新行为和创造力的相关研究，主要集中在以下三个方面：个体层面的心理资本对员工创新行为的影响，真实型领导行为通过影响下属心理资本从而影响员工创新行为，创新型组织通过影响个体心理资本从而影响创新。未来的研究可从以下三个方面做出努力：一是可尝试探索个体心理资本与集体心理资本对创新意识、创新行为、创新绩效的影响及其中介变量，探索创新和创造力对绩效提升的驱动效果如何；二是可尝试探索不同的领导风格通过影响心理资本对创新行为和创造力产生的影响能力，从而有针对性地开发领导行为；三是可尝试探索不同性质的企业、不同属性的工作团队的心理资本与其创新行为、创造力的关联程度，从而为企业和团队建设提供建议。

（7）心理资本与人力资源管理。

首先，企业的管理归根结底是对人的管理，对心理资本的探索是为了更好地激发个体潜能，建立积极的人力资源管理系统。在心理资本前因变量的探索过程中，我们发现不同的个体特质和人口统计学变量（如性别、年龄等）对心理资本有重要影响。这就要求建立相关胜任力模型时，不得不考虑个体差异对心理资本的作用及其对工作绩效和工作能力的影响。这种调整后的胜任力模型，将在企业人力资源管理中起到重要作用，如招聘、培训、晋升等。

其次，有研究表明，高心理资本与个体离职倾向显著负相关，因此高心理资本容易形成稳定的工作团队和工作氛围，从而促进人员培养成本的降低和流动风险的下降。这就要求我们进一步探索如何开展人力资源工作以促进心理资本的开发。

最后，积极和高绩效的人力资源系统，能够促进个体心理资本的提升，基于感染效应，形成积极的团队心理资本，从而促进企业文化的建设。这就要求我们进一步探索人力资源系统与心理资本关系中的中介机制和调节机制，一方面为全面理论研究做准备，另一方面可促进企业实践开展。

（8）分维度研究。

心理资本是高阶概念，包括多个维度的心理要素，大部分研究仅将心理资本作为整体高阶变量进行研究，忽略了各维度与相关变量的关系研究；同时，有些相关变量也是高阶变量，由多个维度构成。因此有必要构建变量的分维度与相关变量、变量的多维度与相关变量的多维度的关系研究，一方面，能够探索各个维度之间的具体关系特点，更具有说服性；另一方面，方便研究成果为管理实践提供更具体和更有针对性的建议。

2. 数据收集与研究方法的改进

（1）HLM 分析跨层次模型。

综述跨层次研究不难发现，由于研究范式、理论模型的建立不够规范，结论不够一致。许多著名学者建议使用规范的研究方法和研究模型。所谓 HLM，即跨层次模型的统计分析程序，在分析阶层性数据时有以下优点：①能够明确分析嵌套性质的数据；②能够改善个体层次效果估计；③能够提供标准误估计数；④能够为方差协方差成分提供有效估计数。这样的分析方法和程序，能够更好地判断跨层次理论假设，剔除嵌套与误差，从而得到更加符合事实的研究结论。

（2）纵向数据的收集。

现有研究，多使用横向数据，即在同一时间点回收所有数据，不跟踪调查，这不利于解释研究的稳定性、长期性和因果关系；虽然回归分析在一定程度上能够表明变量的关系，但并不能严格确定其因果。以后的相关研究，可强化纵向研究，更多地进行长期的纵向研究设计，选择间隔的时间进行数据回收，设计用于追踪研究的连续问卷，来更有效地说明变量之间的因果关系，真正揭示心理资本影响效应的本质。现在已经出现了纵向研究设计，并证明了个体心理资本对员工绩效积极影响的因果关系。

（3）多维评价的问卷。

现有研究所使用的心理资本测量问卷大多是自评式问卷，维度单一，不确定性高；相关变量如绩效、组织公民行为、组织承诺等也多采用单一维度评定问卷，由上级或自己填写，容易造成同源误差或社会期望偏差，从而影响研究结果。尝试使用多维度评价问卷，综合评价结果，对研究结论的误差减小和说服力提升有重要意义。例如，员工心理资本评定由员工自评和领导评定共同构成，甚至尝试专家观察评定，这时，对于权重的分配则成为又一重点。

（4）多方法的研究范式。

现有心理资本相关研究，以实证研究和理论研究为主，而相关实证研究，以问卷回收数据分析为主。本书尝试以代理变量衡量心理资本响应了学界对多方法研究心理资本的呼吁。本书中所选择的心理资本代理变量存在内容效度不高等问题，在未来的研究中，我们可以进一步拓展思路，寻找与模型残差项相关性更小的代理变量并收集数据，以检验心理资本对创新的作用。此外，还可以考虑构建一个指标体系来衡量心理资本，将研究拓展到心理资本与其他经济变量的相互作用方面。

在未来，还可以采用多方法相结合的研究范式，即在研究方法类型、数据来源方式、数据评价维度、数据分析方法等方面进行创新。例如：可以进行实验室研究、实地研究，数据来源和类型可以是访谈结果、问卷数据、专家测评结果、二手数据，分析方法可采用横向、纵向、对比分析等。研究方法的多元化可以在一定程度上减小心理资本相关研究的误差，提高研究结果的一致性。

附　录

附录 A
人力资本影响创新的截面回归结果（省级数据）

表 A1　人力资本对区域创新活动截面模型结果（1997~2009 年省级数据）

因变量：区域创新活动，由每万人发明专利申请量的对数衡量

年份		最小二乘估计				空间误差模型				空间滞后模型			
		模型（1）	模型（2）	模型（3）	模型（4）	模型（1）	模型（2）	模型（3）	模型（4）	模型（1）	模型（2）	模型（3）	模型（4）
1997 年	高等教育	0.210***	—	—	—	0.207***	—	—	—	0.201***	—	—	—
	中等教育	—	0.039***	—	—	—	0.037***	—	—	—	0.040***	—	—
	初等教育	—	—	-0.036***	—	—	—	-0.035***	—	—	—	-0.036***	—
	平均教育年限	—	—	—	0.972***	—	—	—	0.879***	—	—	—	0.963***
	λ/ρ	—	—	—	—	0.059	0.351	0.133	0.430*	0.188*	-0.028	-0.029	0.016
	调节 R^2	0.87	0.73	0.79	0.76	—	—	—	—	—	—	—	—
	Log L	-6.318	-17.033	-14.453	-15.982	-5.417	-15.648	-12.503	-13.788	-4.062	-16.222	-12.557	-14.958

续表

年份		最小二乘估计				空间误差模型				空间滞后模型			
		模型（1）	模型（2）	模型（3）	模型（4）	模型（1）	模型（2）	模型（3）	模型（4）	模型（1）	模型（2）	模型（3）	模型（4）
1998年	高等教育	0.179***	—	—	—	0.261***	—	—	—	0.178***	—	—	—
	中等教育	—	0.032***	—	—	—	0.032***	—	—	—	0.036***	—	—
	初等教育	—	—	-0.032***	—	—	—	-0.031***	—	—	—	-0.035***	—
	平均教育年限	—	—	—	0.963***	—	—	—	0.948***	—	—	—	1.024***
	λ/ρ	—	—	—	—	1.187***	-0.303	-0.274	-0.263	0.206	0.208	0.205	0.162
	调节 R^2	0.83	0.81	0.87	0.90	—	—	—	—	—	—	—	—
	Log L	-4.876	-15.647	-12.353	-9.024	-3.082	-13.490	-10.385	-7.411	-5.534	-13.324	-10.021	-7.200
1999年	高等教育	0.155***	—	—	—	0.146***	—	—	—	0.153***	—	—	—
	中等教育	—	0.043***	—	—	—	0.042***	—	—	—	0.048***	—	—
	初等教育	—	—	-0.040***	—	—	—	-0.039***	—	—	—	-0.043***	
	平均教育年限	—	—	—	1.113***	—	—	—	1.110***	—	—	—	1.164***
	λ/ρ	—	—	—	—	0.467**	-0.290	-0.170	-0.036	0.196	-0.250*	-0.225*	-0.143
	调节 R^2	0.83	0.81	0.87	0.90	—	—	—	—	—	—	—	—
	Log L	-10.935	-13.768	-9.251	-3.856	-9.431	-12.045	-7.018	-3.213	-9.917	-11.161	-5.643	-2.416
2001年	高等教育	0.134***	—	—	—	0.115***	—	—	—	0.131***	—	—	—
	中等教育	—	0.031***	—	—	—	0.032***	—	—	—	0.034***	—	—
	初等教育	—	—	-0.029***	—	—	—	-0.030***	—	—	—	-0.032***	—
	平均教育年限	—	—	—	0.847***	—	—	—	0.839***	—	—	—	0.893***
	λ/ρ	—	—	—	—	0.397	0.196	0.257	0.238	0.133	-0.147	-0.145	-0.109
	调节 R^2	0.86	0.84	0.86	0.88	—	—	—	—	—	—	—	—
	Log L	-13.132	-14.937	-13.241	-11.024	-11.582	-13.806	-11.264	-9.609	-11.865	-13.580	-11.106	-9.564

续表

年份		最小二乘估计				空间误差模型				空间滞后模型			
		模型（1）	模型（2）	模型（3）	模型（4）	模型（1）	模型（2）	模型（3）	模型（4）	模型（1）	模型（2）	模型（3）	模型（4）
2002 年	高等教育	0.139***	—	—	—	0.118***	—	—	—	0.130***	—	—	—
	中等教育	—	0.040***	—	—	—	0.042***	—	—	—	0.036***	—	—
	初等教育	—	—	-0.037***	—	—	—	-0.037***	—	—	—	-0.034***	—
	平均教育年限	—	—	—	1.029***	—	—	—	1.004***	—	—	—	0.939***
	λ/ρ	—	—	—	—	0.439*	0.466**	0.437*	0.373	0.380***	0.145	0.149	0.179
	调节 R^2	0.77	0.79	0.81	0.83	—	—	—	—	—	—	—	—
	Log L	-23.498	-20.871	-18.795	-19.458	-21.739	-19.401	-17.711	-17.162	-19.347	-20.665	-18.665	-17.359
2003 年	高等教育	0.130***	—	—	—	0.134***	—	—	—	0.123***	—	—	—
	中等教育	—	0.040***	—	—	—	0.044***	—	—	—	0.039***	—	—
	初等教育	—	—	-0.037***	—	—	—	-0.038***	—	—	—	-0.036***	—
	平均教育年限	—	—	—	1.005***	—	—	—	1.000***	—	—	—	0.988***
	λ/ρ	—	—	—	—	0.085	0.339	0.267	0.131	0.197	0.040	0.019	0.035
	调节 R^2	0.74	0.73	0.77	0.79	—	—	—	—	—	—	—	—
	Log L	-28.845	-27.532	-25.348	-25.657	-26.070	-25.834	-23.923	-23.148	-25.343	-26.578	-24.410	-23.239
2004 年	高等教育	0.103***	—	—	—	0.103***	—	—	—	0.096***	—	—	—
	中等教育	—	0.024**	—	—	—	0.025**	—	—	—	0.020*	—	—
	初等教育	—	—	-0.026***	—	—	—	-0.027***	—	—	—	-0.023***	—
	平均教育年限	—	—	—	0.764***	—	—	—	0.761***	—	—	—	0.714***
	λ/ρ	—	—	—	—	0.000	0.224	0.202	0.136	0.197	0.189	0.131	0.109
	调节 R^2	0.77	0.68	0.72	0.76	—	—	—	—	—	—	—	—
	Log L	-24.787	-28.905	-27.413	-25.034	-22.993	-27.292	-25.138	-23.450	-22.191	-27.169	-25.204	-23.398

续表

年份		最小二乘估计				空间误差模型				空间滞后模型			
		模型（1）	模型（2）	模型（3）	模型（4）	模型（1）	模型（2）	模型（3）	模型（4）	模型（1）	模型（2）	模型（3）	模型（4）
2005年	高等教育	0.119***	—	—	—	0.125***	—	—	—	0.113***	—	—	—
	中等教育	—	0.021*	—	—	—	0.024*	—	—	—	0.017	—	—
	初等教育	—	—	-0.027**	—	—	—	-0.029***	—	—	—	-0.024**	—
	平均教育年限	—	—	—	0.826***	—	—	—	0.851***	—	—	—	0.766***
	λ/ρ	—	—	—	—	-0.132	0.179	0.206	0.161	0.243	0.225	0.177	0.160
	调节 R^2	0.71	0.57	0.62	0.67	—	—	—	—	—	—	—	—
	Log L	-29.607	-35.336	-33.245	-31.108	-27.370	-33.241	-31.113	-29.311	-26.429	-32.870	-31.063	-29.179
2006年	高等教育	0.088***	—	—	—	0.088***	—	—	—	0.083***	—	—	—
	中等教育	—	0.008	—	—	—	0.008	—	—	—	0.001	—	—
	初等教育	—	—	-0.023**	—	—	—	-0.023**	—	—	—	-0.019*	—
	平均教育年限	—	—	—	0.761***	—	—	—	0.738***	—	—	—	0.694***
	λ/ρ	—	—	—	—	-0.003	0.256	0.245	0.178	0.194	0.282*	0.187	0.141
	调节 R^2	0.76	0.60	0.65	0.71	—	—	—	—	—	—	—	—
	Log L	-25.564	-32.489	-31.874	-28.056	-23.859	-31.391	-29.196	-26.643	-22.900	-30.786	-29.265	-26.606
2007年	高等教育	0.106***	—	—	—	0.089***	0.102***	—	—	—	—	—	—
	中等教育	—	0.020	—	—	—	—	0.010	0.015	—	—	—	—
	初等教育	—	—	-0.031***	—	—	—	—	—	-0.026**	-0.029***	—	—
	平均教育年限	—	—	—	0.932***	—	—	—	—	—	—	0.752***	0.903***
	λ/ρ	—	—	—	—	0.0259***	0.0454	0.0453***	0.0510	0.0648**	0.0241	0.0117*	0.0170
	调节 R^2	0.79	0.62	0.70	0.76	—	—	—	—	—	—	—	—
	Log L	-24.34	-33.61	-30.13	-26.54	-21.4957	-23.5262	-29.5717	-33.1039	-26.8912	-29.9887	-24.4585	-26.4548

续表

年份		最小二乘估计				空间误差模型				空间滞后模型			
		模型（1）	模型（2）	模型（3）	模型（4）	模型（1）	模型（2）	模型（3）	模型（4）	模型（1）	模型（2）	模型（3）	模型（4）
2008 年	高等教育	0.113***	—	—	—	0.100***	0.113***	—	—	—	—	—	—
	中等教育	—	0.011	—	—	—	—	-0.002	0.009	—	—	—	—
	初等教育	—	—	-0.028**	—	—	—	—	—	-0.020*	-0.029***	—	—
	平均教育年限	—	—	—	0.932***	—	—	—	—	—	—	0.759***	0.961***
	λ/ρ	—	—	—	—	0.0217**	0.0101	0.0480**	0.0231	0.0540**	-0.0135	0.0112	-0.0230
	调节 R^2	0.79	0.54	0.62	0.71	—	—	—	—	—	—	—	—
	Log L	-23.71	-36.20	-33.26	-29.23	-21.8039	-23.6796	-32.5123	-36.1303	-31.0673	-33.2302	-27.6931	-29.1181
2009 年	高等教育	0.102***	—	—	—	0.089***	0.101***	—	—	—	—	—	—
	中等教育	—	-0.002	—	—	—	—	-0.017	-0.006	—	—	—	—
	初等教育	—	—	-0.023*	—	—	—	—	—	-0.012	-0.021*	—	—
	平均教育年限	—	—	—	0.868***	—	—	—	—	—	—	0.643**	0.854***
	λ/ρ	—	—	—	—	0.0217*	0.0240	0.0556***	0.0752	0.0558**	0.0355	0.0139	0.0137
	调节 R^2	0.73	0.43	0.49	0.60	—	—	—	—	—	—	—	—
	Log L	-26.60	-38.10	-36.30	-32.53	-25.3391	-26.4815	-33.2633	-37.5514	-33.5258	-36.1657	-31.0798	-32.5033

注：表中报告了对 OLS 估计的检验统计量。因变量是专利申请量的对数，解释变量包括平均教育年限，所有模型中都控制了对数固定资本投资和对数就业人数。系数估计中的 ***，**，*分别代表在 1%，5%及 10%的概率下的显著性水平。由于篇幅所限，标准误差没有报告在表中。表中没有 2000 年的估计结果，是由于《中国劳动统计年鉴》中没有 2000 年的从业者教育水平数据。

表 A2　人力资本影响创新 OLS 截面模型的空间依赖性诊断检验（省级数据）

年份		1997	1998	1999	2001	2002	2003	2004	2005	2006	2007	2008	2009
空间误差模型	Moran's I	5.013***	2.750***	6.68***	3.137***	6.497***	4.059***	0.030	0.714	0.400	0.481	0.326	0.585
	拉格朗日乘数	6.074**	1.243	12.677***	1.809	11.748***	3.701**	2.340	0.036	0.660	0.085	0.845	0.032
	稳健的拉格朗日乘数	2.802*	0.035	4.868**	0.082	3.374**	0.409	5.436*	0.845	2.423	1.125	1.632	0.252
空间滞后模型	拉格朗日乘数	8.217***	6.715***	18.304***	7.897***	16.306***	9.742***	3.095*	1.895	1.851	1.276	0.047	0.146
	稳健的拉格朗日乘数	4.946**	5.508**	10.496**	6.170**	7.933**	6.450**	5.091**	2.704*	3.615*	2.317	0.361	0.366

注：表中报告了 OLS 模型的空间统计检验。因变量是每万人发明专利申请量的对数，解释变量包括高等教育，固定资本投资的对数，从业人员的对数。统计检验中的 ***，**，*分别代表在 1%，5%及 10%的概率下的显著性水平。由于缺少 2000 年从业人员教育水平的数据，表中没有报告 2000 年模型估计的诊断结果。

表 A3　人力资本影响创新的空间截面模型估计结果（省级数据）（基于 K 阶临近空间矩阵）

因变量：每万人发明专利申请量的对数

年份		空间误差模型				空间滞后模型			
		模型（1）	模型（2）	模型（3）	模型（4）	模型（1）	模型（2）	模型（3）	模型（4）
1997 年	高等教育	0.204***	—	—	—	0.205***	—	—	—
	中等教育	—	0.044***	—	—	—	0.008***	—	—
	初等教育	—	—	-0.041***	—	—	—	-0.034***	—
	平均教育年限	—	—	—	0.961***	—	—	—	0.927***
	λ/ρ	0.531*	-0.587	-0.799	0.028	0.235*	0.085	0.094	0.102
	Log L	-3.810	-16.332	-12.737	-14.964	-2.902	-16.569	-13.037	-14.733
2002 年	高等教育	0.136***	—	—	—	0.151***	—	—	—
	中等教育	—	0.031***	—	—	—	0.031***	—	—
	初等教育	—	—	-0.030***	—	—	—	-0.031***	—
	平均教育年限	—	—	—	0.855***	—	—	—	0.916***
	λ/ρ	0.870***	0.412	0.542*	0.661***	0.531***	0.199	0.229	0.289*
	Log L	-16.192	-22.046	-19.739	-17.930	-15.620	-21.735	-19.343	-17.333
2006 年	高等教育	0.121***	—	—	—	0.118***	—	—	—
	中等教育	—	0.035**	—	—	—	0.023	—	—
	初等教育	—	—	-0.048***	—	—	—	-0.046***	—
	平均教育年限	—	—	—	1.205***	—	—	—	1.196***
	λ/ρ	-5.694***	-0.770	-0.934**	-0.867	0.324*	0.228	0.043	0.083
	Log L	-23.584	-42.071	-34.446	-28.121	-24.277	-42.404	-36.082	-30.092
	观测值	31	31	31	31	31	31	31	31

注：表中报告了对 OLS 估计的检验统计量。因变量是专利申请量的对数，解释变量包括平均教育年限，所有模型中都控制了对数固定资本投资和对数就业人数。系数估计中的 ***，**，*分别代表在 1%，5%及 10%的概率下的显著性水平。由于篇幅所限，标准误差没有报告在表中，并且没有报告所有年份的回归结果。

附录 B
心理资本影响创新的截面回归结果（省级数据）

表 B1 心理资本影响创新的截面模型估计结果（省级数据）（基于相邻标准的空间加权矩阵）

被解释变量：每万人发明专利申请量的对数

		模型（1）	模型（2）	模型（3）	模型（4）	模型（5）
1997 年	个人开户数的对数	0.338***	0.172	-0.160	-0.139	0.019
	初等教育	—	—	-0.042***	—	—
	中等教育	—	—	—	0.043***	—
	高等教育	—	—	—	—	0.209***
	调整 R^2	0.25	0.55	0.82	0.77	0.88
1998 年	个人开户数的对数	0.332***	0.327**	0.020	0.044	0.200*
	初等教育	—	—	-0.033***	—	—
	中等教育	—	—	—	0.033***	—
	高等教育	—	—	—	—	0.162***
	调整 R^2	0.27	0.65	0.83	0.79	0.87
1999 年	个人开户数的对数	0.434***	0.450**	0.016	0.057	0.244*
	初等教育	—	—	-0.039***	—	—
	中等教育	—	—	—	0.041***	—
	高等教育	—	—	—	—	0.144***
	调整 R^2	0.35	0.67	0.88	0.83	0.87
2000 年	人开户数的对数	0.456***	0.474**	—	—	—
	调整 R^2	0.29	0.76	—	—	—
2001 年	个人开户数的对数	0.481***	0.468***	0.099	0.151	0.255*
	初等教育	—	—	-0.027***	—	—
	中等教育	—	—	—	0.027***	—
	高等教育	—	—	—	—	0.114***
	调整 R^2	0.30	0.81	0.88	0.86	0.89

续表

		模型（1）	模型（2）	模型（3）	模型（4）	模型（5）
2002 年	个人开户数的对数	0. 462 ***	0. 266 **	0. 071	0. 082	0. 189 *
	初等教育	—	—	-0. 035 ***	—	—
	中等教育	—	—	—	0. 037 ***	—
	高等教育	—	—	—	—	0. 126 ***
	调整 R^2	0. 31	0. 71	0. 84	0. 82	0. 81
2003 年	个人开户数的对数	0. 544 ***	0. 372 **	0. 122	0. 165	0. 209
	初等教育	—	—	-0. 033 ***	—	—
	中等教育	—	—	—	0. 034 ***	—
	高等教育	—	—	—	—	0. 112 ***
	调整 R^2	0. 35	0. 69	0. 80	0. 77	0. 79
2004 年	个人开户数的对数	0. 612 ***	0. 645 ***	0. 466 **	0. 589 **	0. 492 ***
	初等教育	—	—	-0. 014	—	—
	中等教育	—	—	—	0. 005	—
	高等教育	—	—	—	—	0. 082 ***
	调整 R^2	0. 37	0. 77	0. 79	0. 78	0. 85
2005 年	个人开户数的对数	0. 703 ***	0. 828 ***	0. 777 ***	0. 906 ***	0. 606 ***
	初等教育	—	—	-0. 004	—	—
	中等教育	—	—	—	-0. 008	—
	高等教育	—	—	—	—	0. 079 ***
	调整 R^2	0. 46	0. 76	0. 76	0. 77	0. 82
2006 年	个人开户数的对数	0. 731 ***	0. 862 ***	0. 852 ***	0. 947 ***	0. 597 ***
	初等教育	—	—	-0. 001	—	—
	中等教育	—	—	—	-0. 010	—
	高等教育	—	—	—	—	0. 058 **
	调整 R^2	0. 53	0. 81	0. 81	0. 82	0. 85

续表

		模型（1）	模型（2）	模型（3）	模型（4）	模型（5）
2007 年	个人开户数的对数	0.766***	0.932***	1.001***	0.987***	0.803***
	初等教育	—	—	0.005	—	—
	中等教育	—	—	—	-0.008	—
	高等教育	—	—	—	—	0.023
	调整 R^2	0.64	0.88	0.88	0.88	0.88
2008 年	个人开户数的对数	0.730***	0.937***	1.077***	1.021***	0.713***
	初等教育	—	—	0.012	—	—
	中等教育	—	—	—	-0.015	—
	高等教育	—	—	—	—	0.036
	调整 R^2	0.61	0.85	0.86	0.86	0.86
2009 年	个人开户数的对数	0.669***	0.952***	1.253***	1.060***	0.787***
	初等教育	—	—	0.026**	—	—
	中等教育	—	—	—	-0.024**	—
	高等教育	—	—	—	—	0.023
	调整 R^2	0.55	0.79	0.83	0.84	0.80
	观测值	31	31	31	31	31

注：除 1997 年和 1998 年因数据缺失，当年观测值不足 31 个省，其余年份观测值都为 31 个省。模型（1）为不加任何控制变量的模型，模型（2）~模型（5）控制了人均固定资产投资的对数值、从业人员总数的对数值。系数估计中的 ***，**，*分别代表在 1%，5%及 10%的概率下的显著性水平。由于篇幅所限，标准误没有报告在表中。表中 2000 年的估计结果没有报告控制人力资本的模型，是由于《中国劳动统计年鉴》中没有 2000 年的从业者教育水平数据。

表 B2 对心理资本影响创新 OLS 截面模型的空间依赖性的诊断检验（1997~2009 年）

年份		1999	2000	2001	2002	2003	2004	2005	2006	2007	2008	2009
空间误差模型	Moran's I	1.982**	1.930*	2.032**	2.121**	2.071**	2.064**	2.135**	2.213**	2.241**	2.346**	2.364**
	拉格朗日乘数	2.694	0.170	1.110	1.487	1.049	0.605	0.482	0.234	0.135	0.167	0.253
	稳健的拉格朗日乘数	2.213	0.226	0.840	1.139	0.759	0.509	0.331	0.123	0.085	0.096	0.164
空间滞后模型	拉格朗日乘数	3.215*	0.636	3.478*	3.201*	3.187*	0.936	3.397*	4.583**	2.313	3.758*	3.582*
	稳健的拉格朗日乘数	2.734*	0.691	3.208*	2.852*	2.896*	0.839	3.246*	4.472**	2.263	3.687*	3.493*

注：表中报告了 OLS 模型的空间统计检验。因变量是每万人发明专利申请量的对数，解释变量包括个人股票开户数的对数，人均固定资本投资的对数，从业人员的对数。统计检验中的 ***，**，*分别代表在 1%，5%及 10%的概率下的显著性水平。由于 1997 年和 1998 年当年度解释变量的样本点不足 31 个，表中没有报告 1997 年和 1998 年模型估计的诊断结果。

表 B3 心理资本影响创新的截面模型估计结果（省级数据）（基于距离标准的空间加权矩阵）

被解释变量：每万人发明专利申请量的对数

		OLS		空间误差模型		空间滞后模型	
		模型（1）	模型（2）	模型（3）	模型（4）	模型（5）	模型（6）
1999 年	新开股票账户	0.211*	0.097	0.185	0.201*	0.083	0.089
	高等教育	—	0.150***	—	—	0.149***	0.150***
	λ/ρ	—	—	0.0190**	0.0245**	0.0090***	0.0219**
	调节 R^2	0.14	0.36	—	—	—	—
	LM	—	—	1.6192	0.6827	0.8557	1.6270
	Log L	-24.50	-9.92	-23.8980	-24.0652	-9.2564	-9.0154
2004 年	新开股票账户	0.645***	0.492***	0.515***	0.591***	0.403***	0.458***
	高等教育	—	0.082***	—	—	0.078***	0.080***
	λ/ρ	—	—	0.0169**	0.0347**	0.0123***	0.0248**
	调节 R^2	0.27	0.35	—	—	—	—
	LM	—	—	0.5281	1.0239	0.0090	0.8585
	Log L	-23.99	-17.65	-22.6268	-23.3625	-16.5273	-17.1768
2009 年	新开股票账户	0.952***	0.787***	0.911***	0.942***	0.723***	0.784***
	高等教育	—	0.023	—	—	0.025	0.022
	λ/ρ	—	—	0.0036***	0.0222**	0.0047***	0.0202**
	调节 R^2	0.29	0.30	—	—	—	—
	LM	—	—	0.0042	0.1704	0.0323	0.1465
	Log L	-22.58	-22.28	-22.4596	-22.4479	-22.1098	-22.1714
	观测值	31	31	31	31	31	31

注：模型（1）~模型（2）为 OLS 模型的估计结果，模型（3）~模型（6）为空间模型估计结果。模型（1）~模型（6）都控制了从业人员数量、人均固定资本投资。人均固定资本投资和股票开户数都取对数。系数估计中的 ***，**，*分别代表在 1%，5%及 10%的概率下的显著性水平。受篇幅所限，没有报告所有年份的回归结果。

附录 C 心理资本、人力资本与创新的面板模型回归结果（省级数据）

表 C1 心理资本、人力资本与创新行为的面板模型回归结果（随机效应）

被解释变量：每万人发明专利申请量的对数

	模型（1）	模型（2）	模型（3）	模型（4）	模型（5）	模型（6）	模型（7）
个人股票开户对数	1.040*** (0.047)	0.337*** (0.046)	0.319*** (0.054)	0.275*** (0.052)	0.136*** (0.052)	0.252*** (0.055)	0.181*** (0.055)
人均固定资产对数	—	0.830*** (0.041)	0.836*** (0.042)	0.678*** (0.043)	0.667*** (0.042)	0.674*** (0.047)	0.636*** (0.045)
就业总人数的对数	—	—	0.056 (0.101)	0.939*** (0.099)	1.090*** (0.085)	0.924*** (0.099)	0.928*** (0.091)
期初家庭持有现金	—	—	—	0.366*** (0.053)	0.263*** (0.054)	0.365*** (0.057)	0.308*** (0.056)
初等教育	—	—	—	—	0.077*** (0.009)	—	—
中等教育	—	—	—	—	—	0.008* (0.005)	—
高等教育	—	—	—	—	—	—	-0.025*** (0.004)
观测值	398	398	398	395	365	365	365
省个数	31	31	31	31	31	31	31

注：模型（1）~模型（4）为不控制人力资本变量的逐项回归估计结果，模型（5）~模型（7）为加入人力资本变量后的估计结果。《中国劳动统计年鉴》中没有2000年的从业者教育水平数据，因此，模型（5）~模型（7）的观测值为368个。系数估计中的***，**，*分别代表在1%，5%及10%的概率下的显著性水平。

表 C2 心理资本、人力资本与创新行为的空间面板回归结果（1997~2009 年）（固定效应，空间效应）

被解释变量：每万人发明专利申请量的对数

		模型（1）	模型（2）	模型（3）	模型（4）	模型（5）
面板空间误差模型	个人股票开户对数	0.673***	0.486***	0.255***	0.407***	0.295***
	人均固定资产对数	—	0.714***	0.706***	0.727***	0.735***
	从业人员对数	—	-0.297***	0.044	-0.280***	-0.188***
	家庭期初持有现金	—	0.498***	0.274***	0.483***	0.420***
	高等教育	—	—	0.079***	—	—
	中等教育	—	—	—	0.011***	—
	初等教育	—	—	—	—	-0.019***
	空间自相关系数	0.245***	-0.145*	-0.170**	-0.142*	-0.138*
	对数似然值	-406.122	-237.853	-179.681	-232.142	-215.235
面板空间滞后模型	个人股票开户对数	0.682***	0.465***	0.246***	0.393***	0.287***
	人均固定资产对数	—	0.779***	0.691***	0.777***	0.753***
	从业人员对数	—	-0.269***	0.043	-0.259***	-0.178***
	家庭期初持有现金	—	0.497***	0.294***	0.485***	0.429***
	高等教育	—	—	0.080***	—	—
	中等教育	—	—	—	0.011***	—
	初等教育	—	—	—	—	-0.019***
	空间自相关系数	0.251***	-0.064	-0.012	-0.050	-0.020
	观测值	310	310	310	310	310
	省个数	31	31	31	31	31
	对数似然值	-400.307	-238.242	-181.667	-232.992	-216.605

注：模型（1）~模型（2）为不控制人力资本变量的逐项回归估计结果，模型（3）~模型（5）为加入人力资本变量后的估计结果。《中国劳动统计年鉴》中没有 2000 年的从业者教育水平数据，1997 年、1998 年当年的样本点不足 31 个，因此，没有将这三年的数据纳入模型。

附录 D
心理资本趋同的部分原始访谈资料

1. 某大型超市收银员 C 女士

Q1：你对出色完成自己日常的工作任务以及应对可能的挑战有信心吗？

A：有信心的，因为熟能生巧了，还是比较有信心的。但是要是换个工作，不是收银这种类型的话，我就不知道了，其实我对自己没有信心的。我不知道自己有什么长处。

Q2：你对自己未来十年的工作和生活充满希望吗？

A：我毕竟是重点大学的毕业生嘛，还是比较有希望的。

Q3：你觉得工作中的同事/上级为什么不会对你的心态产生影响？

A：那些同事或者上级吧，一般就是影响我的心情，一般不会对我的心态产生什么影响。因为那些同事和上级都是文化水平不怎么高的，而且素质也不是很高的，说实话我不是很瞧得起他们，所以他们不会太影响我的心态。我以前就有做过这种工作，在超市里面做暑期工或者寒假工，所以见得多了，就不会有什么放在心里了。

Q4：你觉得生活中的家人/朋友为什么不会对你的心态产生影响？

A：家人和朋友其实都挺尊重我的想法，大家都比较支持我的决定，对我的鼓励也很大，所以我就一直都是这样。

Q5：在你部门中有没有比你更加（公认比较）正/负能量的人？他的正/负能量体现在哪里？

A：我没有和其他人交流很多，但是大家都很疲惫，所以有时候脾气会要暴躁一点，大家都是没有笑容的。所以我们部门应该不是很有正能量的一个部门吧。

Q6：你和负能量的同事私下交往多吗？能具体描述一下吗？

A：没有太多。因为收银员是一个不怎么和其他员工打交道的一个岗位。每次我们来上班就直接去到收银岗位上，然后下班就走了。工作的时候是和顾客打交道。

Q7：你能回忆起来这种感染具体是怎么发生的吗？有什么关键性的事件吗？

A：部门的这种负能量应该是我刚来工作没有多久的时候就感觉到了吧。刚开始工作的时候精力充沛，自己对顾客还要好一点，但是到了后面越来越累就比较厌倦了。部门的负能量主要来自于两点吧，一是我们部门有个主管特别凶，不仅长得很凶，而且对每个人说话都是特别冲的那种，一点都不尊重别人的感觉，我每天早上去上班都在心里默默祈祷今天不要遇到那个主管。二是我觉得收银员这个无聊的工作岗位决定了每个收银员都容易疲惫、脾气暴躁吧，然后就导致整个部门的气氛都不是很好的样子。

Q8：你觉得你的直接领导属于正能量还是负能量的人？能举例说明吗？

A：我们部门有两个主管，一个是感觉比较友善的，我们都很喜欢和他讲话，我刚开始做收银员的时候经常弄错操作，每次都要麻烦他来帮我处理，但是他都没有怪我，而是鼓励我，我觉得他应该是比较正能量的一个人吧。还有一个是比较凶的主管，我们都不喜欢他，他也特别爱骂人，脾气暴躁，我们一有什么做错的，就骂我们。所以我觉得他属于比较负能量的人。

Q9：他的这种特点是否影响到了你？在哪些方面影响到了你？能具体描述一下吗？

A：我觉得那个脾气不好的主管特别影响我们每个收银员的心情，我感觉他在的时候大家心情都不好，然后导致大家出错更多，然后出错多主管又骂我们更加厉害，我们的心情又更加不好，然后出错又越来越多，算是一个恶性循环吧。而那个比较温和的主管在的时候，我们的心情都很好，然后工作出错反而更少。

Q10：是更积极了，还是更消极了？

A：积极的吧，这样大家都可以心照不宣，工作起来也不怎么费力气。

Q11：是你影响他们更多，还是他们影响你更多？

A：大家互相影响都不多吧，因为大家相互交流的都不算很多。反正就我自己的体验来看，我受他们的影响小，感觉他们也没有受到我的什么影响吧，我平时很低调的，也没有什么影响别人的机会和场合。

Q12：你有感觉在这个团队中有一点格格不入吗？

A：我和老员工以及其他部门的员工的关系还好，都会聊几句。所以其实在一个企业认识的员工多一点，会有利于人际关系的建立。

Q13：你觉得和同事的态度、心态变得更像，对你的工作来说，是好事还是坏事，为什么呢？

A：好事，有效率。

2. 某五星级酒店礼宾员X女士

Q1：你对自己未来十年的工作和生活充满希望吗？

A：经过这次工作以后，我更加自信了。因为我发现了自己的优点和缺点，并且得到了领导的赞美。在经过不断的挫折训练后，我相信自己会更加有能力去应对未来。

Q2：你是一直抱有这样的心态，还是最近心态发生过变化？工作中有谁影响了你的这种心态变化吗？

A：身边的人很重要，人与人之间的互动要好，这样对自信的形成很有帮助。我的领导和同事都是蛮好的（自己在他们面前还有迷之自信，因为自己是985高校的，但是他们是三本甚至专科的），但是不得不说，领导也是有自己的本事的，他们的英语技能和一些工作中应用到的软件操作的技能比较好。我的领导是个还不错的人（但是其他同事评价他不太会管理员工，经常会帮倒忙），我的领导很护着员工，会让员工有被保护的感觉。比如我自己之前犯了一个错误，需要赔偿1200元，领导主动帮我担负了一半的赔偿费用，并且细心地教我以后应该怎么避免这样的事情再次发生，我很是感动。

Q3：在你部门中有没有比你更加（公认比较）正/负能量的人？他的正/负能量体现在哪里？

A：我们部门人少，事情也不是特别多，所以还好，没有觉得谁特别有正能量或者负能量，但是听到有一个同事讲她们办公室每天工作比较多，所以不喜欢一直喊抱怨的人，但是办公室存在那样的人，让其他的员工觉得很不舒服。不过后来这个人主动走了，但是不是由于感受到其他人的敌意。

Q4：你和负能量的这位同事私下交往多吗？能具体描述一下吗？

A：工作归工作，生活归生活。有的人适合一起玩，有的人适合一起工作。但是总的来说，要是在工作中不是很喜欢的人，在私下也不怎么想主动和他接触。

Q5：你认为这位同事的负能量有没有感染你？如果有，这种感染/影响十分明显吗？能简单描述一下或举个例子吗？

A：那个老是喊累的人的存在，会让办公室的其他人比较压抑，所以其实还是蛮明显的。

Q6：如果换成是你的直接领导/其他部门的同事，你觉得会受到影响吗？

A：我觉得在工作中，对我的状态影响最大的是领导（80%左右），要是领导好，和领导相处愉快，那么自己就会很愉快。其次是顾客，我们酒店是一个极其强调顾客满意度的人，可是却存在蛮多有钱但是素质不高的客人，遇到素质低下、无理取闹的客人，可是自己还不能怼回去的时候，自己内心还是觉得挺委屈的。但是不管受到了多少委屈，要是遇到一个非常绅士的、素质很高的并且总是微笑着对你说话的顾客，心情又会变好起来，就会觉得之前的一切都没什么了，自己还是可以干好的。最后才是同事吧，但是遇到与自己相处不好或者自己看不惯的同事可以选择能不接触就不接触，所以还好。

Q7：你觉得你的直接领导属于正能量还是负能量的人？能举例说明吗？

A：其他同事对他的评价不是很好，说他着急的时候态度不好。但是不好评价他是否属于正能量的人。比如我们有时吃饭坐在经理旁边，我们会边吃饭边聊天，经理在私下还是乐于与大家交流的。

Q8：加入这个团队后，你有感觉自己和身边同事的心态、处事态度越来越像了吗？

A：这个与工作经验是有关系的。我们部门人太少，每个班次只有一个人，所以其实感觉不是很明显。

Q9：你有感觉在这个团队中有一点格格不入吗？

A：我是主动示好的人，自己不会的就会积极向他人学习，尽管有时候自己觉得他们素质不高，但是自己还是尽量加入他们的对话。

Q10：你觉得现在和同事的态度、心态变得更像，对你的工作来说，是好事还是坏事，为什么呢？

A：团队有默契当然是好事啦，这样大家沟通起来比较不费力气，而且有默契应该也会变得更加有感情吧，就像一家人一样。

3. 某房地产公司工程项目经理H先生

Q1：你对出色完成自己日常的工作任务以及应对可能的挑战有信心吗？

A：有的，毕竟我是力学博士，还是很稀缺的人才！

Q2：你对自己未来十年的工作和生活充满希望吗？

A：有的，现在虽然中国就业形势不好，但是毕竟顶尖的人才是很缺乏的，所以我还是很有信心的。

Q3：在你部门中有没有比你更加（公认比较）正/负能量的人？他的正/负能量体现在哪里？

A：大家都差不多吧，没有特别正能量和负能量的人。在工作中有一些负面的情绪是很正常的。我们部门的氛围还是比较轻松的，因为我的部门经理是一个不会摆谱的人，与员工关系都还不错。

Q4：你觉得你的直接领导属于正能量还是负能量的人？能举例说明吗？

A：我觉得他是一个正能量的人，他每天都是乐呵呵的，所以因为他我们整个部门的气氛都比较轻松。我会觉得在这个部门工作特别开心，每天还挺想到办公室去的。

Q5：他的这种特点是否影响到了你？在哪些方面影响到了你，让你也变得正能量/负能量了？能具体描述一下吗？

A：因为我是刚加入这个团队的，很多东西都还不会，而且在思想认识上有的时候还比较像学生，我们的部门经理会像一个很关爱晚辈的长辈一样去教我一些东西，这让我很感动。

Q6：加入这个团队后，你有感觉自己和身边同事的心态、处事态度越来越像了吗？如果没有，为什么你没有受到他们的影响或他们没有受到你的影响呢？

A：心态的改变是需要时间的，我加入这个团队才一个多月，还没有受到他们太多的影响。

Q7：你有感觉在这个团队中有一点格格不入吗？

A：不是格格不入，而是保留了自己的个性吧，我的个性又不是刁钻的，所以即使个性不同，但是不是招人讨厌的，所以不会格格不入的。

Q8：你觉得现在这种情况（没有和同事的态度、心态变得更像），对你的工作来说，是好事还是坏事？为什么呢？

A： 既是好事又是坏事吧，好事就是更有默契，可以加强团队的情感之类的，但是坏事就是大家都太相像了，这也未免太无趣了一些。

4. 某五星级酒店市场专员L女士

Q1： 你对出色完成自己日常的工作任务以及应对可能的挑战有信心吗？

A： 有的。我觉得自己挺适合这份工作的，在实习的这段时间，虽然前段时间过得比较煎熬，但是后来得到了上司的大力赞赏，这使我对自己充满了信心。

Q2： 你对自己未来十年的工作和生活充满希望吗？

A： 有的。在刚开始实习的时候，我也是什么都不会，也被上司严厉地批评过，但是我虚心地好好学习，多去加班把这些弄懂，发现其实上手还是很快的，直到后来被上司重视，所以我觉得未来没有什么可以打倒我的。

Q3： 工作中有谁影响了你的这种心态变化吗？是如何影响的？有什么标志性的事件吗？

A： 上司对我的自信心的影响很大。之前的那个上司对我打击很大，让我觉得我简直不适合在社会中工作了，后来来了个新的上司，特别喜欢我，让我觉得自己找回了自信，找回了在工作中的激情。比如，新的上司会在晨会上当着整个部门的面表扬我，还经常把我叫到办公室去表扬我，让我很受激励。

Q4： 在你部门中有没有比你更加（公认比较）正/负能量的人？他的正/负能量体现在哪里？

A： 我感觉我们部门没有公认的比较正能量或者负能量的人吧。但是大家在工作中都是很紧张的，因为销售部很看重业绩，大家每天的压力都是蛮大的。

Q5： 你觉得你的直接领导属于正能量还是负能量的人？能举例说明吗？

A： 我现在的上司是一个正能量的人。她很会激励大家卖力地工作，让我们对每天的工作都充满了热情。比如，她会在晨会上公开表扬员工，这会使那个被表扬的员工很受激励。她经常会来我们普通员工的办公区看看我们，而且她每天都会有大大的笑容，并且画着精致的妆，穿着很合时宜的衣服，个人的感觉也很棒。

Q6： 她的这种特点是否影响到了你？在哪些方面影响到了你，让你也变得正能量/负能量了？能具体描述一下吗？

A：她对我的影响很大，她让我对生活和工作都充满了信心，我也变得爱收拾自己，觉得自己每天都是美美哒，棒棒哒。

Q7：加入这个团队后，你有感觉自己和身边同事的心态、处事态度越来越像了吗？如果是，是更积极了，还是更消极了？

A：加入团队以后，我自己确实会在不自觉中和同事在一些问题的思考方式上有相同的地方，这种相同或者相似的地方有好处也有坏处吧。好处就是工作比较方便，大家沟通不费力气。但是坏处就是大家都太相像的话，会比较没有创意，没有想象力，或者大家都对某一个点不自觉地避讳或者怎么样的话，大家都太避讳，其实不太好。

Q8：是你影响他们更多，还是他们影响你更多？

A：他们影响我更多吧，我其实是一个比较容易受到他人影响的人。

5. 某五星级酒店前厅服务员 O 先生

Q1：你对出色完成自己日常的工作任务以及应对可能的挑战有信心吗？

A：我对完成自己的日常工作还是比较有信心的，因为毕竟日常的工作嘛，熟能生巧。但是说到可能的挑战，我就不清楚了，可能不是那么有信心吧。

Q2：你对自己未来十年的工作和生活充满希望吗？

A：有点迷茫，因为怕以后的工作也会这么枯燥，感觉会浪费生命。

Q3：你是一直抱有这样的心态，还是最近心态发生过变化？如果有变化：工作中有谁影响了你的这种心态变化吗？是如何影响的？有什么标志性的事件吗？

A：首先是工作本身令人很失望，工作很无聊、很枯燥，可是又不得不做，觉得自己的生命在被浪费。其次是领导让人很失望，领导很情绪化，当他自己心情不好的时候，就爱无缘无故批评我们，让我们很难以接受。

Q4：在你部门中有没有比你更加（公认比较）正/负能量的人？他的正/负能量体现在哪里？

A：没有那种特别正能量的人吧，我觉得我们部门的气氛挺压抑的。因为很多同事都爱偷懒，领导也很情绪化，让人捉摸不透。

Q5：你和正/负能量的这位同事私下交往多吗？能具体描述一下吗？

A：虽然我很看不惯部门里面的很多同事工作的时候偷懒，但是在私下大家还是会一起吃饭，一起去看电影之类的，但是是大家一起，不是我单独和某个人。

Q6：你和正/负能量的这位同事因为工作打交道的时候多吗？能具体描述一下吗？

A：因为工作中的事情打交道还是挺多的，毕竟这是不可避免的。

Q7：你认为这位同事的正/负能量有没有感染你？如果有，这种感染/影响十分明显吗？能简单描述一下或举个例子吗？

A：不能说某个同事的能量的感染吧，其实大多数同事在工作中都有一点负面情绪，整个部门里面的气氛会更加地压抑。我认为，更多的是部门里面整体的氛围比较让人不舒服吧。

Q8：从你和他接触多久开始，你发觉你受到了感染？

A：刚进来这个部门没多久就感受到了这种压抑的气氛。

Q9：你能回忆起来这种感染具体是怎么发生的？有什么关键性的事件吗？

A：这种事情是体现在每一天的工作中的，看到很多同事各种形式的偷懒，以及喜怒无常的领导，自然而然就对上班没有了激情。

Q10：他对你的这种影响持续时间有多长？你觉得为什么持续时间这么短/长？

A：这种部门里面的气氛一时是很难改变的，其对员工的影响也是很持久的，反正现在我还是觉得在这个部门很压抑。

Q11：你觉得你的直接领导属于正能量还是负能量的人？能举例说明吗？

A：他是一个喜怒无常的人，所以我觉得他算是负能量的人吧。有一次，主管早上来上班的时候心情挺好的，在开早会的时候对大家都很和蔼，后来他被经理叫去了，估计是因为什么事情被骂了吧，回来的时候就各种挑我们的刺，尽管不是我们的原因，还是会批评我们。另外，我们部门女生很多，男生只有我们两个，主管可能觉得不好意思去批评女生，所以不管什么事情都把气撒在我们男生头上，让我们也挺难过的。我们上级的上级，就是我们部门的经理，我也很不喜欢，因为他认为员工加班两个小时是应该的，还经常故意拖延时间，让我们错过班车，我们很无奈就只好再在酒店待一个小时，而在这一个小时里面，他又会让我们做这做那。

Q12：他的这种特点是否影响到了你？在哪些方面影响到了你，让你也变得正能量/负能量了？能具体描述一下吗？

A：不光影响我吧，还影响了整个团队，弄得我们每天都很神经质的。

Q13：加入这个团队后，你有感觉自己和身边同事的心态、处事态度越来越像了吗？如果是，是更积极了，还是更消极了？

A：消极吧，我们部门凝聚力不强，本来我们刚来都想好好干工作的，但是到后来越来越发现这个工作本身很枯燥，而且部门也没有人情味，所以自己也就慢慢倦怠了。

Q14：是你影响他们更多，还是他们影响你更多？

A：他们影响我更多吧。毕竟和学校是不同的环境，与人交往的方式也是不同的。我也要学着和他们相处，所以可以说是我自己愿意接受他们的影响。

Q15：这种越来越相像，对你的工作来说，是好事还是坏事？为什么呢？

A：应该算是好事吧，因为更有默契了，平时交流起来就不太费精力。

6. 某健身房销售人员 S 女士

Q1：你对出色完成自己日常的工作任务以及应对可能的挑战有信心吗？

A：有的，有 80%的信心。

Q2：你对自己未来十年的工作和生活充满希望吗？

A：充满了信心。我明年应该会去创业。

Q3：你是一直抱有这样的心态，还是最近心态发生过变化？

A：我一直都很乐观自信。没有把握的事情我是不会去做的。好的心态很重要，我一直都是自信乐观的。

Q4：你觉得工作中的同事/上级为什么不会对你的心态产生影响？

A：我交朋友不会去深交负能量的人。遇到有一点点负能量的人我都会用正能量去改变他。没有怎么遇到过负能量的上司。

Q5：你觉得生活中的家人/朋友为什么不会对你的心态产生影响？

A：我的朋友、家人都是比较正能量的人。

Q6：在你部门中有没有比你更加（公认比较）正/负能量的人？他的正/负能量体现在哪里？

A：我们公司是一个健身房，公司员工都是一群阳光的人，我们热爱健身，不喜欢计较，大家都没有什么负能量。我感觉大家正能量的时候比较多，没有公认的负能量最多的那一个吧。

Q7：你觉得你的直接领导属于正能量还是负能量的人？能举例说明吗？

A：正能量的。

Q8：他的这种特点是否影响到了你？在哪些方面影响到了你，让你也变得正能量了？能具体描述一下吗？

A：有的。每到月底的时候，大家为了业绩努力，他会在工作中分享心得，鼓励我们相互帮助。

Q9：加入这个团队后，你有感觉自己和身边同事的心态、处事态度越来越像了吗？如果是，是更积极了，还是更消极了？

A：更积极了，我身边的同事大部分都是90后。

Q10：是你影响他们更多，还是他们影响你更多？

A：我受他们的影响多一些。我是一个特别容易受别人影响的人，有点冲动，回到家才会冷静地思考。

Q11：这种越来越相像，对你的工作来说，是好事还是坏事？为什么呢？

A：好处要多一些。有默契沟通起来才不费力，大家才会配合得非常好。

7. 某国际律师行驻华代表处行政人员M女士

Q1：你对出色完成自己日常的工作任务以及应对可能的挑战有信心吗？

A：基本上来说是有的。

Q2：你对自己未来十年的工作和生活充满希望吗？

A：充满希望吗？会的。

Q3：你是一直抱有这样的心态，还是最近心态发生过变化？

A：其实在工作当中会有很多起伏波折，但是总体来说都是充满希望的。

Q4：针对这些起伏波折，你觉得工作或生活中有谁对你的心态造成了比较大的影响呢？有没有标志性的事件呢？

A：对我自己来说，家人对我心态的影响还是挺大的，比如在工作中遇到困难时，爸爸妈妈会把他们当时的经历讲给我听，会用积极的心态影响我。

Q5：在你部门中有没有比你更加（公认比较）正/负能量的人？他的正/负能量体现在哪里？

A：正能量的人和负能量的人都有。正能量的同事以前在中国移动工作，他以前是中国移动广州的市场经理。他可能工作年限比较长，有十多年，心态比较成熟。在工作中遇到问题和矛盾时，他比较会从客观和事实的角度出发，他坚持对事不对人。

Q6：你和这位同事私下交往多吗？能具体描述一下吗？

A：还挺多的，基本上是一起吃饭比较多，有的时候回家会一起走一段路。周末的时候偶尔会约出来玩。

Q7：你认为这位同事的正/负能量有没有感染你？

A：会有影响的。

Q8：这种感染/影响十分明显吗？能简单描述一下或举个例子吗？

A：在工作中遇到很多事情的时候，他会立刻做出反应。可能有的时候大家会有很多负面的想法，但经过他一番解说后，会让人特别认同他的看法。

Q9：那有没有这种情况发生呢？比如说你的整体态度发生了更加积极的转变，或者是思维方式发生了一些变化？

A：这么深入的影响可能没有，我个人觉得这样的影响还是家人给得比较多。

Q10：刚刚也提到了负能量的同事，可不可以简单介绍一下这位同事的负能量体现在哪里呢？

A：那位同事的负能量可能和他的家庭背景有一定的关系，他是一个富二代，工作年限不长，以前在英国留过学。他才来工作不久，给人很明显的感觉是他不能吃苦。我们平常做案件比较多，若要在第二天递交案件，前一天晚上一定会加班复查申请的文件，不断地修改和整理。他表现出的负能量特别大：他表现出很气馁的样子，放文件声音很大，要么不讲话，要么觉得整个世界都欠着他一样。

Q11：你和这位同事私下里打交道的时候多吗？

A：只是工作当中的正常交往。

Q12：你认为这位同事的负能量有没有感染你？

A：没有。

Q13：为什么你没有受到他的影响？

A：因为他是第一年工作，我已经过了他现在经历的阶段。很多人在刚工作的时候，肯定会遇到这种情况：别人不想做的事情交给你做，又烦又累的事情交给你做。如果你不想做，就会觉得很不习惯，就会表现出负能量。其实每个人都有这样的过程。

Q14：加入这个团队后，你有感觉自己和身边同事的心态、处事态度越来越像了吗？

A：或多或少会有影响。

Q15：是更积极了，还是更消极了？

A：总的来说应该是更加积极的，但基本上来说差不多。

Q16：是你影响他们更多，还是他们影响你更多？

A：如果一定要比的话，是他们影响我更多。但我觉得我们团队里每个人都有自己的风格，这么一看可能没有越来越像吧。

Q17：为什么你没有受到他们的影响，或者他们没有受到你的影响呢？

A：我想主要是因为我们公司是外企，在外企里工作的每个人性格都特别张扬。外企在管理方面没有那么多规矩，大家的表现都很真实，也不会有很多 peer pressure（同辈压力）这一类。

参考文献

[1] Aarts H., Dijksterhuis A., Custers R. Automatic normative behavior in environments: The moderating role of conformity in activating situational norms [J]. Social Cognition, 2003, 21 (6): 447-464.

[2] Abbas M., Raja U. Impact of Psychological Capital on Innovative Performance and Job Stress [J]. Canadian Journal of Administrative Sciences, 2015, 32 (2): 128-138.

[3] Acs Z. J. Anselin L., Varga A. Patents and Innovation Counts as Measures of Regional Production of New Knowledge [J]. Research Policy, 2002, 31 (7): 1069-1085.

[4] Aghion P., Howitt P., García-Peñalosa C. Endogenous Growth Theory [M]. Cambrdge: The MIT Press, 1998.

[5] Alesina A., E. Glaeser, B. Sacerdote. Why Doesn't the United States Have a European-Style Welfare State? [J]. Brookings Papers on Economic Activity, 2001 (2): 187-254.

[6] Allen B. P., Potkay C. R. On the Arbitrary Distinction between States and Traits [J]. Journal of Personality and Social Psychology, 1981, 41 (5): 916-928.

[7] Alpert M., Raiffa H. A Progress Report on the Training of Probability Assessors [A]//Kahneman D., Slovic P., Tversky A. Judgment Under Uncertainty: Heuristics and Biases [M]. Cambridge: Cambridge University Press, 1982: 294-305.

[8] Anderson S. E., Williams L. J. Interpersonal, Job, and Individual Factors Related to Helping Processes at Work [J]. Journal of Applied Psychology, 1996, 81 (3): 282-296.

[9] Anselin L. Exploring Spatial Data with Geo Data: A Workbook [R]. Center for Spatially Integrated Social Science, University, Urbana-Champaign, University

of Illinois, Urbana-Champaign, 2005.

[10] Anselin L. Gallo J. L. , H. Jayet. Spatial Panel Econometrics [J]. The Econometrics of Panel Data, 2008, 6: 625-660.

[11] Anselin L. , Hudak S. Spatial Econometrics in Practice: A Review of Software Options [J]. Regional Science and Urban Economics, 1992, 22 (3): 509-536.

[12] Anselin L. , Rey S. Properties of Tests for Spatial Dependence in Linear Regression Models [J]. Geographical Analysis, 1991, 23 (2): 112-131.

[13] Anselin L. Spatial econometrics: Methods and Models [M]. Springer: Springer-Verlag, 1988.

[14] Anselin L. Varga A. , Z. Acs. Local Geographic Spillovers between University Research and High Technology Innovations [J]. Journal of Urban Economics, 1997, 42 (3): 422-448.

[15] Archibugi D. , Pianta M. Innovation Surveys and Patents as Technology Indicators: The State of the Art [M]. Innovation Patents and Technological Strategies Panis OECD, 1996: 17-50.

[16] Argyris C. D. Double Loop learning in organizations [J]. 1977, 55 (5): 115-125.

[17] Arrow K. J. The Economic Implications of Learning by Doing [J]. The Review of Economic Studies, 1962, 29 (3): 155-173.

[18] Ashforth B. E. , Mael F. Social Identity Theory and the Organization Academy of Management Review, 1989, 14 (1): 20-39.

[19] Audretsch D. B. , Feldman M. P. Chapter 61-Knowledge Spillovers and the Geography of Innovation [J]. Handbook of Regional and Urban Economics, 2004 (4): 2713-2739.

[20] Audretsch D. B. , Feldman M. P. R&D Spillovers and the Geography of Innovation and Production [J]. The American Economic Review, 1996, 86 (3): 630-640.

[21] Avey J. B. , Luthans F. , Jensen S. M. Psychological capital: A positive resource for combating employee stress and turnover [J]. Human Resource Management, 2009, 48 (5): 677-693.

[22] Avey J. B. , Luthans F. , Smith R. M. , Palmer N. F. Impact of positive psychological capital on employee well-being over time [J]. Journal of Occupational

Health Psychology, 2010, 15 (1): 17-28.

[23] Avey J. B., Luthans F., Youssef C. M. The additive value of positive psychological capital in predicting work attitudes and behaviors [J]. Journal of Management, 2010, 36 (2): 430-452.

[24] Avey J. B., Patera J. L., West B. J. The implications of positive psychological capital on employee absenteeism [J]. Journal of Leadership & Organizational Studies, 2006, 13 (2): 42-60.

[25] Avey J. B., Reichard R. J., Luthans F., Mhatre K. H. Meta-analysis of the impact of positive psychological capital on employee attitudes, behaviors, and performance [J]. Human Resource Development Quarterly, 2011, 22 (2): 127-152.

[26] Avey J. B. The performance impact of leader positive psychological capital and situational complexity [D]. Nebraska: University of Nebraska-Lincoln, 2007.

[27] Avey J. B., Wernsing T. S., Luthans F. Can positive employees help positive organizational change? Impact of psychological capital and emotions on relevant attitudes and behaviors [J]. The Journal of Applied Behavioral Science, 2008, 44 (1): 48-70.

[28] Babalola S. S. Women entrepreneurial innovative behaviour: The role of psychological capital [J]. International Journal of Business and Management, 2009, 4 (11): 184-192.

[29] Baltagi B. H. Econometric Analysis of Panel Data [M]. New Jersey: Wiley, 2005.

[30] Bandura A. Personal and Collective Efficacy in Human Adaptation and Change [J]. Advances in Psychological Science, 1998 (1): 51-71.

[31] Bandura A. Self-efficacy mechanism in human agency [J]. American Psychologist, 1982, 37 (2): 122-147.

[32] Bandura A. Social Learning Theories [M]. Englewood Cliffs, N J: Prentice Hall, 1977.

[33] Becker G. S. Investment in Human Capital: A Theoretical Analysis [J]. The Journal of Political Economy, 1962, 70 (5): 9-49.

[34] Benhabib J., Spiegel M. M. The Role of Human Capital in Economic Development Evidence from Aggregate Cross-Country Data [J]. Journal of Monetary Economics, 1994, 34 (2): 143-173.

[35] Benos A. V. Aggressiveness and Survival of Overconfident Traders [J]. Journal of Financial Markets, 1998, 1 (3-4): 353-383.

[36] Berry J. M. A Self-Efficacy Model of Memory Performance [C]. Proceeding of Annual Meeting of the American Educational Research, 1987: 89-129.

[37] Bénabou R., Tirole J. Belief in a Just World and Redistributive Politics [J]. Quaterly Journal of Economics, 2006 (2): 699-746.

[38] Bono J. E., Judge T. A. Core self-evaluations: A review of the trait and its role in job satisfaction and job performance [J]. European Journal of Personality, 2003, 17 (S1): S5-S18.

[39] Borensztein E. De Gregorio J., Lee J. W. How Does Foreign Direct Investment Affect Economic Growth? [J]. Journal of International Economics, 1998, 45 (1): 115-135.

[40] Bowles S., Gintis H., Osborne M. The Determinants of Earnings: A Behavioral Approach [J]. Journal of Economic Literature, 2001, 39 (4): 1137-1176.

[41] Bowles S., Gintis H. Schooling in capitalist America [M]. London: Routledge & Kegan Paul, 1976.

[42] Brauer M., Judd C. M., Gliner M. D. The effects of repeated expressions on attitude polarization during group discussions [J]. Journal of Personality and Social Psychology, 1995, 68 (6): 1114-1129.

[43] Breusch T. S. Maximum Likelihood Estimation of Random Effects Models [J]. Journal of Econometrics, 1987, 36 (3): 383-389.

[44] Brockner J. Self-esteem at work: Research, theory, and practice [J]. Contemporary Sociology, 1989, 18 (5): 717-718.

[45] Brown K. G., Kozlowski S., Hattrup K. Theory, issues, and recommendations in conceptualizing agreement as a construct in organizational research: The search for consensus regarding consensus [C]. Annual Meeting of the Academy of Management, Cincinnati, OH, 1996.

[46] Brueckner J. K. Strategic Interaction among Governments: An Overview of Empirical Studies [J]. International Regional Science Review, 2003, 26 (2): 175-188.

[47] Carneiro P. Heckman J. J., Masterov D. V. Labor Market Discrimination and Racial Differences in Premarket Factors [J]. The Journal of Law and Econom-

ics, 2005, 48 (1): 1-39.

[48] Carver C. S. Scheier M. F. The hopeful optimist [J]. Psychological Inquiry, 2002, 13 (4): 288-290.

[49] Cebi M. Locus of Control and Human Capital Investment Revisited [J]. Journal of Human Resources, 2007, 42 (4): 919-932.

[50] Chan D. Functional Relations among Constructs in the Same Content Domain at Different Levels of Analysis: A Typology of Composition Models [J]. Journal of Applied Psychology, 1998, 83 (2): 234-246.

[51] Chatman J. A., Polzer J. T., Barsade S. G., Neale M. A. Being Different Yet Feeling Similar: The Influence of Demographic Composition and Organizational Culture on Work Processes and Outcomes [J]. Administrative Science Quarterly, 1998, 43 (4): 749-780.

[52] Chen C. C., Greene P. G., Crick A. Does entrepreneurial self-efficacy distinguish entrepreneurs from managers? [J]. Journal of Business Venturing, 1998, 13 (4): 295-316.

[53] Cheung K., Lin P. Spillover Effects of FDI on Innovation in China: Evidence from the Provincial Data [J]. China Economic Review, 2004, 15 (1): 25-44.

[54] Chiu C. Y., Lin H. C., Chien S. H. Transformational Leadership and Team Behavioral Integration: The Mediating Role of Team Learning [J]. Academy of Management Annual Meeting Proceedings, 2009 (1): 1-6.

[55] Chi W. The Role of Human Capital in China's Economic Development: Review and New Evidence [J]. China Economic Review, 2008, 19 (3): 421-436.

[56] Choi J. N., Price R. H., Vinokur A. D. Self-efficacy changes in groups: Effects of diversity, leadership, and group climate [J]. Journal of Organizational Behavior, 2003, 24 (4): 357-372.

[57] Cialdini R. B., Goldstein N. J. Social influence: Compliance and conformity [J]. Annual Review of Psychology, 2004, 55 (1): 591-621.

[58] Clapp-Smith R., Vogelgesang G. R., Avey J. B. Authentic leadership and positive psychological capital: The mediating role of trust at the group level of analysis [J]. Journal of Leadership and Organizational Studies, 2009, 15 (3): 227-240.

[59] Cole K., Daly A., Mak A. Good for the soul: The relationship between

work, wellbeing and psychological capital [J]. Journal of Socio-Economics, 2009, 38 (3): 464-474.

[60] Cole K. Wellbeing, Psychological capital, and unemployment: An integrated theory [C]. paper presented at Joint Annual Conference of the International Association for Researth in Economic Psychology (IAREP) and the Society for the Aclvancement of Behavioural Economics (SABE), France, 2006.

[61] Coleman M., DeLeire T. An Economic Model of Locus of Control and the Human Capital Investment Decision [J]. Journal of Human Resources, 2003, 38 (3): 701-721.

[62] Collins, J. L. Self-Efficacy and Ability in Achievement Behavior [C]. Paper Presented at the Annual Meeting of the American Educational Research Association, New York, 1984.

[63] Conley T. G. Gmm Estimation with Cross Sectional Dependence [J]. Journal of Econometrics, 1999, 92 (1): 1-45.

[64] Costa A. C., Roe R. A., Taillieu T. Trust within teams: The relation with performance effectiveness [J]. European Journal of Work and Organizational Psychology, 2001, 10 (3): 225-244.

[65] Daniel K., Hirshleifer D., Teoh S. H. Investor Psychology in Capital Markets: Evidence and Policy Implications [J]. Journal of Monetary Economics, 2002, 49 (1): 139-209.

[66] Darity W., Goldsmith A. H. Social psychology, unemployment and macroeconomics [J]. The Journal of Economic Perspectives, 1996, 10 (1): 121-140.

[67] Dawkins S., Martin A., Scott J., Sanderson K. Advancing conceptualization and measurement of psychological capital as a collective construct [J]. Human Relations, 2015, 68 (6): 925-949.

[68] De Dreu C. K. W., Weingart L. R. Task Versus Relationship Conflict, Team Performance, and Team Member Satisfaction: A Meta-Analysis [J]. Journal of Applied Psychology, 2003, 88 (4): 741-749.

[69] De la Fuente A., Doménech R. Human Capital in Growth Regressions: How Much Difference Does Data Quality Make? [J]. Journal European Economic Association, 2006, 4 (1): 1-23.

[70] Diamond M. A. Innovation and Diffusion of Technology: A Human

Process [J]. Consulting Psychology Journal: Practice and Research, 1996, 48 (4): 221-242.

[71] Durant R. H., Getts A., Cadenhead C., Emans S. J., Woods E. R. Exposure to Violence and Victimization and Depression, Hopelessness, and Purpose in Life among Adolescents Living in and Around Public Housing [J]. Journal of Developmental and Behavioral Pediatrics, 1995, 16 (4): 233-237.

[72] Edmondson A. Psychological Safety and Learning Behavior in Work Teams [J]. Administrative Science Quarterly, 1999, 44 (2): 350-383.

[73] Eid J., et al. Leadership, Psychological Capital and Safety Research: Conceptual Issues and Future Research Questions [J]. Safety Science, 2012, 50 (1): 55-61.

[74] Eisenberger R., Fasolo P., Davis-LaMastro V. Perceived organizational support and employee diligence, commitment, and innovation [J]. Journal of Applied Psychology, 1990, 75 (1): 51-59.

[75] Elhorst J. P. Applied Spatial Econometrics: Raising the Bar [J]. Spatial Economic Analysis, 2010, 5 (1): 9-28.

[76] Elhorst J. P., Fréret S. Evidence of Political Yardstick Competition in France Using a Two-Regime Spatial Durbin Model with Fixed Effects [J]. Journal of Regional Science, 2009, 49 (5): 931-951.

[77] Elhorst J. P. Spatial Panel Data Models [A]//Scott L. M. and Janikas M. V. Handbook of Applied Spatial Analysis [M]. Berlin: Springer Berlin Heidelberg, 2010: 377-407.

[78] Elhorst J. P. Specification and Estimation of Spatial Panel Data Models [J]. International Regional Science Review, 2003, 26 (3): 244-268.

[79] Erikson E. H. Identity and the life cycle: Selected papers [J]. Psychological Issues, 1959, 1 (1): 5-165.

[80] Ertur C., Koch W. Growth Technological Interdependence and Spatial Externalities: Theory and Evidence [J]. Journal of Applied Econometrics, 2007, 22 (6): 1033-1062.

[81] Evans D. S., Leighton L. S. Some empirical aspects of entrepreneurship [J]. The American Economic Review, 1989, 79 (3): 519-535.

[82] Filer R. K. The influence of affective human capital on the wage equation

[J]. Research in Labor Economics, 1981 (4): 367-416.

[83] Forehand G. A., Von Haller G. Environmental variation in studies of organizational behavior [J]. Psychological Bulletin, 1964, 62 (6): 361-382.

[84] Fowler J. H., Christakis N. A. Dynamic spread of happiness in a large social network: Longitudinal analysis over 20 years in the Framingham Heart Study [J]. BMJ, 2008 (337): a2338.

[85] Franzese Jr R. J., Hays J. C. Spatial Econometric Models of Cross-Sectional Interdependence in Political Science Panel and Time-Series-Cross-Section Data [J]. Political Analysis, 2007, 15 (2): 140-164.

[86] Furnham A. Economic Locus of Control [J]. Human Relations, 1986, 39 (1): 29-43.

[87] Getis A., Ord J. K. The Analysis of Spatial Association by Use of Distance Statistics [J]. Geographical Analysis, 1992, 24 (3): 189-206.

[88] Gibson C. B. Do What They Believe They Can? Group Efficacy and Group Effectiveness across Tasks and Cultures [J]. Academy of Management Journal, 1999, 42 (2): 138-152.

[89] Goldsmith A. H., Veum J. R., Darity Jr W. The Impact of Psychological and Human Capital On Wages [J]. Economic Inquiry, 1997, 35 (4): 815-829.

[90] Gooty J., et al. In the Eyes of the Beholder Transformational Leadership, Positive Psychological Capital, and Performance [J]. Journal of Leadership and Organizational Studies, 2009, 15 (4): 353-367.

[91] Gough H. G. A creative personality scale for the Adjective Check List [J]. Journal of Personality and Social Psychology, 1979, 37 (8): 1398-1405.

[92] Greene W. H. Econometric Analysis Prentice hall Upper Saddle River NJ 2003.

[93] Griliches Z. Issues in assessing the Contribution of Research and Development to Productivity Growth [J]. Bell Journal of Economics, 1979, 10 (1): 92-116.

[94] Griliches Z. Patent Statistics as Economic Indicators: A Survey [J]. Journal of Economic Literature, 1990, 28 (4): 1661-1707.

[95] Grossman G. M., Helpman E. Quality Ladders in the Theory of Growth [J]. The Review of Economic Studies, 1991, 58 (1): 43-61.

[96] Groves M. O. How important is your personality? Labor market returns to personality for women in the US and UK [J]. Journal of Economic Psychology, 2005, 26 (6): 827-841.

[97] Guiso L., Sapienza P., Zingales L. The role of social capital in financial development [J]. The American Economic Review, 2004, 94 (3): 526-556.

[98] Gupta V., Singh S. Psychological Capital as a Mediator of the Relationship between Leadership and Creative Performance Behaviors: Empirical Evidence from the Indian R&D sector [J]. The International Journal of Human Resource Management, 2014 (10): 1373-1394.

[99] Guthrie C., Rachlinski J. J., Wistrich A. J. Inside the Judicial Mind [J]. Cornell Law Review, 2001, 86 (4): 777-811.

[100] Hambrick D. C., Mason P. A. Upper Echelons: The Organization as a Reflection of its Top Managers [J]. Academy of Management Review, 1984, 9 (2): 193-206.

[101] Hambrick D. C. Top Management Groups: A Conceptual Integration and Reconsideration of the "Team" Label [A]//Cummings L. L. and Staw B. M. Research in Organizational Behavior [M]. Greenwich, CT: JAI Press, 1994.

[102] Hambrick D. C. Upper Echelons Theory: An Update [J]. Academy of Management Review, 2007, 32 (2): 334-343.

[103] Hansemark O. C. Need for achievement, locus of control and the prediction of business start-ups: A longitudinal study [J]. Journal of Economic Psychology, 2003, 24 (3): 301-319.

[104] Hanushek E. A. Measuring Investment in Education [J]. The Journal of Economic Perspectives, 1996, 10 (4): 9-30.

[105] Han Y., Brooks I., Kakabadse N. K., Peng Z., Zhu Y. A grounded investigation of Chinese employees' psychological capital [J]. Journal of Managerial Psychology, 2012, 27 (7): 669-695.

[106] Harkins S. G., Petty R. E. Effects of Task difficulty and Task uniqueness on social loafing [J]. Journal of Personality and Social Psychology, 1982, 43 (6): 1214-1229.

[107] Harmon C., Walker I. Estimates of the Economic Return to Schooling for the United Kingdom [J]. American Economic Review, 1995, 85 (5): 1278-1286.

［108］ Hatfield E.， Cacioppo J. T.， Rapson R. L. Emotional contagion ［J］. Current Directions in Psychological Science， 1993， 2 （3）： 96-100.

［109］ Heckman J. J. China ' s Investment in Human Capital ［J］. Economic Development and Cultural Change， 2003， 51 （4）： 795-804.

［110］ Heckman J. J.， Rubinstein Y. The Importance of Noncognitive Skills： Lessons from the Ged Testing Program ［J］. The American Economic Review， 2001， 91 （2）： 145-149.

［111］ Heckman J. J.， Stixrud J.， Urzua S. The Effects of Cognitive and Non-cognitive Abilities On Labor Market Outcomes and Social Behavior ［J］. Journal of Labor Economics， 2006， 24 （3）： 411-482.

［112］ Hodges T. D. An experimental study of the impact of psychological capital on performance， engagement， and the contagion effect ［D］. Lindn， Nebraska： The College of Business Administration， University of Nebraska， 2010.

［113］ Hou E. X.， Chen S. W. Stucly on the Influence of Psychological Capital on Job Performance of Chinese Knowledge Worker ［C］. Paper Presented at 2010 International Conference on Management and Service Science， 2010.

［114］ Ireland M. E.， Slatcher R. B.， Eastwick P. W.， Scissors L. E.， Finkel E. J.， Pennebaker J. W. Language style matching predicts relationship initiation and stability ［J］. Psychological Science， 2011， 22 （1）： 39-44.

［115］ Islam G.， Zyphur M. J. Power， voice， and hierarchy： Exploring the antecedents of speaking up in groups ［J］. Group Dynamics： Theory， Research， and Practice， 2005， 9 （2）： 93-103.

［116］ Jaffe A. B. Real Effects of Academic Research ［J］. American Economic Review， 1992， 82 （1）： 363-367.

［117］ James L. R.， Demaree R. G.， Wolf G. Estimating within-group interrater reliability with and without response bias ［J］. Journal of Applied Psychology， 1984， 69 （1）： 85-98.

［118］ Jehn K. A. A Multimethod Examination of the Benefits and Detriments of Intragroup Conflict ［J］. Administrative Science Quarterly， 1995， 40 （2）： 256-285.

［119］ Jewell L. N.， Reitz H. J. Group Effectiveness in Organizations ［M］. Illinois： Foresman and Company， 1981.

［120］ Jin N. C.， Price R. H.， Vinokur A. D. Self - Efficacy Changes in

Groups: Effects of Diversity, Leadership, and Group Climate [J]. Journal of Organizational Behavior, 2003, 24 (4): 357-372.

[121] Kapoor M., Kelejian H. H., Prucha I. R. Panel Data Models with Spatially Correlated Error Components [J]. Journal of Econometrics, 2007, 140 (1): 97-130.

[122] Kiesler C. A. Attraction to the group and conformity to group norms [J]. Journal of Personality, 1963, 31 (4): 559-569.

[123] Kozlowski S. W., Doherty M. L. Integration of climate and leadership: Examination of a neglected issue [J]. Journal of Applied Psychology, 1989, 74 (4): 546-553.

[124] Kozlowski S. W., Ilgen D. R. Enhancing the effectiveness of work groups and teams [J]. Psychological Science in the Public Interest, 2006, 7 (3): 77-124.

[125] Kozlowski S. W. J., Klein K. J. A multilevel approach to theory and research in organizations: Contextual, temporal, and emergent processes [M]. Multilevel theory, research, and methods in organizations: Foundations, extensions, and new directions, Edited by K. J. Klein and S. W. J. Kozlowski. San Francisco, CA: Jossey-Bass, 2000: 3-90.

[126] Kuo C. C., Yang C. H. Knowledge Capital and Spillover on Regional Economic Growth: Evidence from China China [J]. Economic Review, 2008, 19 (4): 594-604.

[127] Lai M. Peng S., Bao Q. Technology Spillovers Absorptive Capacity and Economic Growth [J]. China Economic Review, 2006, 17 (3): 300-320.

[128] Larson M., Luthans F. Potential Added Value of Psychological Capital in Predicting Work Attitudes [J]. Journal of Leadership & Organizational Studies, 2006, 13 (2): 75-92.

[129] Latane B., Williams K., Harkins S. Many hands make light the work: The causes and consequences of social loafing [J]. Journal of Personality and Social Psychology, 1979, 37 (6): 822-832.

[130] Lawrence B. S. Perspective-the Black Box of Organizational Demography [J]. Organization Science, 1997, 8 (1): 1-22.

[131] Lebreton J. M., Senter J. L. Answers to 20 Questions about Interrater Re-

liability and Interrater Agreement [J]. Organizational Research Methods, 2008, 11 (4): 815-852.

[132] Lent R. W., Brown S. D., Larkin K. C. Relation of Self-Efficacy Expectations to Academic Achievement and Persistence [J]. Journal of Counseling Psychology, 1984, 31 (3): 356-362.

[133] Lent R. W., Brown S. D., Larkin K. C. Self-Efficacy in the Prediction of Academic Performance and Perceived Career Options [J]. Journal of Counseling Psychology, 1986, 33 (3): 265-269.

[134] Lent R. W., Schmidt J., Schmidt L. Collective Efficacy Beliefs in Student Work Teams: Relation to Self-Efficacy, Cohesion, and Performance [J]. Journal of Vocational Behavior, 2006, 68 (1): 73-84.

[135] LePine J. A., Van Dyne L. Predicting voice behavior in work groups [J]. Journal of Applied Psychology, 1998, 83 (6): 853-868.

[136] LeSage J. P., Pace R. K. Introduction to Spatial Econometrics [M]. London: Chapman and Hall/CRC, 2009.

[137] Liang J., Farh C. I., Farh J. Psychological antecedents of promotive and prohibitive voice: A two-wave examination [J]. Academy of Management Journal, 2012, 55 (1): 71-92.

[138] Liang Jun Su and Zhenlin Yang. QML Estimation of Dynamic Panel Data Models with Spatial Errors [J]. Journal of Econometrics, 2015, 185 (1): 230-285.

[139] Li C. H., Wu J. J. The structural relationships between optimism and innovative behavior: Understanding potential antecedents and mediating effects [J]. Creativity Research Journal, 2011, 23 (2): 119-128.

[140] Li C. W. Endogenous vs. Semi-Endogenous Growth in a Two-R&D-Sector Model [J]. The Economic Journal, 2000, 110 (462): 109-122.

[141] Lied T. R., Pritchard R. D. Relationships between Personality Variables and Components of the Expectancy-Valence Model [J]. Journal of Applied Psychology, 1976, 61 (4): 463-467.

[142] Li J., Hambrick D. C. Factional Groups: A New Vantage on Demographic Faultlines, Conflict, and Disintegration in Work Teams [J]. Academy of Management Journal, 2005, 48 (5): 794-813.

[143] Littunen H. Entrepreneurship and the characteristics of the entrepreneurial

personality [J]. International Journal of Entrepreneurial Behaviour & Research, 2000, 6 (6): 295-310.

[144] Liu J., Chen J., Tao Y. Innovation Performance in New Product Development Teams in China's Technology Ventures: The Role of Behavioral Integration Dimensions and Collective Efficacy [J]. Journal of Product Innovation Management, 2015, 32 (1): 29-44.

[145] Loughry M. L., Tosi H. L. Performance implications of peer monitoring [J]. Organization Science, 2008, 19 (6): 876-890.

[146] Lozano S., Arenas A. A Model to Test How Diversity Affects Resilience in Regional Innovation Networks [J]. Journal of Artificial Societies and Social Simulation, 2007, 10 (4): 8-21.

[147] Lucas R. E. On the Mechanics of Economic Development [J]. Journal of Monetary Economics, 1988, 22 (1): 3-42.

[148] Luthans B. C., Luthans K. W., Jensen S. M. The impact of business school students' psychological capital on academic performance [J]. Journal of Education for Business, 2012, 87 (5): 253-259.

[149] Luthans F., Avey J. B., Patera J. L. Experimental analysis of a web-based training intervention to develop positive psychological capital [J]. Academy of Management Learning and Education, 2008, 7 (2): 209-221.

[150] Luthans F., Avey J. B., Avolio B. J., Norman S. M., Combs G. M. Psychological capital development: Toward a micro-intervention [J]. Journal of Organizational Behavior, 2006, 27 (3): 387-393.

[151] Luthans F., Avey J. B., Avolio B. J., Peterson, S. J. The development and resulting performance impact of positive psychological capital [J]. Human Resource Development Quarterly, 2010, 21 (1): 41-67.

[152] Luthans F., Avolio B. Authentic leadership: A Positive Development Approach [A] //Cameron K. S., Dutton J. E., Quinn R. E. Positive Organizational Scholarship [M]. San Francisco, CA: Berrett-Koehler, 2003.

[153] Luthans F., Avolio B. J., Avey J. B., Norman S. M. Positive psychological Capital: Measurement and Relationship with Performance and Satisfaction [J]. Personnel Psychology, 2007, 60 (3): 541-572.

[154] Luthans F., Avolio B. J., Walumbwa F. O., Li W. The Psychological

Capital of Chinese Workers: Exploring the Relationship with Performance [J]. Management and Organization Review, 2005, 1 (2): 249-271.

[155] Luthans F., Luthans K. W., Luthans B. C. Positive Psychological Capital: Beyond Human and Social Capital [J]. Business Horizons, 2004, 47 (1): 45-50.

[156] Luthans F., Norman S. M., Avolio B. J., Avey J. B. The mediating role of psychological capital in the supportive organizational climate-employee performance relationship [J]. Journal of Organizational Behavior, 2008, 29 (2): 219-238.

[157] Luthans F. Psychological capital: Implications for HRD, retrospective analysis, and future directions [J]. Human Resource Development Quarterly, 2012, 23 (1): 1-8.

[158] Luthans F., Vogelgesang G. R., Lester P. B. Developing the psychological capital of resiliency [J]. Human Resource Development Review, 2006, 5 (1): 25-44.

[159] Luthans F., Youssef C. M., Avolio B. J. Psychological Capital and Beyond [M]. New York, NY: Oxford University Press, 2015.

[160] Luthans F., Youssef C. M., Avolio B. J. Psychological Capital: Developing the Human Competitive Edge [J]. Journal of Asian Economics, 2007, 8 (2): 315-332.

[161] Luthans F., Youssef C. M. Emerging positive organizational behavior [J]. Journal of Management, 2007, 33 (3): 321-349.

[162] Luthans F., Youssef C. M. Human, Social, and Now Positive Psychological Capital Management: Investing in People for Competitive Advantage [J]. Organizational Dynamics, 2004, 33 (2): 143-160.

[163] Luthans F., Youssef C. M., Rawski S. L. A Tale of Two Paradigms: The Impact of Psychological Capital and Reinforcing Feedback on Problem Solving and Innovation [J]. Journal of Organizational Behavior Management, 2011, 31 (4): 333-350.

[164] Magni M., Proserpio L., Hoegl M., Provera B. The Role of Team Behavioral Integration and Cohesion in Shaping Individual Improvisation [J]. Research Policy, 2009, 38 (6): 1044-1053.

[165] Manski C. F. Identification of Endogenous Social Effects: The Reflection Problem [J]. The Review of Economic Studies, 1993, 60 (3): 531-542.

[166] Mcgrath J. E. Social Psychology: A Brief Introduction [M]. New York: Holt, Rinehart and Winston, 1964.

[167] McKenny A. F., Short J. C., Payne G. T. Using computer-aided text analysis to elevate constructs: An illustration using psychological capital [J]. Organizational Research Methods, 2013, 16 (1): 152-184.

[168] Memili E., Welsh D. H., Luthans F. Going beyond research on goal setting: A proposed role for organizational psychological capital of family firms [J]. Entrepreneurship Theory and Practice, 2013, 37 (6): 1289-1296.

[169] Mischel W. Toward a cognitive social learning reconceptualization of personality [J]. Psychological Review, 1973, 80 (4): 252-283.

[170] Monchuk D. C., Miranowski J. A. Spatial Labor Markets and Technology Spillovers-Analysis from the US Midwest [C]. 2003 Annual Meeting, July 27-30, American Agricultural Economics Association, Montreal, Canada, 2004.

[171] Morrison E. W., Milliken F. J. Organizational silence: A barrier to change and development in a pluralistic world [J]. Academy of Management Review, 2000, 25 (4): 706-725.

[172] Morrison E. W., Wheeler-Smith S. L., Kamdar D. Speaking up in groups: A cross-level study of group voice climate and voice [J]. Journal of Applied Psychology, 2011, 96 (1): 183-191.

[173] Mueller S. L., Thomas A. S. Culture and entrepreneurial potential: A nine country study of locus of control and innovativeness [J]. Journal of Business Venturing, 2001, 16 (1): 51-75.

[174] Murphy K. M., Topel R. H. Efficiency wages reconsidered: Theory and evidence [J]. Advances in the Theory and Measurement of Unemployment, 1990: 204-240.

[175] Nelson R. R., Phelps E. S. Investment in Humans Technological Diffusion and Economic Growth [J]. The American Economic Review, 1966, 56 (1/2): 69-75.

[176] Norman S. M., Avey J. B., Nimnicht J. L., Graber Pigeon N. The interactive effects of psychological capital and organizational identity on employee organizational citizenship and deviance behaviors [J]. Journal of Leadership & Organizational Studies, 2010, 17 (4): 380-391.

[177] Odean T. Do Investors Trade Too Much? The American Economic Review [J]. 1999, 89 (5): 1279-1298.

[178] Odean T. Volume, Volatility, Price, and Profit When All Traders are above Average [J]. The Journal of Finance, 1998, 53 (6): 1887-1934.

[179] Ostroff C., Kinicki A. J., Tamkins M. M. Organizational culture and climate [A]//Edited by Borman W. C., Ilgen D. R., Klimoski R. J., Handbook of psychology: Industrial and organizational psychology [M]. NJ, US: John Wiley & Sons Inc, Hoboken, 2003 (12): 565-593.

[180] Parent O., LeSage J. P. A Spatial Dynamic Panel Model with Random Effects Applied to Commuting Times [J]. Transportation Research Part B: Methodological, 2010, 44 (5): 633-645.

[181] Peterson S. J. and Zhang Z. Examining the relationships between top management team psychological characteristics, transformational leadership, and business unit performance [A]//Carpenter M. A. Handbook of research on top management teams [M]. New York: Edward Elgar, 2011: 127-149.

[182] Peterson S. J., Luthans F., Avolio B. J., Walumbwa F. O., Zhang Z. Psychological capital and employee performance: A latent growth modeling approach [J]. Personnel Psychology, 2011, 64 (2): 427-450.

[183] Peterson S. J., Zhang Z. Examining the Relationships between Top Management Team Psychological Characteristics, Transformational Leadership, and Business Unit Performance [A]//Carpenter M. A. Hand book of research on top management teams [M]. New York: Edward Elgar, 2011.

[184] Piatek, R., P. Pinger. Maintaining (Locus of) Control? Assessing the Impact of Locus of Control on Education Decisions and Wages [R]. IZA Working Paper, 2011.

[185] Rauch A., Frese M. Psychological approaches to entrepreneurial success: A general model and an overview of findings [J]. International Review of Industrial and Organizational Psychology, 2000 (15): 101-102.

[186] Rego A., Owens B., Yam K. C. S., Bluhm D., Cunha M. P. E., Silard A., Gonçalves L., Martins M., Simpson A. V., Liu W. Leader Humility and Team Performance: Exploring the mediating Mechanisms of Team PsyCap and Task Allocation Effectiveness [J]. Journal of Management, 2017, 45 (3): 1099-1033.

[187] Rego A., Sousa F., Marques C., Cunha M. P. E. Authentic leadership promoting employees' psychological capital and creativity [J]. Journal of Business Research, 2012, 65 (3): 429-437.

[188] Reichers A. E., Schneider B. Climate and culture: An evolution of constructs [J]. Organizational Climate and Culture, 1990 (1): 5-39.

[189] Reinmoeller P., Van Baardwijk N. The Link between Diversity and Resilience [J]. MIT Sloan Management Review, 2005, 46 (4): 61-65.

[190] Rentsch J. R. Climate and culture: Interaction and qualitative differences in organizational meanings [J]. Journal of Applied Psychology, 1990, 75 (6): 668-681.

[191] Romer P. M. Endogenous Technological Change [J]. Journal of Political Economy, 1990, 98 (5): 71-78.

[192] Romer P. M. Increasing Returns and Long-Run Growth [J]. The Journal of Political Economy, 1986, 94 (5): 1002-1037.

[193] Rosenberg M. Self-Concept from Middle Childhood through Adolescence [A]. In: Suls, J., Greenwald, A. G. Eds., Psychological Perspectives on the self [M]. Lawrence Erlbaum, Hillsdale, 1986: 107-136.

[194] Rosen M. A., Bedwell W. L., Wildman J. L., Fritzsche B. A., Salas E., Burke C. S. Managing Adaptive Performance in Teams: Guiding Principles and Behavioral Markers for Measurement [J]. Human Resource Management Review, 2011, 21 (2): 107-122.

[195] Rosen S. Implicit Contracts: A Survey [J]. Journal of Economic Literature, 1985, 23 (3): 1144-1175.

[196] Rotter J. B. Generalized Expectancies for Internal Versus External Control of Reinforcement [J]. Psychological Monographs: General and Applied, 1966, 80 (1): 1-17.

[197] Salancik G. R., Pfeffer J. A Social Information Processing Approach to Job Attitudes and Task Design [J]. Administrative Science Quarterly, 1978, 23 (2): 224-253.

[198] Salas E., Dickinson T. L., Converse S. A., Tannenbaum S. I. Toward an Understanding of Team Performance and Training [A]//R. W. Swezey and E. Sales (Eds), Teams: Their training and Performance [M]. Ablex Publishing, 1992: 3-29.

[199] Scheier M. F., Weintraub J. K., Carver C. S. Coping with Stress: Divergent Strategies of Optimists and Pessimists [J]. Journal of Personality and Social Psychology, 1986, 51 (6): 1257-1264.

[200] Schlenker B. R., Weigold M. F. Interpersonal processes involving impression regulation and management [J]. Annual Review of Psychology, 1992, 43 (1): 133-168.

[201] Schneider B., Bowen D., Ehrhart M. E., Holcombe K. M. The climate for service: Evolution of a construct [A]//Editedhy Ashkanasy N. M., Wilderom C. P. M., Peterson M. F. Handbook of organizational culture and climate [M]. CA, Sage, Thousand Oaks, 2000: 21-36.

[202] Schultz T. W. Investment in Human Capital [J]. The American Economic Review, 1961, 51 (1): 1-17.

[203] Scott S. G., Bruce R. A. Determinants of Innovative Behavior: A Path Model of Individual Innovation in the Workplace [J]. Academy of Management Journal, 1994, 12: 580-607.

[204] Scott S. G., Bruce R. A. Determinants of innovative behavior: A path model of individual innovation in the workplace [J]. Academy of Management Journal, 1994, 37 (3): 1442-1465.

[205] Segal G., Borgia D., Schoenfeld J. The motivation to become an entrepreneur [J]. International Journal of Entrepreneurial Behaviour & Research, 2005, 11 (1): 42-57.

[206] Seligman M. E. P., Csikszentmihalyi M. Positive psychology: An introduction [J]. American Psychologist, 2000 (55): 5-14.

[207] Seligman M. E. P., Csikszentmihalyi M. Special issue on Happiness, Excellence, and Optimal Human Functioning [J]. American Psychologist, 2000, 55 (1): 5-14.

[208] Seligman M. E. P. Positive psychology, positive prevention, and positive therapy [M]. In Hand book of positive psychology, Edited by C. R. Snyder and S. J. Lopez. Oxford University Press, 2002: 3-9.

[209] Seligman M. E. P. The Optimistic Child: A Proven Program to Safeguard Children Against Depression and Build Lifelong Resilience [M]. New York: Houghton Mifflin Harcourt, 2007.

[210] Seligman M. E. P. What is the Good Life [J]. APA Monitor, 1998, 29 (10): 2.

[211] Semykina A., Linz S. Do personality differences explain the gender pay gap? Evidence from three transition economies [R]. International Policy Center (IPC), Working Paper Series, 2007.

[212] Sheldon K. M., King L. Why Positive Psychology is Necessary [J]. American Psychologist, 2001, 56 (3): 216-217.

[213] Shell K. Toward a Theory of Inventive Activity and Capital Accumulation [J]. The American Economic Review, 1966, 56 (1/2): 62-68.

[214] Solow R. M. A Contribution to the Theory of Economic Growth [J]. The Quarterly Journal of Economics, 1956, 70 (1): 65-94.

[215] Stajkovic A. D. Development of a core confidence-higher order construct [J]. Journal of Applied Psychology, 2006, 91 (6): 1208-1224.

[216] Stakhovych S., Bijmolt T. H. A. Specification of Spatial Models: A Simulation Study on Weights Matrices [J]. Papers in Regional Science, 2009, 88 (2): 389-408.

[217] Steedman H., Wagner K. Productivity Machinery and Skills: Clothing Manufacture in Britain and Germany [J]. National Institute Economic Review, 1989, 128 (1): 40-57.

[218] Story J. S., et al. Contagion Effect of Global Leaders' Positive Psychological Capital on Followers: Does Distance and Quality of Relationship Matter [J]. The International Journal of Human Resource Management, 2013, 24 (13): 2534-2553.

[219] Strulik H. The Role of Human Capital and Population Growth in R&D-Based Models of Economic Growth [J]. Review of International Economics, 2005, 13 (1): 129-145.

[220] Svenson O. Are we all Less Risky and More Skillful than Our Fellow Drivers? [J]. Acta Psychologica, 1981, 47 (2): 143-148.

[221] Tajfel H. Social Identity and Intergroup Relations [M]. Cambridege: Cambridge University Press, 2010.

[222] Teixeira A. A. C. and Fortuna N. Human Capital Innovation Capability and Economic Growth in Portugal 1960-2001 [J]. Portuguese Economic Journal, 2004, 3 (3): 205-225.

[223] Terrion J. L., Ashforth B. E. From "I" to "we": The Role of Putdown Humor and Identity in the Development of a Temporary Group [J]. Human Relations, 2002, 55 (1): 55-88.

[224] Tomer J. F. Personal Capital and Emotional Intelligence: An Increasingly Important Intangible Source of Economic Growth [J]. Eastern Economic Journal, 2003, 29 (3): 453-470.

[225] Tomer J. F. Understanding high-performance work systems: The joint contribution of economics and human resource management [J]. The Journal of Socio-Economics, 2001, 30 (1): 63-73.

[226] Tomer J. The human firm: A socio-economic analysis of its behaviour and potential in a new economic age [M]. New York: Routledge Press, 2002.

[227] Tyran K. L., Gibson C. B. Is What You See, What You Get? [J]. Group Organization Management, 2008, 33 (3): 46-76.

[228] Uzawa H. Optimum Technical Change in an Aggregative Model of Economic Growth [J]. International Economic Review, 1965, 6 (1): 18-31.

[229] Vanno V., Kaemkate W., Wongwanich S. Relationships between Academic Performance, Perceived Group Psychological Capital, and Positive Psychological Capital of Thai Undergraduate Students [J]. Procedia-Social and Behavioral Sciences, 2014 (116): 3226-3230.

[230] Van Reenen J. Employment and Technological Innovation: Evidence from UK Manufacturing Firms [J]. Journal of Labor Economics, 1997, 7: 255-284.

[231] Varella P., Javidan M., Waldman D. A. A model of instrumental networks: The roles of socialized charismatic leadership and group behavior [J]. Organization Science, 2012, 23 (2): 582-595.

[232] Walumbwa F. O., et al. Authentic Leadership: Development and Validation of a Theory-Based Measure [J]. Journal of Management, 2008, 34 (1): 89-126.

[233] Walumbwa F. O., et al. Linking Ethical Leadership to Employee Performance: The Roles of Leader-member Exchange, Self-efficacy, and Organizational Identification [J]. Organizational Behavior and Human Decision Processes, 2011, 115 (2): 204-213.

[234] Walumbwa F. O., et al. Servant Leadership, Procedural Justice Cli-

mate, Service Climate, Employee Attitudes, and Organizational Citizenship Behavior: A Cross-level Investigation [J]. Journal of Applied Psychology, 2010, 95 (3): 517-529.

[235] Walumbwa F. O., Luthans F., Avey J. B., Oke A. Authentically leading groups: The mediating role of collective psychological capital and trust [J]. Journal of Organizational Behavior, 2011, 32 (1): 4-24.

[236] Walumbwa F. O., Peterson S. J., Avolio B. J., Hartnell C. A. An investigation of the relationships among leader and follower psychological capital, service climate, and job performance [J]. Personnel Psychology, 2010, 63 (4): 937-963.

[237] Wang H., Sui Y., Luthans F., Wang D., Wu Y. Impact of authentic leadership on performance: Role of followers' positive psychological capital and relational processes [J]. Journal of Organizational Behavior, 2014, 35 (1): 5-21.

[238] West B. J., Patera J. L., Carsten M. K. Team Level Positivity: Investigating Positive Psychological Capacities and Team Level Outcomes [J]. Journal of Organizational Behavior, 2009, 30 (2): 249-267.

[239] Whiteoak J. W., Challpl W., Hort L. K. Assessing group efficacy: Comparing three methods of measurement [J]. Small Group Research, 2004, 35 (2): 158-173.

[240] Williams L. J., Anderson S. E. Job Satisfaction and Organizational Commitment as Predictors of Organizational Citizenship and In-Role Behaviors [J]. Journal of Management: Official Journal of the Southern Management Association, 1991, 17 (3): 601-617.

[241] Woolley L., et al. Authentic Leadership and Follower Development Psychological Capital, Positive Work Climate, and Gender [J]. Journal of Leadership and Organizational Studies, 2011, 18 (4): 438-448.

[242] Xu B. Multinational Enterprises Technology Diffusion and Host Country Productivity Growth [J]. Journal of Development Economics, 2000, 62 (2): 477-493.

[243] Yu J., De Jong R., Lee L. Quasi-Maximum Likelihood Estimators for Spatial Dynamic Panel Data with Fixed Effects When Both N and T are Large [J]. Journal of Econometrics, 2008, 146 (1): 118-134.

[244] Yukl G. A., Latham G. P. Interrelationships among Employee Participa-

tion Individual Differences Goal Difficulty Goal Acceptance Goal Instrumentality and Performance Personnel Psychology，1978，31（2）：305-323.

［245］Zhao H.，Seibert S. E.，Hills G. E. The mediating role of self-efficacy in the development of entrepreneurial intentions［J］. Journal of Applied Psychology，2005，90（6）：1265-1272.

［246］Zhou J.，George J. M. When Job Dissatisfaction Leads to Creativity：Encouraging the Expression of Voice［J］. Academy of Management Journal，2001，44（4）：682-696.

［247］白俊红，江可申，李婧．应用随机前沿模型评测中国区域研发创新效率［J］．管理世界，2009（10）：51-61.

［248］包群．自主创新与技术模仿：一个无规模效应的内生增长模型［J］．数量经济技术经济研究，2007，24（10）：24-34.

［249］陈璧辉等．心理资本、创新气氛与创新行为关系研究进展［J］．科技管理研究，2013（5）：9-13.

［250］陈广汉，蓝宝江．研发支出、竞争程度与我国区域创新能力研究——基于1998—2004年国内专利申请数量与R&D数据的实证分析［J］．经济学家，2007（3）：101-106.

［251］陈国权．团队学习和学习型团队：概念、能力模型、测量及对团队绩效的影响［J］．管理学报，2007，4（5）：602-609.

［252］成瑾，白海青．从文化视角观察高管团队行为整合［J］．南开管理评论，2013，16（1）：149-160.

［253］成瑾，白海青，刘丹．CEO如何促进高管团队的行为整合——基于结构化理论的解释［J］．管理世界，2017（2）：159-173.

［254］代谦，别朝霞．FDI、人力资本积累与经济增长［J］．经济研究，2006（4）：15-27.

［255］段锦云，田晓明．组织内信任对员工建言行为的影响研究［J］．心理科学，2011，34（6）：1458-1462.

［256］段锦云，魏秋江．建言效能感结构及其在员工建言行为发生中的作用［J］．心理学报，2012，44（7）：972-985.

［257］高日光．破坏性领导会是组织的害群之马吗？——中国组织情境中的破坏性领导行为研究［J］．管理世界，2009（9）：124-132.

［258］高艳云，王文一．职业分布结构对收入性别差异的影响研究［J］.

软科学，2013，27（9）：102-106.

［259］高中华，赵晨，李超平，吴春波，洪如玲．高科技企业知识员工心理资本对其离职意向的影响研究——基于资源保存理论的调节中介模型［J］．中国软科学，2012（3）：138-148.

［260］葛宝山，刘牧，董保宝．团队互动过程模型研究评介与未来展望［J］．外国经济与管理，2012，34（12）：39-48.

［261］葛沪飞，高旭东，仝允桓．我国企业自主研发内生信心因素实证研究——基于175家企业自主研发的调查［J］．科学学与科学技术管理，2010（4）：14-20.

［262］葛小寒，陈凌．国际R&D溢出的技术进步效应——基于吸收能力的实证研究［J］．数量经济技术经济研究，2009，26（7）：86-98.

［263］顾琴轩，王莉红．人力资本与社会资本对创新行为的影响——基于科研人员个体的实证研究［J］．科学学研究，2009，27（10）：1564-1570.

［264］顾晓虎，高远．大学生创新心理品质发展的问题与对策［J］．教育与职业，2008（30）：172-174.

［265］顾远东，彭纪生．组织创新氛围对员工创新行为的影响：创新自我效能感的中介作用［J］．南开管理评论，2010，13（1）：30-41.

［266］郭杰，洪洁瑛．中国证券分析师的盈余预测行为有效性研究［J］．经济研究，2009(11)：55-81.

［267］郭玉清，杨栋．人力资本门槛、创新互动能力与低发展陷阱——对1990年以来中国地区经济差距的实证检验［J］．财经研究，2007（6）：77-89.

［268］韩翼，杨百寅．真实型领导、心理资本与员工创新行为：领导成员交换的调节作用［J］．管理世界，2011（12）：78-86.

［269］何元庆．对外开放与TFP增长：基于中国省际面板数据的经验研究［J］．经济学（季刊），2007，6（4）：1127-1142.

［270］贺立军，赵钊，陈晓春．高校领导团队行为整合影响因素的实证研究：社会认知的视角［J］．科学学与科学技术管理，2012，33（3）：165-173.

［271］侯二秀，陈树文，长青．知识员工心理资本对创新绩效的影响：心理契约的中介［J］．科学学与科学技术管理，2012（6）：149-155.

［272］黄乾．论人力资本产权特征［J］．财经研究，2000（9）：22-26.

［273］黄秋雯．个体人力资本与社会资本对创新行为影响的实证研究［J］．哈尔滨商业大学学报（社会科学版），2009（6）：49-51，94.

［274］柯江林，孙健敏，李永瑞．心理资本：本土量表的开发及中西比较［J］．心理学报，2009，41（9）：875-888.

［275］柯江林，孙健敏，石金涛．变革型领导对 R&D 团队创新绩效的影响机制研究［J］．南开管理评论，2009，12（6）：19-26.

［276］柯江林，孙健敏，石金涛，顾琴轩．人力资本、社会资本与心理资本对工作绩效的影响——总效应、效应差异及调节因素［J］．管理工程学报，2010，24（4）：29-35.

［277］赖明勇，包群，彭水军，张新．外商直接投资与技术外溢：基于吸收能力的研究［J］．经济研究，2005（8）：95-105.

［278］李婧，谭清美，白俊红．中国区域创新效率及其影响因素［J］．中国人口·资源与环境，2009（6）：142-147.

［279］李磊，尚玉钒，席酉民．变革型领导与下属工作绩效及组织承诺：心理资本的中介作用［J］．管理学报，2012，9（5）：685-691.

［280］李林英，李健．心理资本研究的兴起及其内容、视角［J］．科技管理研究，2011，31（22）：147-151.

［281］李任玉，杜在超，何勤英等．富爸爸、穷爸爸和子代收入差距［J］．经济学（季刊），2014（4）：231-258.

［282］李少荣．试论科技人才的全面发展［J］．商场现代化，2007（23）：307-308.

［283］李实，丁赛．中国城镇教育收益率的长期变动趋势［J］．中国社会科学，2003（6）：58-72.

［284］李习保．中国区域创新能力变迁的实证分析：基于创新系统的观点［J］．管理世界，2007（12）：18-30.

［285］李霞等．组织文化的影响：心理资本的中介作用［J］．华南师范大学学报（社会科学版），2011（6）：120-126，158.

［286］李雪，钱晓烨，迟巍．职业资格认证能提高就业者的工资收入吗？——对职业资格认证收入效应的实证分析［J］．管理世界，2012（9）：100-109.

［287］李玉菊．大学生创新心理障碍与教育研究［J］．黑龙江高教研究，2006（9）：114-115.

［288］廖卉，庄瑗嘉．多层次理论模型的建立及研究方法［M］．北京：北京大学出版社，2008：332-357.

[289] 廖志豪．创新型科技人才素质模型构建研究——基于对 87 名创新型科技人才的实证调查 [J]．科技进步与对策，2010，27（17）：149-152.

[290] 林崇德，罗良．建设创新型国家与创新人才的培养 [J]．北京师范大学学报（社会科学版），2007（1）：29-34.

[291] 林树，俞乔，汤震宇，周建．投资者“热手效应”与“赌徒谬误”的心理实验研究 [J]．经济研究，2006（8）：58-69.

[292] 林毅夫，刘培林．中国的经济发展战略与地区收入差距 [J]．经济研究，2003（3）：19-25.

[293] 刘宁，张正堂，张子源．研发团队多元性、行为整合与创新绩效关系的实证研究 [J]．科研管理，2012，33（12）：135-141.

[294] 刘顺忠，官建成．区域创新系统创新绩效的评价 [J]．中国管理科学，2002（1）：75-78.

[295] 刘璇，张向前．团队冲突理论分析与展望 [J]．软科学，2016，30（4）：80-84.

[296] 刘运芳．中小学生创新心理素质结构研究 [J]．教育探索，2004（6）：14-16.

[297] 刘智勇，胡永远，易先忠．异质型人力资本对经济增长的作用机制检验 [J]．数量经济技术经济研究，2008（4）：86-96.

[298] 路风．自主创新需要勇气 [J]．决策与信息，2006（6）：28-30.

[299] 孟瑶等．战略领导力的核心构成对下属工作绩效影响的跨层级研究——积极组织行为学视角 [J]．软科学，2014（1）：72-76.

[300] 裴桂清．创新型人才的心理素质 [J]．教育探索，2004（12）：14-16.

[301] 彭介寿．创新教育与学生非智力因素培养 [J]．中国高教研究，2003（5）：81-82.

[302] 千庆兰，陈颖彪，董晓敏．中小企业技术创新行为与创新环境的实证研究——基于广东省 785 家中小企业的问卷调查 [J]．地理科学，2008（4）：488-495.

[303] 钱明．“两浙”地域文化性格差异与当代浙江之发展 [J]．教育文化论坛，201（3）：9-13.

[304] 钱晓烨，杨百寅，迟巍．心理资本与区域创新活动：来自我国地级市的实证研究 [J]．中国软科学，2014（2）：179-192.

［305］卿石松，郑加梅．“同酬”还需“同工”：职位隔离对性别收入差距的作用［J］．经济学（季刊），2013，12（1）：735-756.

［306］任皓，陈启山，温忠麟，叶宝娟，苗静宇．领导职业支持对组织公民行为的影响：心理资本的作用［J］．心理科学，2014（2）：433-437.

［307］任皓，温忠麟，陈启山，叶宝娟．工作团队领导心理资本对成员组织公民行为的影响机制：多层次模型［J］．心理学报，2013（1）：82-93.

［308］桑春红．创新人格是当代大学生的理想人格［J］．黑龙江高教研究，2008（4）：126-128.

［309］山立威．心理还是实质：汶川地震对中国资本市场的影响［J］．经济研究，2011(4)：121-146.

［310］舒元，才国伟．我国省际技术进步及其空间扩散分析［J］．经济研究，2007（6）：106-118.

［311］苏益南．高校大学生创业心理品质模型构建及培育［J］．企业经济，2010（1）：63-65.

［312］苏勇等．工作设计对员工知识共享行为影响研究：以心理资本为中介变量［J］．软科学，2011（9）：75-80.

［313］隋杨等．变革型领导对员工绩效和满意度的影响：心理资本的中介作用及程序公平的调节作用［J］．心理学报，2012（9）：1217-1230.

［314］隋杨，王辉，岳旖旎，Luthans Fred．变革型领导对员工绩效和满意度的影响：心理资本的中介作用及程序公平的调节作用［J］．心理学报，2012，44（9）：1217-1230.

［315］孙超，谭伟．经济增长的源泉：技术进步和人力资本［J］．数量经济技术经济研究，2004（2）：60-66.

［316］孙建，齐建国．人力资本门槛与中国区域创新收敛性研究［J］．科研管理，2009（6）：31-38.

［317］孙建．中国区域创新能力收敛性研究［J］．科学学与科学技术管理，2010，31（2）：113-117.

［318］汤涛．基于真诚领导行为感知情境下的员工工作绩效关系研究［J］．统计与决策，2013（24）：188-190.

［319］滕少霞．心理资本、组织气候与员工工作态度关系的实证研究［J］．统计与决策，2010（4）：88-90.

［320］田喜洲，谢晋宇．人力资本、社会资本及心理资本对员工绩效和工

作态度的影响差异［J］. 科学学与科学技术管理，2012，33（8）：174-180.

［321］田喜洲，谢晋宇．组织支持感对员工工作行为的影响：心理资本中介作用的实证研究［J］. 南开管理评论，2010，13（1）：23-29.

［322］田喜洲．心理资本与心理契约对员工工作态度与行为的影响［J］. 管理现代化，2009（4）：12-14.

［323］汪和建．城市居民失业心理承受力研究［J］. 管理世界，1994（4）：202-205.

［324］王极盛，丁新华．中学生创新心理素质与相关因素的综合研究［J］. 心理科学，2003（4）：599-602.

［325］王永跃，段锦云．政治技能如何影响员工建言：关系及绩效的作用［J］. 管理世界，2015（3）：102-112.

［326］温福星．阶层线性模型的原理与应用［M］. 北京：中国轻工业出版社，2009.

［327］吴君．创新心理品质的特征浅析［J］. 人才开发，2000（11）：39.

［328］吴清津，王秀芝．服务团队心理资本的培养和作用机制研究［J］. 贵州财经学院学报，2012（6）：105-109.

［329］吴庆松．技术创新动力：从人力资本、社会资本到心理资本的转变［J］. 经济研究导刊，2011（11）：13-14.

［330］吴庆松，游达明．员工心理资本、组织创新氛围和技术创新绩效的跨层次分析［J］. 系统工程，2011，29（1）：69-77.

［331］吴世农，吴育辉．我国证券投资基金重仓持有股票的市场行为研究［J］. 经济研究，2003(10)：50-92.

［332］吴维库，王未，刘军，吴隆增．辱虐管理、心理安全感知与员工建言［J］. 管理学报，2012，9（1）：57-63.

［333］吴伟炯，刘毅，路红，谢雪贤．本土心理资本与职业幸福感的关系［J］. 心理学报，2012，44（10）：1349-1370.

［334］吴玉鸣．空间计量经济模型在省域研发与创新中的应用研究［J］. 数量经济技术经济研究，2006（5）：74-85.

［335］夏良科．人力资本与 R&D 如何影响全要素生产率——基于中国大中型工业企业的经验分析［J］. 数量经济技术经济研究，2010（4）：78-94.

［336］徐礼平，李林英．团队心理资本：内涵、测量、作用机理与研究展望［J］. 科技进步与对策，2016，33（23）：123-127.

［337］徐慕唐，徐俪娟．地域文化观念与经营机制转换［J］．商业研究，1994（5）：18-19.

［338］许斗斗，何燊．不同农业地域类型下社会性别观念的差异——以福建省平潭县三镇六村为例［J］．中共福建省委党校学报，2011（3）：82-88.

［339］许年行，洪涛，吴世农等．信息传递模式、投资者心理偏差与股价"同涨同跌"现象［J］．经济研究，2011(4)：135-146.

［340］杨俊，胡玮，张宗益．国内外 R&D 溢出与技术创新：对人力资本门槛的检验［J］．中国软科学，2009（4）：31-41.

［341］杨俊，李晓羽，杨尘．技术模仿、人力资本积累与自主创新——基于中国省际面板数据的实证分析［J］．财经研究，2007（5）：18-28.

［342］杨立岩，潘慧峰．人力资本、基础研究与经济增长［J］．经济研究，2003（4）：72-78.

［343］杨立岩，王新丽．人力资本、技术进步与内生经济增长［J］．经济学（季刊），2004（3）：905-918.

［344］杨燕，高山行．心理资本对企业自主创新的作用机理研究——基于组织学习视角的整合框架［J］．科技进步与对策，2010（23）：79-84.

［345］叶新凤等．安全氛围对员工安全行为的影响——心理资本中介作用的实证研究［J］．软科学，2014，28（1）：86-90.

［346］余长林．人力资本投资结构及其经济增长效应——基于扩展 MRW 模型的内生增长理论与实证研究［J］．数量经济技术经济研究，2006（12）：117-125.

［347］张车伟，薛欣欣．国有部门与非国有部门工资差异及人力资本贡献［J］．经济研究，2008（4）：15-25.

［348］张古鹏，陈向东，杜华东．中国区域创新质量不平等研究［J］．科学学研究，2011（11）：1709-1719.

［349］张红芳，吴威．心理资本、人力资本与社会资本的协同作用［J］．经济管理，2009（7）：155-161.

［350］张红芳，吴威，杨畅宇．论心理资本的维度与作用机制［J］．西北大学学报（哲学社会科学版），2009（6）：52-56.

［351］张宏．创业团队价值观异质性、团队冲突与团队凝聚力关系研究［J］．科学管理研究，2014（2）：90-93.

［352］张宏如．心理资本对创新绩效影响的实证研究［J］．管理世界，

2013（10）：170-171.

［353］张焕明．追赶战略、人力资本及地区经济增长趋同——基于教育效率的水平创新模型的实证分析［J］．财经研究，2007（9）：88-100.

［354］张建红，J. Paul，Elhorst 等．中国地区工资水平差异的影响因素分析［J］．经济研究，2006（10）：62-71.

［355］张阔，付立菲，王敬欣．心理资本、学习策略与大学生学业成绩的关系［J］．心理学探新，2011（1）：47-53.

［356］张阔，张赛，董颖红．积极心理资本：测量及其与心理健康的关系［J］．心理与行为研究，2010，8（1）：58-64.

［357］张新安，何惠，顾锋．家长式领导行为对团队绩效的影响：团队冲突管理方式的中介作用［J］．管理世界，2009（3）：121-133.

［358］张义博．公共部门与非公共部门收入差异的变迁［J］．经济研究，2012（4）：77-88.

［359］张宇．FDI 技术外溢的地区差异与吸收能力的门限特征——基于中国省际面板数据的门限回归分析［J］．数量经济技术经济研究，2008，25（1）：28-39.

［360］赵斌，付庆凤，李新建．科技人员心理资本对创新行为的影响研究：以知识作业难度为调节变量［J］．科学学与科学技术管理，2012，33（3）：174-180.

［361］赵西萍，杨晓萍．复杂工作环境下心理资本的研究［J］．科技管理研究，2009（6）：409-411.

［362］甄美荣．组织创新气氛对员工创新行为的影响［D］．南京：南京大学，2012.

［363］郑林科，梁国林，杨玉民．青年科技人才“奉献投入—心理资本—绩效产出”预测模型研究——基于 BG 企业青年科技人才素质评价实证分析［J］．心理研究，2011（1）：55-62.

［364］仲理峰，王震，李梅，李超平．变革型领导、心理资本对员工工作绩效的影响研究［J］．管理学报，2013，10（4）：536-544.

［365］仲理峰．心理资本对员工的工作绩效、组织承诺及组织公民行为的影响［J］．心理学报，2007，39（2）：328-334.

［366］仲理峰．心理资本研究评述与展望［J］．心理科学进展，2007，15（3）：482-487.

［367］周菲，张传庆．高绩效工作系统对员工工作行为的影响——心理资本中介作用的实证研究［J］．北京社会科学，2012（3）：33-40.

［368］周浩，龙立荣．基于自我效能感调节作用的工作不安全感对建言行为的影响研究［J］．管理学报，2013（11）：1604-1610.

［369］周浩．心理资本对任务绩效、关系绩效的影响效应研究［J］．中国科技论坛，2011（7）：122-128.

［370］周明建，潘海波，任际范．团队冲突和团队创造力的关系研究：团队效能的中介效应［J］．管理评论，2014，26（12）：120-130.

［371］周其仁．人力资本的产权特征［J］．财经，1996（3）：79-80.

［372］周文霞，谢宝国，辛迅，白光林，苗仁涛．人力资本、社会资本和心理资本影响中国员工职业成功的元分析［J］．心理学报，2015（2）：251-263.

［373］朱瑜．领导心理资本对组织公民行为作用机制与整合框架研究［J］．软科学，2013（1）：86-90.

［374］诸建芳，王伯庆，恩斯特·使君多福．中国人力资本投资的个人收益率研究［J］．经济研究，1995（12）：55-63.